Arte e Comunicação representam dois conceitos inseparáveis. Deste modo, reúnem-se na mesma coleção obras que abordam a Estética em geral, as diferentes artes em particular, os aspetos sociológicos e políticos da Arte, assim como a Comunicação Social e os meios que ela utiliza.

A IMAGEM E A SUA INTERPRETAÇÃO

Título original:
L'Image et son Interprétation

Tradução: José Francisco Espadeiro Martins

Revisão: Pedro Bernardo

Capa de FBA
© Corbis / VMI

Depósito Legal n.º 432799/17

Biblioteca Nacional de Portugal – Catalogação na Publicação

JOLY, Martine, 1943-

A imagem e a sua interpretação. – (Arte
& comunicação; 80)
ISBN 978-972-44-1891-9

CDU 791

Paginação:
MA

Impressão e acabamento:
PENTAEDRO, LDA.
para
EDIÇÕES 70
em
Outubro de 2017

1.ª edição: março de 2003
ISBN da 1.ª edição: 972-44-1181-8

EDIÇÕES 70, uma chancela de Edições Almedina, S.A.
Avenida Engenheiro Arantes e Oliveira, 11 – 3.º C – 1900-221 Lisboa / Portugal
e-mail: geral@edicoes70.pt

www.edicoes70.pt

MARTINE JOLY

A IMAGEM E A SUA INTERPRETAÇÃO

70

INTRODUÇÃO

O que sabemos nós sobre a interpretação das mensagens e, em especial, sobre a interpretação das mensagens visuais ou audiovisuais que constituem as imagens? Existem teorias sobre o conhecimento (1), a perceção (2), a receção (3), a leitura (4) e a interpretação (5), respeitantes à apreensão do mundo em que vivemos, às formas do seu conhecimento e da sua compreensão, e também às da compreensão dos textos, mais no caso de textos literários do que visuais. De facto, até ao momento presente, é no âmbito dos estudos literários, em torno de textos profanos e sagrados, que o problema da interpretação se tem colocado com maior agudeza. No entanto, a partir da década de 60 do século passado e do aparecimento da «semiologia», determinado número de trabalhos começou a abordar outros textos

(1) De Platão a Kant, passando, entre outros, por Descartes, a filosofia não cessou de se interrogar sobre as formas de que o homem dispõe para se conhecer e para conhecer o seu ambiente.

(2) Estamos a pensar muito particularmente em Merleau-Ponty, cuja *Fenomenologia da Perceção* se confunde com o esforço do pensamento moderno para elaborar uma teoria da «revelação do mundo».

(3) Entre os investigadores mais recentes, Hans Robert Jauss e «A Escola de Constança», a que recorreremos no decurso desta obra, contribuíram largamente para fundar uma teoria da receção das obras.

(4) Todos os trabalhos de Roland Barthes estão marcados pela preocupação em compreender os mecanismos da leitura da imagem e dos textos.

(5) Cf. em particular Umberto Eco, cuja obra *Os Limites da Interpretação* servirá de referência constante aos nossos trabalhos.

que não os verbais, como aqueles relacionados com a pintura, o cinema ou a televisão (6).

A interpretação das imagens situa-se assim no âmago da interrogação semiológica que, embora comece por se inquirir quanto ao significado das imagens enquanto intenção da obra, chega necessariamente ao ponto de se interrogar sobre o que se passa com esta significação, quando filtrada pela leitura e pela interpretação, ou seja, pela intenção do leitor. Recorde-se de facto como Umberto Eco, na sua obra *Os Limites da Interpretação* (7), faz questão de explicitar que a abordagem interpretativa das obras pode interessar ao estudo de diferentes objetivos: a *intentio auctoris,* a *intentio operis* e a *intentio lectoris*, a intenção do autor, ou seja aquilo que o autor «quis dizer», a intenção da obra, isto é, aquilo que a obra nos «diz», e a intenção do leitor, ou seja, aquilo que este privilegiou no texto.

Estes dois últimos tipos de intenções articulam-se um com o outro, mas foi a intenção do próprio autor que alimentou o debate clássico sobre a interpretação dos textos, opondo duas abordagens:

- procurar no texto o que o autor quis dizer. É o programa privilegiado em França, no ensino do «francês» nos colégios e nos liceus;
- procurar no texto o que ele diz, independentemente das intenções do autor. Esta atitude foi privilegiada pela «primeira semiologia» como reação à precedente e denominada análise «imanente» do texto, estrutural ou textual.

Com efeito, como diz Umberto Eco, «entre a história misteriosa da produção de um texto e o deslizamento incontrolável das suas futuras interpretações, o texto enquanto texto constitui ainda uma presença confortável, um paradigma a que se reportar» ou ainda: «Entre a inacessível intenção do autor e a discutível intenção do leitor, há a intenção transparente do texto, que recusa uma interpretação inaceitável.» (8)

---

(6) A *Obra Aberta*, a primeira obra de Umberto Eco consagrada ao estudo da interpretação de todos os tipos de obras, data de 1962!

(7) A obra foi publicada em Itália em 1986.

(8) Cf. Umberto Eco, *Os Limites da interpretação.*

A semio-pragmática permitiu depois enriquecer estas análises inserindo-as no seu contexto de produção e de difusão e tendo em conta a especificidade dos públicos, assim como as suas intenções de colaboração. O estudo da interação autor-obra-público e da sua incidência sobre a historicidade da interpretação leva assim mais em conta o jogo entre si das três intenções entre elas: a *intentio auctoris*, a *intentio operis* e a *intentio lectoris*.

Quanto à semiótica da interpretação, que tende a elaborar uma teoria do leitor-modelo e da leitura como ato de colaboração, «procura geralmente no texto a figura do leitor que a obra pretende constituir e procura ela própria também na *intentio operis* o critério necessário para avaliar as manifestações da *intentio lectoris*» ([9]).

Em conclusão, após se ter privilegiado demasiado o autor na postura tradicional, privilegiou-se demasiado a obra na análise imanente, para seguidamente se privilegiar demasiado o leitor ao insistir na infinidade das interpretações possíveis.

Atitudes mais ponderadas permitiram uma abordagem ao fenómeno interpretativo de forma mais mesurada e mais adaptada sem dúvida à sua complexidade, levando em linha de conta não apenas a coerência textual mas também a sua própria coerência contextual, assim como os sistemas de significação a que se refere, interrogando-se simultaneamente sobre aquilo que o destinador e o destinatário encontram nesses mesmos sistemas de significação relativamente aos seus desejos, pulsões e/ou vontades.

É nesta ótica que este texto se propõe avançar, reunindo alguns trabalhos que incidem, cada um à sua maneira, no problema da interpretação, indissociável do da significação. Com efeito, nas nossas obras precedentes ([10]), estávamos especialmente interessados nas formas de produção de sentido através de mensagens visuais e nos elementos que, no texto e em interação com o contexto, criam um

---

([9]) In Umberto Eco, *ibid.*

([10]) Cf. as nossas obras, *Introduction à l'analyse de l'image*, e *L'image et les signes*, publicados pela Nathan em 1994 [*Introdução à Análise da Imagem*, Lisboa, Edições 70, 2.ª edição, 2007 e *A Imagem e os Signos*, Lisboa, Edições 70, 2005].

determinado número de instruções de leitura e, portanto, de interpretação.

Detenhamo-nos, no entanto, nas instruções concretas e percetíveis das mensagens: que sabemos nós daquilo em que elas se transformam no decurso do processo interpretativo? Serão elas suficientemente poderosas para canalizar a interpretação da mensagem e a sua adequação a esta? Será que elas circulam – e como? – entre o autor, a obra e o público, para culminar na construção de um sentido verificável e partilhável? Serão elas o ponto de partida de uma infinidade de interpretações, tão legítimas umas como outras ou, pelo contrário, exigirão uma única interpretação válida? Perguntas tão antigas quanto as próprias obras e que a semiótica, em particular, não cessa de fazer.

Com esta obra, propomos demarcar-nos das dúvidas tradicionais sobre a interpretação, procurando, em outros exemplos e outros meios, algumas respostas à grande questão da interpretação, reunindo vários trabalhos com ela relacionados e acrescentando-lhes propostas de reflexão de alcance mais geral.

Assim como existem diversos tipos de imagens, existem inevitavelmente diversos tipos de interpretações. Nenhuma mensagem, seja ela qual for, se pode arrogar uma interpretação unívoca. Inversamente, ainda que cada leitor ou espectador seja único e possua a sua própria grelha interpretativa, que pode ela própria variar de acordo com as circunstâncias, a interpretação de uma obra nem por isso é ilimitada, pois tem limites e regras de funcionamento.

Eis por que, depois de ter começado por ilustrar a questão da interpretação com muitos exemplos práticos de análises diferentes, esperamos encontrar uma certa unidade na reflexão acerca da interpretação. Gostaríamos também de propor aos leitores uma atitude que, articulando exemplos particulares e reflexões mais gerais, seria a do curioso, se não a do investigador, que, ao interrogar diversos objetos de forma obstinada e subjacente, acaba por construir uma obra com diversas facetas, é certo, mas coerente, da mesma maneira que a junção de diversas espécies de tecidos diferentes acaba por constituir um *puzzle*, com um motivo coerente, ou uma peça de vestuário útil e confortável. Assim, a ambição deste livro é passar do plural para o singular, das imagens para a imagem, das interpretações para a interpretação.

Para tal, propomo-nos associar voltas e desvios que ora se aproximam, ora se afastam dos caminhos balizados, à imagem de um percurso pessoal.

Para começar, iremos analisar textos ou conjuntos de textos não eruditos que falam de obras cinematográficas, manifestando assim determinado aspeto da sua receção e interpretação. Esta abordagem vai pois concentrar-se em determinados «discursos» produzidos acerca dos filmes como *traço interpretativo*. Não se trata aqui de textos eruditos nem teóricos, mas de textos que podemos encontrar diariamente, nos jornais ou nos romances, e que ao mesmo tempo que nos falam das obras preparam subtilmente a sua receção, assentando estratos sedimentares como substrato da nossa própria abordagem futura dessas obras. O estudo destes textos pode ajudar-nos a compreender determinados aspetos do condicionamento que vai determinar os nossos juízos futuros. Veremos que este condicionamento surge nos textos que acompanham as obras visuais e audiovisuais, que as cotejam e alimentam, numa interação contínua, repetitiva até, entre a informação, a avaliação e a imaginação, e que se desenvolve tanto através dos escritos jornalísticos como literários. Partiremos também do postulado complementar de que estes textos, críticos ou imaginativos, revelam não só a interpretação desta ou daquela mensagem visual ou audiovisual, mas também as expectativas ou os receios que temos destas mesmas mensagens visuais, expondo assim claramente uma parte do determinismo a que a nossa interpretação futura pode ser submetida, bem como do seu condicionamento.

Nesta obra, partiremos da definição geral, segundo a qual a interpretação é uma operação mental que consiste em «conferir um sentido a um passo ou a um texto([11])», seja ele qual for. Mas se «interpretar» é «atribuir um significado», é também «atribuir um significado claro a algo obscuro», ou seja, a interpretação de mensagens, e das mensagens visuais ou audiovisuais em particular, é também *decifrar*,

---

([11]) Cf. François Rastier, *Arts et sciences du texte*, Paris, PUF, 2001 ou ainda *Sémantique interprétative*, Paris, PUF, 1996.

explicar, a fim de compreender e/ou fazer compreender. É a explicitação do «paradigma do véu» ([12]), apresentado em exergo em *La Chambre Claire* ([*]) por Roland Barthes. A interpretação de um texto consiste, pois, em tornar o seu significado acessível a nós mesmos e aos outros, com a consciência de que se trata de uma etapa intermédia, visto que o intérprete pode ser tanto porta-voz como tradutor de uma língua para outra. Assim, o intérprete faz ainda opções entre as interpretações possíveis, da mesma forma que os músicos ou os atores ao interpretarem uma peça.

Estas opções, estas traduções, estão submetidas a um leque de condicionalismos de ordem física (a qualidade orgânica da sensação [[13]]), psíquica (a qualidade fisiopsicológica da perceção [[14]]), cultural, sociocultural ([15]), conjuntural ([16]) e assim por diante. Estes condicionalismos são tão importantes e cumulativos que é muito difícil ter a certeza da interpretação de qualquer mensagem. De facto, como recorda o investigador Louis Hébert ([17]), «fundamentalmente, existem dois tipos de interpretação, caracterizados pelo seu tipo de reescrita. A interpretação intrínseca (...) e a interpretação extrínseca (...)» A primeira salienta os elementos presentes no texto ou na mensagem; a segunda, que pressupõe evidentemente a primeira, produz significados não presentes no texto ou na mensagem.

É por isso que, pela nossa parte, apresentaremos alternadamente análises complementares incidindo sobre estes dois tipos de interpretações, intrínseca e extrínseca, e sobre determinados aspetos da sua

---

([12]) Cf. Umberto Eco, *op. cit.*

([*]) *A Câmara Clara*, Lisboa, Edições 70, 2.ª edição, 2006 (*N. do E*).

([13]) Estudada particularmente pelas ciências cognitivas e pelas neurociências.

([14]) Particularmente analisada pela *Gestalttheorie*, colocando os princípios gerais da perceção da forma, como esquema de relações invariantes entre determinados elementos.

([15]) Cf. os trabalhos recentes de Roger Odin sobre «a questão dos públicos», in *Réseaux*, n.º 99, 2000.

([16]) É preocupação de toda a pragmática levar em conta as condições da leitura face às da palavra ou da escrita.

([17]) In *Introduction à la sémantique*, Paris, Honoré Champion, 2001.

correlação. Mais do que propostas teóricas muito especializadas, o que procuraremos destacar, a partir de numerosos exemplos particulares, são determinados aspetos do jogo da intertextualidade, da interação, mesmo longínqua, dos textos uns sobre os outros, e, no fim de contas, sobre determinada interpretação num dado momento.

Conforme dissemos, pareceu-nos possível aperceber-nos dos traços destes diferentes condicionalismos em alguns textos que os manifestam, textos que não os «eruditos». Mas não ficaremos por aí. Além dos textos críticos da imprensa ou dos textos romanescos, examinaremos dossiês de produção, tal como obras particulares, documentais ou de ficção, e a sua retórica específica. Estes trabalhos serão neste livro outros tantos instrumentos que nos permitirão conhecer melhor determinados aspetos misturando interpretação intrínseca e interpretação extrínseca. Para mais, como já assinalámos, veremos que os estudos aqui apresentados evidenciam, mais ou menos implicitamente, as expectativas e os receios específicos das imagens, que contribuem, na nossa opinião, para a formação de uma particular forma de «fé» a seu respeito, algures entre crença e credibilidade, confiança e desconfiança, cegueira e clarividência, obcecação e lucidez.

Este percurso revelará a forma como os processos interpretativos assim identificados manifestam a importância da projeção na leitura das imagens, contrariamente à opinião comum que confere a estas um poder quase absoluto de atração e de manipulação.

Este trabalho de pequena desmistificação será talvez útil para educar a leitura e para a interpretação das imagens, incitando o espectador-leitor que somos a ter em linha de conta parte da nossa cultura, os conhecimentos e os reflexos na elaboração da nossa interpretação e, procedendo desta forma, a lucrar em liberdade mas também em responsabilidade interpretativa.

Para acompanhar a nossa reflexão, cada uma das etapas será ilustrada por exemplos particulares. Os dois primeiros capítulos vão levar-nos a percorrer e a analisar textos de imprensa como comentário indutivo da interpretação das imagens que acompanham concretamente a nossa experiência vulgar, ao passo que a análise dos romances consistirá em considerá-los pontos de encenação de imagens possíveis ou prováveis, como tudo aquilo que diz respeito aos universos de ficção ([18]). Os dois capítulos seguintes partirão de exemplos audiovisuais e de considerações mais amplas, permitindo especificar o regime do «acreditar» ligado às imagens, assim como o aspeto necessariamente projetivo da interpretação e da sua participação ativa na manutenção dos estereótipos.

Dos discursos jornalísticos ou romanescos produzidos sobre as imagens (capítulo 1) deduziremos as expectativas que temos ou as frustrações por elas alimentadas (capítulo 2), para considerarmos que a sua interpretação se inscreve sempre no regime do «acreditar», ainda que variado (capítulo 3), alimentado pela memória e pela estereotipia (capítulo 4) e que a educação deve ter em conta.

Temos ainda, como preâmbulo, de recordar e reter que a interpretação das imagens tem a sua especificidade em relação à dos textos linguísticos: ela altera a linguagem. Esta importante transformação contraria a ideia de que a interpretação é uma metalinguagem e que a noção de interpretação diria respeito a uma parte da linguagem utilizada para interpretar uma outra parte da mesma linguagem. Não devemos esquecer que apenas uma parte das mensagens visuais é verbal.

Teremos pois de estar cientes de muitos pressupostos sobre a interpretação, tanto do lado da teoria como do lado dos vestígios que dela se podem encontrar, tanto na conversação como na crítica, na imprensa, na imaginação ou nos inquéritos. Será necessário ter também em conta as modificações importantes introduzidas no paradigma interpretativo. Assim, é necessário recordar que a partir de 1969 o investigador Hans Robert Jauss ([19]) anuncia uma alteração radical deste paradigma ao prever um sistema de expectativas psicológicas, culturais e históricas da parte do recetor, um «horizonte de expectativas», algures entre a liberdade e a fidelidade ao texto.

É por isso que este livro se propõe explorar determinados condicionalismos da interpretação das obras em exemplos de textos

---

([18]) Cf. os trabalhos dos teóricos da ficção, tais como Wolfgang Iser, Umberto Eco, etc.

([19]) In *Pour une esthétique de la réception*, Gallimard, 1978.

periféricos, que formam um sistema com as próprias obras, visuais ou audiovisuais. No grande jogo da intertextualidade, que nos dizem todos estes textos, e as próprias imagens, sobre a sua função e a forma como devemos interpretá-los? Como funciona este condicionalismo implícito na crítica, nos romances, nos filmes ou nas emissões televisivas?

Para tentar responder a determinados aspetos destas questões, apresentaremos alternadamente estudos de textos, de obras e reflexões gerais, que esperamos sejam complementares e produtivas, sobre a questão da interpretação das imagens.

Nesta perspetiva, esta obra reúne reflexões, novos textos e determinados aspetos dos trabalhos anteriores, publicados ou não.

Entre os textos já publicados, citemos pela ordem em que aparecem referidos:

Capítulo 1

– «Une approche de la réception filmique», in *Selicav* n.º 45, Bordéus, 1983.
– «Réception du film et imaginaire du spectateur» in *Hors Cadre* n.º 4, L'image, l'imaginaire, Paris, PUV, 1986.
– «Structure du discours critique» in Les Cahiers du *CIRCAV* n.º 1, Universidade de Lille 3, 1991, e in *La Scena e lo schermo*, Sena, 1992.
– «Figures de l'art», n.º 2,«Critique et éloge de la critique», in *Critique et enjeux du jugement de goût*, Saint Pierre du Mont, SPEC, 1994-1996.
– «Une séance de cinéma au *Bioscope* dans *La Montagne Magique* de Thomas Mann» in *Vertigo* n.º 10 «Le siècle du Spectateur», Paris, 1993.

Capítulo 2:

– «Les photos absentes» in *Pour la photographie, de la fiction*, Paris, GERMS, 1987.
– «L'invisible dans l'image» in *Sciences humaines*, n.º 83, «Du signe au sens», maio de 1998.

- «ALCESTE/Le Monde/Image(s) Virtuel(les)» in *Cinéma et dernières technologies*, dir. Franck Beau, Philippe Dubois, Gérard Leblanc, Partie 2: «Analyses et Discours», Paris INA/ De Boeck, 1998.
- «Information and Argument in Press Photographs» in *Visual Sociology*, 8 (1), Tampa, Florida, 1993.
- «Nouvelles images/nouvelles pensées» in *Cinéma et audiovisuel, Nouvelles images, approches nouvelles*, Paris, BIFI--L'Harmatan, 2000.

Capítulo 3:

- «Believe (in) the image?» in *Towards a theory of the image*, Jan van Eck Akademie ed., Maastricht, Países Baixos, 1996.
- «Crier au loup devant l'image» in *Technikart*, n.° 2, Paris, Dez.-Jan. 1995-1996.
- «Raymond Depardon ou la cohérence par l'absence» in *La Licorne*, n.° 17, Universidade de Poitiers, 1990.
- «Ellipse, réalité et réalisme dans Faits divers de Raymond Depardon» in *Rhétorique des arts I*, «Ellipses, blancs, silences», CICADA, PUP, 1992.
- «Consignes de lecture internes et institutionnelles d'un film» in *Communiquer par l'audiovisuel*, Bulletin du CIRCAV, n.° 9, Universidade de Lille 3, 1987.
- «Cliché, stéréotype et mise en abyme dans la JT» in *Images abymées*, Les Cahiers du CIRCAV n.° 4, GERICO, Universidade de Lille 3, 1993.
- «Le cinéma d'archives, preuve de l'histoire?» in *Les Institutions de l'image* (dir. J.-P. Bertin Maghit e B. Fleury-Vilatte), EHESS, 2001.

Capítulo 4:

- «L'analyse d'image: résistances et fonctions» in *Peut-on apprendre à voir?,* «L'image», ENSBA, 1999.
- «Télévision et mémoire visuelle» in *Télévision: question de formes*, Paris, L'Harmattan, 2001.

CAPÍTULO 1

OS DISCURSOS «ACERCA DE»

A maioria das vezes, as relações entre a linguagem visual ou audiovisual e a linguagem verbal são vistas como sendo absorvidas umas pelas outras, adaptadas umas às outras ou ainda excluindo-se mutuamente. Com efeito, é corrente dizer-se que a imagem suplanta a linguagem, desvia da leitura, da reflexão, até do pensamento. Quando se conciliam as duas linguagens, visual e verbal, é para estudar a verbal antes da visual (os textos na publicidade, os diálogos nos filmes) e, eventualmente, as suas relações ou ainda para estudar a adaptação de uma à outra.

A linguagem periférica das imagens raramente é tomada em consideração: os discursos verbais não só as compõem mas acompanham-nas e dão-lhes vida, tais como os títulos, as críticas, os romances, os ensaios, os comentários ou os anúncios. Todos estes discursos levam-nos a olhar para as imagens ou a recordarmo-nos delas ao mesmo tempo que alteramos subtilmente a nossa receção e a nossa interpretação, mediante os juízos implícitos mas ainda assim bem presentes que eles contêm. Quer estes discursos sejam informativos ou da imaginação, quer digam respeito a mundos sonhados, a mundos possíveis ou a mundos reconhecidos, participam da interpretação.

Para melhor compreendermos a natureza e a função destes discursos periféricos no que diz respeito ao condicionalismo da interpretação das imagens, tomaremos como exemplo os discursos sobre filmes e sobre cinema, discursos eruditos, informativos ou imaginários. Com efeito, ao analisarmos alguns destes discursos sobre as imagens, assim como as suas funções explícita e implícita, veremos que eles nos informam sobre as relações, as expectativas e os receios que mantemos com eles.

Assim, estudaremos primeiro a crítica cinematográfica como tal, na forma como surge na imprensa escrita diária, semanal ou mensal. Veremos como estes discursos «críticos» publicados conservam e reativam estruturas e formas significantes aquém das variantes ocasionais e que, ao proceder desta forma, nos falam do espetáculo cinematográfico e da relação que supostamente mantemos com ele.

Quanto às relações entre o cinema e as diversas artes, têm sido muitas vezes exploradas, inclusive para encontrar a especificidade desta «arte impura», como a definiu André Bazin. As relações entre o cinema e a literatura em particular constituíram e continuam a constituir o objeto de numerosos trabalhos. Trabalhos que abordam, em primeiro lugar, os problemas da adaptação; os das diferentes formas de escrita, de narração, de enunciação; os do argumento ou ainda das influências recíprocas das «escritas» cinematográfica e romanesca([1]). As relações estudadas entre as duas artes, como já dissemos, são pois essencialmente relações de paralelismo ou de interseção: de uma forma ou de outra, é sempre «cinema *e* literatura».

Raramente nos temos debruçado sobre as relações de inclusão: estudar qual o lugar e as formas de representação da literatura no cinema ou as do cinema na literatura. «O cinema *na* literatura»: é sobre esta relação que nos propomos trabalhar, recorrendo a um exemplo preciso e aprofundado: a sessão de cinema no *Bioscope*, em *A Montanha Mágica*, de Thomas Mann. Gostaríamos com isso de provar até que ponto este tipo de estudo não só é produtivo como também indispensável para uma melhor compreensão da receção fílmica, da sua apreensão e da sua função no encadeamento interpretativo das obras.

([1]) Sobre todos estes temas, pode ler-se em particular: Jeanne-Marie Clerc: *Le Cinéma témoin de l'imaginaire dans le roman français contemporain*, Peter Lang, Berna, 1984 e *Écrivains et cinéma: des mots aux images, des images aux mots, adaptations et ciné-romans*, PUM 1985; Francis Vanoye: *Récit écrit, récit filmique*, Paris, Nathan, 1989 e *Scénarios modèles, modèles de scénarios*, Paris, Nathan 1994; André Gaudreault, François Jost: *Le Récit cinématographique*, Paris, Nathan, 1990; Christian Metz: *L'Énonciation impersonnelle ou le site du film*, Paris, Méridiens Klincksieck, 1991.

Mas, antes de abordar este estudo, gostaríamos de o justificar, primeiro, situando-o em relação a outros estudos, esclarecendo depois o que esperamos dele. Interessar-nos-emos também pelo cinema tal como os romances o representam; o exemplo de Thomas Mann poderia ser generalizado a muitas outras obras. Será tratado aqui em profundidade, de forma a mostrar a riqueza de tais considerações no que diz respeito à interpretação recíproca das obras. Este trabalho explora assim uma pista que interessou também investigadores como Louis Marin em *Les Pouvoirs de l'image, Gloses* ([2]), Gian Carlo Brunetta em *Buio in sala* ([3]) ou ainda Jérôme Prieur em *Le Spectateur Nocturne* ([4]), tomando em conta, cada um à sua maneira, os textos escritos sobre as imagens.

O espectador noturno, de Prieur, apresenta-se como uma antologia de textos de escritores (narrativas, memórias ou romances), por meio dos quais os autores «falam da sua perturbação, da sua emoção ou das suas previsões» a propósito do cinema. Mais do que os seus juízos, o que interessa Jérôme Prieur é o facto de que estes textos revelam a «experiência» dos autores e, no fim de contas, a sua própria «ficção do cinema». As páginas assim coligidas, mais do que analisadas, constituem «curiosos arquivos»; reúnem uma «multidão de rostos, iluminado cada um deles pela claridade da projeção». Revelam a forma como essas páginas contribuem também para determinar a nossa própria experiência cinematográfica, ainda que mais não fosse permitindo-nos, com a leitura, comparar a abordagem proposta à nossa, e dessa forma relativizá-la.

«Salas escuras». Assim nos propomos traduzir o título do livro de Gian Piero Brunetta, *Buio in sala, Cent'anni di passioni dello spettatore cinematografico* ([5]), livro em que explora «uma pequena

---

([2]) Paris, Seuil, «L'ordre philosophique», 1993.

([3]) Veneza, Marsilio Editori, 1989.

([4]) Paris, *Cahiers du cinéma*, 1993.

([5]) Marsilio Editori 1989: *Cem Anos de Paixão do Espectador de Cinema.*

constelação de ensaios, romances, autobiografias» ([6]), no qual se levanta a hipótese «de possuírem as mesmas características que milhões de outros indivíduos anónimos, dispersos pela face da terra» ([7]). Em sua opinião, encontra-se em todos estes textos a resposta à pergunta que se coloca: «como e onde se fixa a memória cinematográfica?» ([8])

A proposta de Brunetta é pôr de lado os vestígios dos historiadores, dos críticos ou ainda dos teóricos do cinema para finalmente, através de todos estes textos, «olhar em direção da sala para explorar e analisar, nas suas diferentes componentes, a história que se desenrola em volta de e paralelamente à história do ecrã» ([9]). Para tal, Brunetta põe como hipótese preliminar que todo o tipo de narrativa referente à experiência cinematográfica, desde finais do século XIX até aos dias de hoje, pode ser interpretado simultaneamente como manifestação de memória individual e de memória coletiva. Desta forma, «a experiência cinematográfica descrita nos romances ou nos poemas (será) considerada uma fonte legítima de reconstrução de uma autobiografia coletiva.» ([10]) Para Brunetta, os próprios textos confirmarão estas hipóteses, na medida em que são testemunhos esparsos provenientes de autores conhecidos ou desconhecidos, eruditos e divertidos, de Sartre e Simone de Beauvoir a alguns anónimos, de Frank Norris a Andrea Zanzotto, de Jules Romain a Rudyard Kipling, de *Tintim no Congo* a Gualtieri Bertelli, etc., todos eles

---

([6]) *«una piccola (!) costellazione di saggi e romanzi, autobiografie».*

([7]) *«hanno le stesse caratteristiche di quelle di millioni di altri individui anonimi sparsi sulla superficie terrestre».*

([8]) *«come e dove si fissa la memoria cinematografica?».*

([9]) *«guardare in direzione della sala per esplorare e analizzare nelle diverse componenti la storia che si sviluppa attorno e in parallelo rispetto alla storia dello schermo».*

([10]) *«E possibile stabilire – come ipotesi preliminare – che qualsiasi tipo di racconto relativo a esperienze cinematografiche, dalle fine dell'Ottocento a oggi, possa essere interpretato, nello stesso tempo, come manifestazione di memoria individuale e di tutti? E fino a che punto l'esperienza cinematografica descritta nei romanzi e nelle poesie puó essere considerata fonte legitima per la ricostruzione di un'autobiografia collettiva?»*

evocando a emoção da iniciação ao cinema, «como a matriz de um trauma emotivo que deverá acompanhá-los depois por toda a vida([11]).»

Através de todos estes textos misturados, Brunetta chega de facto a exumar a sala de cinema como lugar de uma experiência muitas vezes determinante para muitos, «húmus» da vida afetiva e intelectual, mas também lugar de *Bildungsroman*, de socialização, de culto, de cerimonial, e espaço de sinestesia (da boca, da visão, do ouvido, da proxémica, do tato, do calor, do olfato...).

Depois de ter indicado até que ponto foi demorada, laboriosa até, a pesquisa dos textos para efetuar este trabalho, Brunetta convida-nos mesmo assim a continuar o jogo. Foi o que nos propusemos fazer, primeiro a partir de um único exemplo, o de *A Montanha Mágica*, para mostrar tudo o que Brunetta dali retira; em seguida, e partindo do mesmo exemplo, para explorar outras perspetivas proporcionadas por uma atitude que, na nossa opinião, pode revelar-se ainda mais fecunda, ainda que seja algo radical.

Efetivamente, se a variedade dos textos utilizados (literários, jornalísticos, cadernos pessoais...) por Brunetta ou Prieur se mostra de absoluta eficácia para demonstrar de forma consistente que todos estes textos reunidos constituem uma memória coletiva, parece-nos que poderemos conseguir ainda mais da exploração de tais textos criando outros sistemas de relações. Assim, o facto de apenas estudarmos e relacionarmos um único tipo de textos, neste caso romanescos, poderia paradoxalmente alargar e completar a utilização dos textos como simples acumulação concordante de testemunhos.

O estudo da encenação das sessões de cinema num, e depois em vários romances, em determinada época, pode com efeito ser não apenas considerado como um traço da especificidade da experiência cinematográfica, do seu valor e da sua força (na perspetiva da estética da receção e de uma teoria da interpretação), mas também um local de confronto entre experiências estéticas diferentes, uma (a cinematográfica) trabalhada pela outra (a literária, romanesca). Lugar de confronto e não já de comparação, como nos trabalhos mais

---

([11]) *«comme il nucleo genetico di um trauma emotivo destinato a segnare a lungo la propria vita».*

difundidos. Confronto, ou seja, o estabelecimento de uma relação de forças na corrente interpretativa, propondo ao leitor de forma implícita, mas mesmo assim diretiva, uma espécie de hierarquização entre as diferentes artes, uma proposta interpretativa que, extravasando a leitura de um texto específico, marcaria assim pontos de referência não só para a receção das diferentes artes mas também para a sua apreciação.

Deste modo, é possível estudar a encenação do cinema, (e de todos os tipos de imagem) no romance mas também, de forma mais alargada, todas as representações de representações: a pintura, a música, a escultura, o teatro, a fotografia, as «novas imagens», etc., *no* cinema; a literatura, a pintura, a música, a escultura, o teatro, a fotografia, as «novas imagens», etc., *na* literatura; as diferentes artes *nos* diferentes meios de comunicação; os diferentes meios de comunicação *nas* diferentes artes, etc. Já não para avaliar as suas influências recíprocas, nem os empréstimos, nem as «passagens», nem as «interpenetrações». mas sim para tentar decifrar o que esta tentativa de absorção estética revela de conflituoso, de dinâmico, de propostas, intencionais ou não, para a abordagem e para a interpenetração das obras.

Fazer este tipo de estudo através de vários exemplos particulares poderia ser um instrumento útil para a elaboração de uma espécie de sociologia das artes (à semelhança de Brunetta), mas poderia sobretudo tornar-se o fio condutor para a compreensão da função não somente estética mas também axiológica das inter-representações. Uma maneira de fazer aparecer a função crítica das próprias obras.

É o que propomos, pois, observar em primeiro lugar no estudo do discurso crítico incidindo sobre os filmes e das suas implicações ([12]), em seguida no da encenação das imagens em *A Montanha Mágica*, de Thomas Mann, neste capítulo, mas também no estudo da evocação das imagens virtuais através de uma dúzia de anos de artigos no jornal *Le Monde*, no capítulo seguinte.

([12]) Cf. Martine Joly: «Une approche de la réception filmique» in Selicav, n.º 45, Bordéus 1983; «Réception du film et imaginaire du spectateur» *in Hors Cadre*, n.º 4, *L'Image, l'imaginaire*, Paris, PUV, 1986 e «Structure du discours critique», *Les Cahiers du CIRCAV*, n.º 1, Universidade de Lille 3, 1991.

1. O discurso crítico

Atualidade *oblige*: verifica-se que no espaço de uma época a questão da crítica voltou a estar na moda nos *media*, quando um realizador, Patrice Leconte, enviou à associação de realizadores a que pertence ([13]) uma indignada carta aberta: «Estou assombrado com a atitude da crítica face ao cinema francês». Ou ainda: «Certos textos causam-me arrepios, como se os seus autores tivessem passado a palavra no sentido de matar o cinema francês comercial, popular, destinado ao grande público», escrevia ele, desencadeando assim uma pequena tempestade mediática em volta da crítica em geral e da crítica cinematográfica em particular.

O benefício desta crítica à crítica foi que, entravando-lhe o passo, surgiu durante algum tempo uma reflexão pública sobre a natureza e a função da crítica, para nós muito reveladora de um determinado tipo de relação com a imagem.

Antes de tudo, podemos distinguir diferentes tipos de abordagens das obras que o termo «crítica» subentende: assim, existe a abordagem «erudita» ou universitária, que abrange uma reflexão sobre a própria crítica, e a abordagem jornalística ou mediática, considerada como a crítica propriamente dita.

A crítica

Com efeito, quando se fala de «crítica», pensamos em primeiro lugar na crítica jornalística, de que voltaremos a falar um pouco mais adiante. No entanto, a abordagem crítica das obras pode também ser formulada pelos próprios artistas, escritores, realizadores, ou ainda pelos professores e investigadores. A abordagem universitária da crítica, por exemplo, não é a mesma do realizador e do jornalista. O que se encara, o que se estuda, é a atitude crítica em si mesma, assim como as suas formas e a sua função. Em filosofia, como em teoria da literatura, por exemplo, reflete-se tradicionalmente uma

---

([13]) A ARP.

reflexão sobre as noções de apreciação e de gosto. Quer se trate de uma reflexão sobre o gosto como sentido ou sobre a teoria da crítica da arte, esta interroga-se também sobre os critérios da psicanálise ou da própria crítica, mesmo com risco das obras ([14]).

Sem evocar aqui toda a história da crítica (literária, poética, de arte, cinematográfica), podemos mesmo assim notar que ela acompanha as obras desde o momento em que foram assinadas, e que, por isso mesmo, acompanha as biografias dos artistas, contribuindo assim para construir a imagem de um ser à parte, «tocado pela mão de Deus» ([15]).

Desde a Antiguidade, a crítica, seja ela popular e imediata, como por altura dos concursos de tragédia ou das sessões de cinema, ou erudita, como nos tratados de poética ou nos ensaios, estabelece critérios de aceitabilidade e de apreciação das obras. Quaisquer que sejam esses critérios, métodos ou função, a crítica provoca reações e a crítica da crítica esforça-se então por corrigir apreciações e comentários que lhe parecem injustos.

Na nossa opinião, se estes discursos críticos determinam em parte a relação do espectador com a obra, outros pensam e demonstram que estes discursos críticos em si mesmos, assim como os títulos das obras, são determinados institucionalmente. O investigador Leo H. Hoek estuda estas determinações institucionais, acima da crítica, no «discurso sobre a arte no século XIX em França» ([16]). Nesta obra, o autor «interroga dois tipos de discurso – os títulos pictóricos e a crítica de arte – acerca dos fundamentos institucionais do seu funcionamento discursivo e social.» Partindo de muitos exemplos de quadros pintados no século XIX, a análise da poética dos títulos pictóricos, da sua função institucional, bem como da sua génese, permite

---

([14]) Cf. em Bordéus III, o número da revista de estética *Figures de l'art* n.º 2, «Critique et éloge de la critique» in «Critique et enjeux du jugement de goût», Saint Pierre du Mont, SPEC, 1994-96.

([15]) Cf. Ernst Kris e Otto Kurtz, *L'Image de l'artiste, Légende, mythe et magie*, Marselha, Rivages, 1987.

([16]) Cf. Leo H. Hoek, *Titres, toiles et critique d'art, Déterminants institutionnels du discours sur l'art au XIXe siècle en France,* col. «Faux titre». Éd. Rodopi, Amesterdão-Atlanta, 2001.

evidenciar o seu papel social. Da mesma forma, o percurso institucional da crítica de arte mostra que ela deve «dispor de um completo arsenal de estratégias retóricas específicas» para ser convincente e provar a correta fundamentação do seu juízo. O título, longe de ser uma simples descrição do tema da obra, como qualquer título e discurso sobre a arte em geral, programa assim a interpretação e a avaliação; de igual modo, a crítica de arte, recorrendo aos títulos de outras obras consagradas pelo campo artístico, funciona como instrumento retórico que serve para «dissimular o efeito de determinantes institucionais sobre o discurso metapictórico.»

Podemos então refletir no *efeito* da crítica ou nos diferentes *efeitos* da crítica na interpretação das obras mas também na sua criação. Certo é que ela afeta os autores quando é demasiado negativa ou demasiado sistematicamente negativa e irá orientar o seu trabalho posterior. É necessário todavia notar que a crítica não é a censura. Rabelais, por exemplo, suspeito de reformismo, foi excomungado pela Igreja num século em que o seu poder era considerável. Também no século XVIII, a censura à literatura e ao teatro foi muito ativa.

Afinal, o que se critica à crítica, o que se receia dela? Que afaste das obras os leitores ou os espectadores? Isso significa que se espera dela que guie o espectador até às obras, e que se julga que ela tem o poder de alterar o comportamento de eventuais espectadores ou leitores.

Mas, mesmo quando a crítica pretende ser efetivamente a intermediária entre a obra e o público, ser uma *barqueira* tão sumptuosa, lírica, apreciativa, justa e culta como a de Baudelaire sobre as obras de Delacroix ou de Berlioz, ou quando se afunda no academismo e na convenção, como sucede ao universitário Lanson, o que sabemos do *seu efeito*? Terá Baudelaire contribuído para o êxito de Delacroix ou de Berlioz? Temos dúvidas, quando lemos as memórias deste último, que chocava demasiado a expectativa do público da altura. Baudelaire teria mesmo declarado: «O público está em relação ao génio como um relógio que se atrasa».

Se lermos com atenção a carta de P. Leconte, verificamos que nela não se protesta contra o facto de a crítica afastar os espectadores dos filmes franceses, mas contra o facto de ela desprezar o cinema francês popular e comercial, precisamente aquele que atrai os espectadores para as salas de cinema. Portanto, o que ele espera da crítica é reconhecimento e estima, e o fim da dicotomia denunciada, segundo a qual uma obra intimista e difícil seria necessariamente uma obra de arte, ao passo que qualquer obra destinada ao «grande público» seria necessariamente medíocre e aliciante.

No entanto, não é falso nem é novidade que a crítica possa, efetivamente, resvalar para uma convencionalidade «tribal». Releiam-se os comentários de Serge Daney em *Trafic*, uma revista por ele criada em 1991, para revezar «a tradição oral» em torno do «amor pelo cinema», uma revista revestida de papel de embrulho: «Penso muitas vezes em *Merci, la vie*, de que não gosto e de que já ninguém fala. Tenho a impressão de que este *opus magnum*, perante o qual todo o *establishment* crítico se prosternou demasiado depressa, exprime a visão desta personagem bem do nosso tempo, que é o *pai do aluno...*».

Poderíamos dizer que esta espécie de degenerescência da crítica aqui denunciada tinha já sido combatida, de forma mais «erudita», por todo o movimento da «nova crítica» surgido durante as décadas de 60 e 70, com Roland Barthes à frente. Foi sem dúvida da sua pena que saiu ([17]) uma das mais justas análises à crítica como arte (técnica) a tempo inteiro: «Ainda que, por função, o crítico fale da linguagem dos outros a ponto de desejar aparentemente (e por vezes abusivamente) concluí-la, o crítico, tal como o escritor, nunca tem a *última palavra*. Mais, este mutismo final que forma a sua condição comum é que revela a verdadeira identidade do crítico: o crítico é um escritor. Trata-se de uma pretensão de ser, e não de valor; o crítico não exige que lhe concedam uma "visão" nem um "estilo", mas apenas que lhe reconheçam o direito a uma certa palavra, que é a palavra indireta.»

Esta definição tem a vantagem de nos permitir observar que a própria crítica, quando se exerce sobre a música, a pintura ou o cinema, é sempre *verbal*, a maior parte das vezes *escrita*, ou ainda *oral*, como

---

([17]) Precisamente no prefácio aos seus *Essais critiques*, Paris, Seuil, 1964.

em determinadas emissões de rádio ([18]) ou de televisão: encontra-se muito ligada aos *media* e à imprensa escrita em particular.

No que se refere à crítica de cinema propriamente dita, embora a sua análise possa levar a conclusões bastantes gerais, devemos constatar que ela é extremamente variada, tanto na sua história como na sua atualidade. Fazer esta afirmação pode parecer estranho, mas a crítica de cinema tem já pelo menos três funções principais: informar, avaliar, promover. Informação e promoção são decisivas para a crítica jornalística dos diários e dos semanários. A avaliação, que permite de um modo mais preciso a expressão do sentido crítico, está ligada à atividade analítica: «Um bom crítico é aquele que possui discernimento, que sabe apreciar, graças à sua acuidade sintética, a obra que passará à posteridade. É também um pedagogo do prazer estético, esforçando-se por fazer partilhar a riqueza da obra ao mais largo público possível» ([19]). Encontraremos com maior facilidade a parte avaliativa e analítica nas revistas especializadas (mensários) e a parte informativa e promocional nos diários.

Léon Moussinac, Riciotto Canudo antes dele, bateram-se por se libertar dos «artigos publicitários» para as produtoras e por analisar os filmes, a sua retórica, encontrar a especificidade da linguagem cinematográfica. Já em 1913 Canudo encarava a criação de uma escola de crítica artística.

Quanto a André Bazin, escreve ([20]): «Na medida, por modesta que seja, em que um artigo crítico procede de determinado movimento do pensamento, que adquiriu a sua dinâmica, a sua dimensão e o seu ritmo, está relacionado também com a criação literária e não se conseguiria, sem separar o conteúdo da forma, fazê-lo passar para outro molde».

É assim que o estudo da crítica cinematográfica e das suas invariantes pode ser efetivamente revelador da relação que estes espectadores específicos e, apesar disso, representativos, têm com o

([18]) Tais como «*Le masque et la plume*».

([19]) In *L'Analyse des films*, Jacques Aumont, Michel Marie, Paris, Nathan Cinéma, 1988, reed., 1999.

([20]) No prefácio de *Qu'est-ce que le cinéma?*, Paris, Cerf, 1971.

espetáculo cinematográfico. A abordagem que propomos, neste caso, consiste em recolher o que a imprensa, as revistas especializadas e os ensaios nos dizem dos filmes durante determinado período e tentar compreender o sentido e do que se trata.

A abordagem jornalística ([21])

A crítica de cinema: lugares e funções

O cinema festejou cem anos. A crítica cinematográfica um pouco menos, se considerarmos, como é habitual, que o seu inventor foi Louis Delluc, cujos artigos pontuais foram reunidos em livro ([22]) nos anos vinte, e que, desde 1907, em Itália ou em Paris, em particular, importantes escritos sobre o cinema haviam precedido os de Delluc, como os de Riciotto Canudo, cuja reflexão sobre a especificidade cinematográfica em relação às outras artes o levara a forjar a célebre fórmula do cinema como «7.ª Arte».

Se, no entanto, consideramos Louis Delluc como o iniciador da crítica cinematográfica é porque ele inaugura nos seus textos uma tradição avaliativa e analítica dos filmes que irá perpetuar-se, por intermédio de André Bazin, até aos nossos dias, em particular sob a pena de um Serge Daney, por exemplo. Estes três autores têm a particularidade de ter escrito em jornais diários (*Paris-Midi, Le Parisien libéré, Libération*) artigos de fundo sobre o cinema – artigos que, todos eles, deram lugar a uma publicação em livro.

Não é difícil perceber que esta é uma tradição que só diz respeito à imprensa escrita de uma certa qualidade, combinando muitas vezes cinefilia, elementos de conceptualização, de análise e de avaliação. Na realidade, este tipo de textos só corresponde a uma pequena parte da crítica cinematográfica, que encontramos também em publicações

---

([21]) Este subcapítulo retoma parcialmente os nossos trabalhos publicados por um lado em «Structure du discours critique», Sena, *La Scena e lo schermo*, 1992 e em «De la critique cinématografique au discours sur le film et ce qu'il nous dit» in *Figures de l'art*, n.º 2, Mont de Marsan, Spec, 1996.

([22]) Tais como *Cinéma et Cie*, *Photogénie* ou ainda *Charlot*.

mais ou menos especializadas e em outros *media*, como a rádio ou a televisão. Se, como já dissemos, a atividade crítica tem por funções principais informar, avaliar e promover, para a crítica jornalística dos diários e dos semanários a informação e a promoção são decisivas. A parte avaliativa e analítica enriquece, no exercício da crítica especializada, a dos mensários, ao passo que a parte informativa é preponderante em toda a atividade crítica ligada à atualidade: imprensa escrita, rádio, televisão, etc.

Podemos também observar ([23]) que «a atividade crítica que se exerce nas publicações especializadas sem ligação direta com a atualidade raramente é praticada por um jornalista profissional. O perfil do crítico é antes o do militante cultural, quase sempre um animador, professor ou profissional implicado em algum dos setores da distribuição e da exploração dos filmes. [...] A parte reservada à análise mais aprofundada de uma obra está, a maior parte das vezes, reduzida uma porção insignificante [...], é mais urgente mobilizar numerosas páginas a favor de um filme inovador, ameaçado de rápido desaparecimento nos ecrãs, do que desenvolver o estudo detalhado de um grande filme do ano de um autor reconhecido, que terá reencontrado o seu público.

«[...] Para o crítico, o juízo de apreciação é fundamental».

Este juízo de apreciação varia entre dois extremos: há a abordagem cinéfila essencialmente fétichista, a das revistas de grande público ([24]), assente no culto do ator e das estrelas; no outro pólo, a cinefilia analítica, que está na base da crítica de cinema concebida como crítica de arte ([25]).

No entanto, mesmo que estes diferentes tipos de críticas tenham dominantes específicas, misturam em diversos graus ingredientes comuns ([26]): «A crítica de promoção preconiza o êxito deste ou

---

([23]) Com Jacques Aumont e Michel Marie, in *L'Analyse des films, op. cit.*

([24]) Da antiga *Cinémagazine*, às atuais *Première* ou *Studio.*

([25]) Cf. as críticas dos mensários especializados, como *Les Cahiers du cinéma* e *Positif.*

([26]) Cf. Francesco Casetti *D'un regard à l'autre, le film et son spectateur*, Lyon, PUL, 1990.

daquele filme, desejando, portanto, que todo aquele que o vir adira às suas propostas e às suas orientações; a crítica de avaliação joga na relação pessoal com a obra e privilegia os movimentos de humor e os entusiasmos súbitos, podendo lembrar uma cerimónia secreta para "iniciados"; por último, a crítica militante ou *engagé* transforma a visão de um filme numa opção de vida, supondo-a uma atitude cuja génese e cujas consequências importa avaliar».

Esta breve apresentação da crítica cinematográfica e das suas presumíveis funções sem dúvida que não se distingue fundamentalmente do que se pode saber ou dizer acerca da função da crítica das outras artes: para ela também, trata-se de informar, de avaliar ou de promover. Nada nos diz, em particular, sobre a especificidade do discurso que se pode utilizar sobre um filme, quer se seja ou não um crítico reconhecido, nem sobre o que esta especificidade nos revela sobre a especificidade do próprio espetáculo cinematográfico em relação às outras artes.

Por este motivo, consagrámos alguns trabalhos ([27]) ao estudo dos diferentes textos produzidos e institucionais (dos «críticos») sobre filmes, trabalhos que nos permitiram recolher algumas constantes e formas de articulação destas constantes, reveladoras não só do aspeto institucional deste tipo de texto e da sua função, mas também de determinados aspetos da relação com a obra fílmica e, portanto, da sua interpretação. Foram publicados outros trabalhos sobre este tema, mas pouco numerosos ([28]).

Recordação de imagens

Antes de mais, é importante sublinhar que o discurso que se tem sobre um filme é necessariamente um discurso da recordação. Com

([27]) Desde a nossa tese: M. Joly e S. Soula: *Contribution méthodologique à l'étude de la réception filmique* (dir. C. Metz), Bordéus, 1982, até aos mais recentes trabalhos acima citados.

([28]) P. Charaudeau: «La critique cinématografique» in *Langages, discours et société*, Didier Érudition, Paris, maio de 1988, artigo em que se assinalou uma tese em curso sobre *La chronique cinématographique*.

efeito, ao contrário do que acontece com outras artes (literatura, pintura, escultura, arquitetura) é impossível elaborar um discurso crítico ao mesmo tempo que se contempla a obra ou a sua reprodução. O comentário é sempre feito *a posteriori*, e, mesmo que se mude para uma atividade mais analítica do que crítica, tendo à nossa disposição o filme, que se pode examinar plano por plano num vídeo ou numa mesa de montagem, destrói-se o objeto de estudo porque se trata, como afirmou o investigador Raymond Bellour, de um «texto raro» ([29]).

Trata-se de um discurso necessariamente afastado no tempo, sobre um objeto necessariamente ausente, doravante invisível, inaudível, inverificável. Trata-se de um discurso necessariamente verbal, sobre um objeto visual e sonoro, fugidio e passado. Mudança de tempo, mudança de linguagem.

Afirmou-se, na época da filmologia ([30]), que as recordações de filmes eram antes de mais recordações de imagens, de determinadas imagens. Ora, quanto a nós, verificámos que o primeiro referente evocado de forma constante e prioritária na crítica de cinema, quaisquer que sejam as suas funções (promocional, informativa, avaliativa ou militante), foi a narrativa fílmica, muito antes da imagem, do som ou da sua combinação. É que a maior parte das vezes o filme narra uma história, outra particularidade do filme em relação a outras artes, como a pintura, a música ou a arquitetura. O grosso da produção cinematográfica, incluindo o filme «de arte e ensaio», é narrativo-representativo.

A narrativa fílmica

Observámos, pois, que a narrativa fílmica era o referente de orientação dos discursos críticos e que ela se produzia pela evocação de uma «história» designada como tal. Vemos, assim, que a evocação do filme se faz sempre com prioridade em relação à «história», mesmo

---

([29]) In *L'Analyse des films*, Paris, Albatros, 1980.

([30]) Na década de 1950, na Sorbonne.

quando esta não existe. Poderíamos então esperar, como o demonstraram vários trabalhos sobre a recapitulação das «histórias» ou sobre a recapitulação comparada das mensagens verbais e das mensagens fílmicas ([31]), que estas recapitulações de narrativas nos propusessem narrativas reduzidas. Não é o caso. Mesmo sabendo que para se recordar uma história é necessário ligá-la a uma macro-estrutura narrativa que será preenchida com elementos retirados ao filme em questão, ou ainda com elementos plausíveis retirados da sua própria experiência ([32]), não é por isso que estas recapitulações da história, presentes nas nossas críticas, são uma narrativa completa e coerente.

Em contrapartida, o que encontramos em todos os nossos textos é o estabelecimento da macrocategoria narrativa inicial com a apresentação sumária do quadro da história e dos principais protagonistas. Um exemplo ao acaso na imprensa da atualidade ([33]): «Um velho táxi Mercedes segue com dificuldade por uma estrada coberta de neve, nos Balcãs. Silhuetas negras no branco do céu e da terra, homens expulsos da Grécia, caminham através da montanha. Visão alucinante, simultaneamente bela e trágica. O motorista passa por eles, para o carro, desce e dirige-se ao seu passageiro: «Sabe, falo com a neve há vinte e cinco anos. A neve conhece-me. Parei, porque ela me disse que parasse. A neve, há que respeitá-la».

«Um motorista de táxi que fala com a neve, aí está algo que impõe respeito. Théo Angelopoulos percebe do assunto... etc.»

Ou então, mais recentemente: «Uma atriz sai do palco e dirige-se ao seu camarim. Camille Renard (Jeanne Balibar) é como uma luz a piscar: loura em cena, morena nos bastidores; vai monologando em voz alta: «as coisas correm bem, as coisas correm mal» [...] Camille está perturbada pelo seu regresso a Paris, após uma ausência de três

---

([31]) Cf. W. Kintsh e T. A. Vandij: «Comment on se rappelle et on rédige les histoires» in *Langages*, Larousse, Paris 1975; M. Denis «Mémoire d'un message filmique et d'un message verbal» in *Journal de psychologie normale et pathologique*, n.° 1, Paris, Seuil, 1971.

([32]) Hans Robert Jauss: *Pour une esthétique de la réception*, Paris, Gallimard, 1978.

([33]) In *Télérama*, n.° 2383, 13 de setembro de 1995: primeiras linhas do artigo de Vincent Remy: «Le regard d'Ulysse».

anos. Não consegue deixar de procurar Pierre (Jacques Bonnafé), o homem que ela abandonou ao partir para a Itália, onde conheceu e casou com Ugo (Stefano Castellito), diretor e encenador da companhia...» ([34])

Por vezes, a evocação da narrativa prolonga-se até à da sequência narrativa final, mas a sequência sempre lembrada é a sequência inicial. Por exemplo: «*Mulholland Drive*, de David Lynch, começa como um pesadelo. Em Mulholland Drive, uma limusina transporta uma mulher, talvez uma atriz, e vários homens. A viatura pára na berma, um dos homens saca de uma pistola e aponta-a à mulher. Naquele instante preciso, o carro é violentamente abalroado por outra viatura que vinha em sentido contrário. Só a mulher sobrevive ilesa e foge a pé, etc.» ([35]).

Na análise que fez da crítica cinematográfica, o investigador Patrick Charaudeau ([36]) faz notar o mesmo fenómeno e explica-o pelo constrangimento do género: «o constrangimento reside no facto de que não se devem desvendar determinadas partes da história, sob pena de neutralizar antecipadamente o interesse do espectador... Nestas condições, o resumo contenta-se em apresentar aquilo que, em termos de análise narrativa, se designa "a situação inicial": a *localização* no espaço e no tempo, os *actantes* [personagens] principais e a sua *qualificação* arquetípica, a presumível busca do herói».

Mesmo que esta explicação se justifique no contexto deste tipo de comunicação mediática que é a crítica de cinema, parece-nos que podemos interpretar esta evocação da narrativa fílmica, e sobretudo a forma desta evocação, como reveladora de algo diferente da relação crítica-leitor, ou seja, como reveladora da relação autor-obra-público ([37]),

([34]) In «Cannes 2001», *Le Monde* de sexta-feira 18 de maio de 2001, Thomas Sotinel, «Pasacaille pour coeur et corps sur une partition de Jacques Rivette», a propósito de «*Va savoir*», de Jacques Rivette.

([35]) In «Cannes 2001», *Le Monde*, de sexta-feira 18 de maio de 2001, Samuel Blumenfeld, «Au carrefour de boulevards qui ne mènent nulle part», à propos de *Mulholland Drive*, de David Lynch.

([36]) *Op. cit.*

([37]) H. R. Jauss, *op. cit.*

e por isso de determinado número de expectativas do público, relação essa indutora de uma interpretação particular.

Com efeito, assinalar que se está dentro de uma história sem a dissimular com uma narrativa, significa que se faz da própria macro-estrutura um referente, que não só oculta o significante fílmico mas também o da crítica e que censura constantemente, poderíamos dizer, todos os suplementos simbólicos do enunciado do texto, da narrativa fílmica e da sua organização ficcional. Trata-se da «História» como também de uma possibilidade de histórias, da «História» como matriz e como invariante mais do que como variante. Uma vez estabelecida esta macro-estrutura, o crítico, tal como o espectador, empreende efetivamente preenchê-la com elementos retirados à recordação do filme ou mesmo à sua própria experiência.

O presente omnipresente

Gostaríamos de nos deter agora por um instante neste «preenchimento» ou, mais exatamente, nas formas deste preenchimento. Com efeito, dois traços o caracterizam de forma constante: a utilização dos tempos verbais e a articulação lógica das proposições.

Como nos exemplos propostos, o tempo utilizado para a evocação da «história» é sempre o presente do indicativo. Sem exceção. Os exemplos são incontáveis e dependem em cada texto da extensão da evocação da «história».

Verifica-se imediatamente que esta utilização generalizada do presente não corresponde a qualquer exatidão sobre a temporalidade nem das ações nem dos estados, nem sobre a sua modalidade. É o valor de aspeto do presente que aqui se utiliza por causa da sua dimensão «imperfetiva», «que serve para contar um processo situando-se no interior da duração que vai desde o início do filme até ao final da sua realização» ([38]).

([38]) A. Gaudreault e F. Jost: *Le Récit cinématografique*, Paris, Nathan Cinéma, 1990.

Ora, sabemos, por outro lado, que a imagem cinematográfica se define menos pela sua qualidade *temporal* (o presente) ou *modal* (o indicativo) do que por esta característica de *aspeto* que é efetivamente a de ser *imperfetiva* e de mostrar o curso das coisas que estão em vias de se desenrolar. O que permitiu a Christian Metz ([39]) afirmar que «a imagem está sempre no presente».

Daqui resulta o paradoxo da dupla narrativa cinematográfica: mesmo quando as palavras, no interior do filme, nos apresentam os acontecimentos como passados, volvidos (nos diálogos, por exemplo), a vertente visual só no-los pode mostrar «em vias de acontecerem» ([40]). É, pois, impressionante verificar que a evocação verbal da narrativa fílmica pela crítica retoma a particularidade da vertente visual e não a das palavras, ocultando assim completamente a conclusão desta narrativa que o crítico, no entanto, conhece na sua totalidade, tal como a situação de comunicação deste mesmo crítico, que consiste em falar de um espetáculo passado para ele já passado a eventuais futuros espectadores.

Podemos então perguntar-nos qual é a função deste presente deslocado. Pensamos que está ali para, de forma tão implícita como fictícia, pôr no lugar o crítico, e com ele o leitor, como espectador durante o desenrolar a-temporal da imagem cinematográfica. Este presente vem imitar a simultaneidade da receção, bem como as etapas da compreensão.

Esta hipótese é confirmada pelo facto de que nos apercebemos efetivamente das cambiantes de aspeto nesta utilização imperfetiva do presente, cambiantes em que alternam valores descritivos e/ou durativos: «Um velho táxi Mercedes segue com dificuldade por uma estrada coberta de neve......»; «em Mulholland Drive, uma limusina transporta uma mulher, talvez uma atriz, e vários homens» e valores ativos ou pontuais: «o motorista ultrapassa-os, para o carro, sai...»; «a viatura imobiliza-se na berma, um dos homens saca uma pistola e aponta-a à mulher. Naquele instante preciso, a viatura é violentamente abalroada por um carro que vinha em sentido contrário. Só a

---

([39]) In *La Signification au cinéma*, Paris, Klincksieck, 1976.

([40]) A. Gaudreault e F. Jost, *ibid.*

mulher sobrevive ilesa e foge a pé». Tal como no imperfetivo visual, distingue-se neste presente imperfetivo verbal o que é durativo e o que é pontual, na evocação de um fluxo falsamente uniforme de imagens.

Montagem e justaposição

Esta evocação da história caracteriza-se por uma segunda particularidade: a articulação lógica das proposições. Com efeito, uma análise, por mais rápida que seja, de qualquer crítica de cinema mostra que a justaposição é a forma de articulação dominante e que as relações causais ou temporais das proposições entre si são significadas pela sequência das proposições e não pelos numerosos e variados instrumentos de articulação que a língua permite, tais como os instrumentos de coordenação ou de subordinação.

Como não reconhecer, também ali, uma réplica do princípio elementar da montagem visual, incidindo sobre a ordem e a duração das sequências ou dos fragmentos fílmicos. Por esse motivo, a formulação extraordinariamente simplista para a evocação verbal e, além disso, escrita, de uma narrativa, não só não choca como é uma lei do género: de forma implícita mas eficaz, ao mimar o processo fílmico visual, situa tanto o crítico como o leitor na ilusão da presença no espetáculo cinematográfico, espetáculo acima de tudo visual, na sala escura, que sem nunca ser diretamente evocado continua mesmo assim a ser a caução absoluta do estado e do prazer fílmicos.

A evocação verbal da narrativa fílmica torna-se a mimese mínima do momento da perceção do filme, o único que lhe deu ou dará vida, além da antecipação, aquém da recordação.

Pela sua própria simplicidade, revela uma consciência latente dos princípios essenciais da linguagem cinematográfica: a montagem e o «dispositivo». Consciência que altera de forma radical a interpretação dos filmes, submetendo-a às próprias condições da sua receção.

Assim, de um *corpus* a outro encontramos a mesma forma e a mesma função da evocação da narrativa fílmica: subordinar a interpretação do filme e da sua história às próprias condições da sua receção, no fantasma regressivo da sala escura e do «estado fílmico» ([41]).

O filme como intermediário

Encontrámos também um segundo referente recorrente em todas as críticas de filme que observámos: o mundo.

Com efeito, observámos que, devido ao jogo bem conhecido da ilusão referencial e do verosímil, os discursos críticos utilizavam a referência ao mundo e à experiência comum como instrumento de avaliação do filme e reciprocamente. Isto graças à passagem da evocação da personagem («um escritor, X...») para o tipo («o escritor...»), em seguida do tipo para o estereótipo («os escritores...»). Ao proceder desta forma, o crítico-espectador manifesta a manipulação que *nós* (tal como ele) fazemos dos filmes, e não o inverso tantas vezes denunciado, tal como a forma que *nós* (tal como ele) temos de os incluir na nossa experiência, utilizando-os como uma espécie de instrumento de medida da nossa própria apreensão do mundo.

O nosso exemplo não escapa à regra: «um motorista de táxi que fala com a neve, é coisa que impõe respeito», comenta o crítico. A referência ao mundo pode ser ocasião para todos os tipos de desenvolvimentos sobre a «realidade» que os filmes supostamente representam, por intermédio do seu aspeto plausível ou (in)verosímil; e isto, quer se trate de temas gerais ou de histórias mais particulares. Esta preocupação generalizada de fixar os filmes numa realidade referencial e geral (aqui, *Os Balcãs*, o primeiro filme grego; além, a Paris de hoje) aumenta com a evocação da realidade do realizador, o que é lógico do ponto de vista informativo.

Mas, para além do nome do realizador, o que se diz é que o filme é o seu objeto, que ele o concebeu e fabricou em condições materiais mais ou menos difíceis ou especiais, mas evocadas de boa vontade. Tendência largamente explorada na televisão, com a difusão cada vez

---

([41]) Cf. Christian Metz, *Le Signifiant imaginaire, psychanalyse et cinéma*, Paris, UGE, 1977.

mais frequente dos *making of* dos filmes apresentados. Verifica-se assim que os críticos constroem um Narrador real através da evocação do nome do realizador, da mesma maneira que constroem um factual, ao qual podem ligar a história do filme. O que pode bem assemelhar-se a um empreendimento paradoxal de desficcionalização dos filmes. Desficcionalização que mostra o que se espera do filme: que seja o momento de *encontro* entre uma personalidade, uma experiência, uma arte e um público e que deste encontro, conseguido ou falhado, a crítica tentará dar contas no fim de contas.

Assim, através do exame destes três referentes constantes nas críticas cinematográficas – a narrativa fílmica, o mundo e o realizador mais as circunstâncias da filmagem, até do financiamento – verifica-se, por um lado, com Patrick Charaudeau, que «a crítica cinematográfica não é nem verdadeiramente informativa nem verdadeiramente crítica. Mais exatamente, ela é obrigada a satisfazer um determinado imaginário da informação e da crítica, mediante formas que simultaneamente lhe são próprias e participam do dispositivo da comunicação mediática.» A função que este autor lhe atribui é a de ser «uma maravilhosa máquina para alimentar as conversas», para não se ser «socialmente desqualificado» ([42]).

Pensamos, porém, que o nosso estudo permite adiantar que a crítica cinematográfica, e jornalística no seu conjunto, está bem fundamentada numa estrutura particular, mantendo relações específicas entre grandes unidades de significação, e que o estudo destas unidades, tal como o das suas relações, nos informa um pouco melhor não só sobre a função destes textos mas também sobre a especificidade da experiência fílmica e da sua interpretação.

Mais do que para parecer, pensamos que estes textos críticos, à maneira das conversas que podemos ter «ao sair do cinema», servem em primeiro lugar para integrar a experiência fílmica, ao mesmo tempo que revelam as expectativas que se criam sobre ela.

Com efeito, por um lado o filme aparece como uma espécie de objeto autónomo e a-temporal, suporte de uma História também ela

---

([42]) *Op. cit.*

a-temporal, graças à qual se podem reajustar os próprios estereótipos; e, por outro, surge como obra de um realizador preso à vida e à história, realizador de quem se espera uma verdade, ainda que relativa, mais do que uma verosimilhança, e, para além da ficção e do sonho, emoção e credibilidade, sempre por intermédio do emocionante encontro nas salas escuras, simulado pela própria temporalidade do discurso produzido sobre o filme. Interpreta-se o filme não só como algo que se vê e que se ouve, mas também como uma experiência que se vive «em tempo real», independentemente daquilo que ele conta.

Observámos, com efeito, que os elementos visuais e sonoros do filme, para serem evocados com frequência, curiosamente não o são de forma sistemática. Vê-se assim que o discurso crítico sobre o filme dá conta de outra particularidade do cinema, a de ser acima de tudo *um espetáculo fugidio em condições de receção específicas*.

A crítica cinematográfica surge então como manifestação da vida e da força das imagens ([43]), tanto mais radical no caso do filme quanto este desfila e depois desaparece.

Sinal deste encontro, instrumento da sua sobrevivência e da sua integração pelo crítico para o leitor, a crítica cinematográfica deve pois considerar-se um vestígio quase único e precioso daquilo que esperamos da experiência fílmica e daquilo que dela fazemos. «Quase» único apenas porque existem outros, noutros *media*, como a rádio ou a televisão mas também nos escritores ([44]).

([43]) É também a ideia de Louis Marin em *Pouvoirs de l'image, Gloses*, Paris, Seuil, 1993.

([44]) Cf. o nosso trabalho sobre «Une séance de cinéma au *Bioscope* dans *La Montagne Magique*, de Tomas Mann» in *Vertigo*, n.º 10 «Le siècle du Spectateur», Paris, 1993, retomado mais adiante.

2. O cinema na literatura

A sessão de cinema no **Bioscope***, em* **A Montanha Mágica***, de Thomas Mann*

A sessão de cinema:

«Uma tarde, resolveram levar Karen Karsted ao cinema *Bioscope*, porque ela apreciava imenso tudo aquilo. No ar viciado que os incomodava aos três fisicamente, acostumados como estavam a uma atmosfera puríssima, pesava-lhes o peito e nublava-lhes a cabeça. Nesse ar que pesava no peito deles e produzia uma bruma confusa na cabeça, uma vida múltipla sucedia-se na tela diante dos seus olhos doloridos, uma vida apresentada em pedacinhos, divertida e apressada, cheia de uma inquietação saltitante, nervosa e rápida, numa agitação fremente que só se demora, vibrando, para logo tornar a partir, acompanhada por uma musicazinha que aplicava a sua presente divisão do tempo à fuga de aparências passadas, e que, apesar da limitação dos seus recursos, sabia lançar mão a todos os registos da solenidade, da pompa, da paixão, da barbárie e de uma sensualidade lânguida. Era uma história movimentada de amor e de crime, que viram desenrolar-se silenciosamente, na corte de um déspota oriental: acontecimentos precipitados cheios de magnificência e de nudez, cheios de desejos do soberano e da fúria religiosa dos servos, transbordante de crueldade, de volúpia, de volúpia assassina e de uma lentidão evocadora, quando se tratava por exemplo de fazer apreciar a musculatura dos braços de um verdugo, numa palavra, inspirados por um conhecimento familiar dos desejos secretos da civilização internacional que assistia a este espetáculo. Settembrini, como homem de juízo, condenaria, provavelmente da forma mais severa, este espetáculo tão pouco humanístico; com a sua ironia mordaz e clássica não teria deixado de fustigar o abuso que se fizera da técnica com o fim de animar imagens que rebaixavam a dignidade do homem; era no que pensava Hans Castorp, e segredou ao primo algumas observações a este respeito. A sr.ª Stoehr, porém, que também estava no cinema, não longe dos três, parecia extasiada, e o seu estólido rosto vermelho estava convulsionada pelo prazer.

»O mesmo aspeto ofereciam, de resto, as fisionomias dos demais espectadores. Quando a derradeira e trémula imagem de uma sequência de cenas se desvanecia e se fazia luz na sala, e o campo das visões aparecia à multidão como uma tela vazia, nem podia haver aplausos. Não estava presente ninguém que se pudesse recompensar com exclamações, graças à arte de que dera provas. Os artistas que se haviam reunido para este espetáculo havia muito que se tinham dispersado. O que se vira eram apenas sombras das suas façanhas, milhões de imagens, instantâneos brevíssimos, em que se dissecara a sua atividade durante o processo fotográfico, para que fosse possível restituí-la à vontade e cada vez que se quisesse, por meio de uma passagem rápida e cintilante, ao elemento *duração*. O silêncio da assistência após o fim da ilusão tinha qualquer coisa de inerte e repugnante. As mãos jaziam impotentes em face do nada. As pessoas esfregavam os olhos, miravam fixamente o ar, tinham vergonha da claridade e desejavam voltar à escuridão, para tornarem a contemplar, para novamente verem, como se desenrolavam, transplantadas para um novo tempo e renovadas pela música, coisas que tinham tido o seu tempo.

»O déspota morreu vítima de um punhal, lançando, com a boca aberta, um urro que não se ouvia. A seguir foram exibidas imagens de todas as partes do mundo: o presidente da República Francesa, de cartola, com a grã-cruz da legião de Honra, a responder, do assento de um *landau*, a um discurso de saudação; o vice-rei da Índia, assistindo às bodas de um rajá; o príncipe-herdeiro alemão no pátio de um quartel de Potsdam. Via-se a vida numa aldeia de indígenas de Novo Meclemburgo, selvagens nus tocavam flauta soprando pelo nariz, uma caçada de elefantes bravos, uma cerimónia na corte real do Sião, uma rua de bordéis no Japão, com *gueishas* sentadas atrás de grades de madeira. Via-se samoiedos agasalhados, a atravessarem em trenós puxados por renas um deserto de neve na Ásia Setentrional, peregrinos russos rezando em Hebron, um delinquente persa a receber bastonadas. Presenciava-se tudo isso. O espaço ficava aniquilado, o tempo recuara, o «Ali» e o «Outrora» estavam transformados e envoltos em música. Uma jovem marroquina, em trajes de seda listrada, ajaezada de correntes, fivelas e anéis, com o peito seminu, aproximava-se de repente de nós em tamanho natural; as suas feições eram largas e os olhos cheios de uma vida bestial, as feições imóveis. Ria, exibindo os dentes brancos. Uma das mãos, cujas unhas pareciam mais claras do que a cútis, era mantida à altura dos olhos, como uma pala, enquanto a outra acenava para o público. As pessoas fitavam, confusas, a encantadora sombra que fingia ver e não via, que de modo nenhum era atingida pelos olhares, e cujo sorriso e aceno não se referiam ao presente, mas pertenciam ao ali e ao outrora, de modo que teria sido absurdo retribuí-lo. Isto, como já dissemos, misturava o prazer de uma sensação de impotência. Por fim, o fantasma desvanecera-se. Uma clareza viva invadiu a tela, onde apareceu a palavra "fim". Chegara ao fim o ciclo de espetáculos e, em silêncio, a sala esvaziou-se, enquanto um novo público já se apertava lá fora, desejoso de assistir a uma repetição dessa sequência de cenas.» (*)

Duas páginas, perdidas num romance de setecentas e cinquenta páginas, por sobre as quais podemos deslizar, sem dúvida, sem lhes prestar grande atenção. No entanto, situadas como estão no coração do romance, produzem o efeito de uma pequena bomba, como o núcleo de uma rede de interconexões extraordinariamente numerosas e ricas, que alimentam o seu aspeto explosivo.

Metodologia

Gostaríamos de investigar o que há de chocante nestas páginas e por que motivo, apesar de serem em número tão reduzido na totalidade do romance, produzem o efeito de uma pequena bomba. Para isso, propomo-nos efetuar uma análise concêntrica: partindo do ambiente do romance (1925, os outros romances), estudaremos em seguida o lugar da sessão de cinema na composição geral do romance, tal como os seus ecos (anúncios e dissimulação), o seu lugar no capítulo e as suas relações com os subcapítulos vizinhos. Tudo isso deverá salientar que não abordamos a sessão em si mesma sem um condicionamento relativamente apertado, nem sem um *a priori*.

O estudo da sessão em si, do nome do cinema, do espetáculo, dos encaixes enunciativo e narrativo, das personagens (e da sua função de avaliadores delegados), do tempo, da fragmentação, do público, da repetição, etc., libertará os seus próprios significados intrínsecos. Mesmo assim, esclarecê-los-emos de forma particular analisando, na corrente romanesca, as relações com as referências das outras artes: teatro, música ou literatura e outras imagens: radiografias, retrato pintado, desenho obsceno, fotografias de amador.

(*) Todas as citações de *A Montanha Mágica* foram transcritas da edição portuguesa de «Livros do Brasil», 2000 (*N. T.*).

Enfim, o conjunto de todas estas pistas, *intra* e *extra*textuais, permitir-nos-á aferir o interesse do estudo das inter-representações como contributo à abordagem interpretativa das obras.

O público de cinema

Destas duas páginas, Brunetta apenas retém o passo que começa com a observação do «estólido rosto vermelho» e «convulsionado pelo prazer» da senhora Stoehr. O que interessa Brunetta é a observação acrescentada pelo narrador: «O mesmo aspeto ofereciam, de resto, as fisionomias dos demais espectadores»: para ele, toda a sequência desta narrativa da sessão de cinema está sob o olhar «quase fisiológico de um biofísico», em que o escritor se transforma quando observa «o processo de fusão entre as reações individuais e as da multidão».

Este exemplo, semelhante a muitos outros, ocorre no capítulo 6 intitulado «Sinfonia della folla» [Sinfonia da multidão], que se inicia pondo em causa algumas afirmações de Christian Metz em *Le Signifiant imaginaire* ([45]), para quem «a assistência a uma projeção não constitui, como no teatro, um verdadeiro público, um coletivo provisório: não passa de uma soma de indivíduos». A esta declaração, Brunetta opõe que se trata de afirmações de um cinéfilo intelectual (a quem, apesar de tudo, respeita e admira) e não certamente de um espectador «vulgar». Utiliza textos dos mais diversos escritores, como Italo Calvino, Emilio Cecchi, os jornalistas de «Provincia de Padova» em 1906, os poetas russos V. Brjusov (mesmo período) ou A. Belyi, Ilya Erhenburg, Pierre Sansot, Carlo Emilio Gadda, Cecil D. Lewis, Alberto Lorenzi, Fellini, Giorgio Bassani, Louis Delluc, Claude Simon, D. H. Lawrence, Jules Romain, Marguerite Yourcenar, Marguerite Duras, Thomas Mann, Joseph Roth, etc. e mesmo de Freud que, numa carta de Roma, em 1907, conta a sua primeira experiência cinematográfica e a sua assimilação progressiva à multidão, que o

---

([45]) Cf. a nova edição aumentada com um prefácio: Paris, Christian Bourgois, 1984.

impele a ver e rever o mesmo espetáculo várias vezes de seguida, até ao momento em que, retomando lentamente consciência da sua individualidade e, portanto da sua solidão, abandona a sala de cinema.

No seu conjunto, estes textos concorrem para provar, na opinião de Brunetta, que todos estes indivíduos separados constituem, graças a uma dinâmica fácil de verificar, um coletivo que procede com toda a cumplicidade, com toda a solidariedade, no seio da sala de cinema que se tornou «central elétrica», «gruta pré-histórica», etc., uma espécie de cerimonial que celebra o culto de «um mistério absolutamente moderno», na expressão de André Breton. Isto independentemente até do que possa estar a ser representado. No entanto, se observarmos atentamente o texto de Thomas Mann, apercebemo-nos de que o desinteresse do narrador ao observar este público em fusão é substituído pelo da personagem principal, Hans Castorp: ele próprio atribui a Settembrini, o seu mentor humanista e ausente da sessão em causa, um juízo extremamente severo sobre este tipo de espetáculo, que impede a sua adesão plena.

«Settembrini, como homem de juízo, condenaria, provavelmente da forma mais severa, este espetáculo tão pouco humanistíco».

Esta suposição impede Hans Castorp de se entregar totalmente à comunhão com a sala e leva-o a arrastar consigo o primo neste distanciamento, mediante observações que lhe vai fazendo ao ouvido. Só as personagens mais vulgares e ignorantes como a senhora Stoehr, «a inculta senhora Stoehr», ou as mais ingénuas como a jovem Karen Karstedt, partilham incondicionalmente o fascínio do público, arrebatado por um prazer ignóbil, num silêncio que tem «algo de doentio e repugnante». No entanto, mesmo o público mais unido possui uma vaga consciência da ignomínia desta sua entrega, pois, uma vez terminado o espetáculo, «esfregavam os olhos, miravam fixamente o ar, tinham vergonha da claridade, e desejavam voltar à escuridão, para tornarem a contemplar, para novamente verem...» Vemos que, embora este texto ponha em cena, como outros textos citados, a solidariedade do público, esta, por um lado, não é unanimemente partilhada, por um lado; e, por outro, o narrador de *A Montanha Mágica* está longe de fazer a apologia desta solidariedade (ao contrário de Brunetta). A seus olhos, ela é mais degradante do que educativa e, neste sentido, o narrador opõe também (como Christian Metz, mas implicitamente) o público de cinema ao de teatro, demonstrando que a solidariedade do público de cinema é uma solidariedade falhada, não uma partilha mas uma espécie de soma de prazeres solitários exibidos no fim do espetáculo: quando «se fazia luz na sala, e o campo das visões aparecia à multidão como uma tela vazia, nem podia haver aplausos. Não estava presente ninguém que se pudesse recompensar com exclamações, graças à arte de que dera provas.»

Aqui não há a troca criativa que existe entre atores e espectadores: «As mãos jaziam impotentes em face do nada». A solidariedade entre espectadores não está ausente no público de cinema, como de facto deixaria supor a declaração de Christian Metz citada por Brunetta; no entanto, ela é completamente diferente da que se estabelece no público de teatro, onde tem por função constituir o conjunto do público como parceiro global e interativo dos atores e da cena. No cinema, o público está ora perante as «sombras» dos atores «que havia muito se tinham dispersado», ora perante uma «tela vazia» de onde «o fantasma se desvanecera», o que mistura «ao prazer» da multidão «uma sensação de impotência», qualquer coisa de malsão. Poder-se-ia dizer que a coesão do público de cinema, quando se realiza, não obedece às mesmas leis que a do público de teatro: esta é circular e inclui todos os participantes do espetáculo numa interatividade imediata e aleatória, ao passo que aquela, devido à repetitividade do espetáculo cinematográfico e à ausência física dos atores, tem um aspeto mecânico e substitutivo, eliminando completamente o aspeto da troca tradicional com o espectador. A fusão do público na sala do *Bioscope* não é propriamente um exemplo de «sinfonia», na medida em que este termo musical evoca uma comunhão harmoniosa, mas antes o de uma coesão passiva e desembocando num sentimento de «vergonha», isto é, de mal-estar provocado pelo olhar dos outros, que, no entanto, partilharam do «êxtase» passageiro provocado pelo espetáculo. Esta sensação de incómodo, próxima da autocrítica e da negação de prazer, põe em causa a qualidade moral do espetáculo cinematográfico, retirando-lhe desta forma todo o reconhecimento de potencialidade artística. Vemos como o narrador partilha o suposto juízo, que atribui a Settembrini, o qual, na opinião de

Hans Castorp, «não teria deixado de fustigar o abuso que se fizera da técnica com o animar imagens que rebaixavam a dignidade do homem». Vemos, pois, que Brunetta utilizou neste texto aquilo que servia a sua tese da coesão do público de cinema, o que é plenamente respeitável, mas que, por outro lado, o conjunto do texto nos propõe uma multidão de indícios sobre uma determinada abordagem do cinema. Para isolarmos alguns desses indícios, propomo-nos seguir os princípios estéticos utilizados no próprio texto.

O que rodeia o romance

Constatámos, com efeito, que este texto estava construído como uma série de encaixes: o narrador observa as suas personagens principais, que observam outras personagens e o público em geral, assistindo a um espetáculo que por si mesmo reflete um falso olhar: «As pessoas fitavam, confusas, a encantadora sombra que parecia ver e não via, que de modo nenhum era atingida pelos olhares». Encenação de olhares concêntricos, o último dos quais, perturbado, estava vazio e causava um mal-estar. Da mesma forma, gostaríamos de abordar este texto de forma concêntrica, na esperança de captarmos o que lhe confere o seu impacto e de que tipo de impacto se trata. Partindo daquilo que rodeia o romance, propomo-nos em seguida examinar o que está em torno do capítulo em que se encontra a sessão de cinema, depois os da própria sessão, para tentarmos finalmente descobrir, no passo consagrado ao *Bioscope,* como se organizam as correspondências entre estas diferentes esferas, e as diferentes redes que nele se cruzam. Desta maneira, mediante este exemplo específico, esperamos mostrar o partido que se pode tirar do estudo das inter-representações.

Se partimos daquilo que rodeia o romance, ainda que de forma não exaustiva, é porque estamos convencidos de que a interpretação que faremos da sessão no *Bioscope* só pode ser significativa se for relacionada com outros romances do mesmo período e que *forma* com eles um *sistema*, mesmo de forma latente, no espírito do leitor.

Algumas trocas, algumas discussões mostraram-nos que esta sessão de cinema de *A Montanha Mágica* impressionou mais de um leitor, embora não tenha dado lugar a muitas análises. Ora, o trabalho de Brunetta prova-o, não é o único romance em que se pode ler a narrativa de uma sessão de cinema, longe disso. Podemos perguntar por que motivo ela atrai particularmente a atenção. Sabemos que o livro, publicado em 1925, foi escrito entre 1912 e 1923. A ação decorre entre 1907 e 1914. Embora situada aproximadamente a meio do romance a sessão de cinema ocorre após o primeiro Natal que Hans Castorp passa no sanatório de Davos, na Suíça, ou seja, seis meses após a sua chegada, em 1907. Assistimos assim a uma pseudosessão de cinema da primeira década do século XX.

Na ficção, o cinema já tem, portanto, cerca de quinze anos de existência. O narrador alegadamente ignora o futuro deste tipo de espetáculo para além de 1914, data aproximada do fim do romance. Mas o autor, embora se interesse pouco por isso, esse conhece os progressos do cinema até 1925, data do aparecimento do romance. Quanto ao leitor, sabe que *A Montanha Mágica* é um dos grandes romances ocidentais dos anos 20 do século XX. De forma mais ou menos confusa, sabe que Thomas Mann é contemporâneo de Kafka, de Musil, de Svevo, de Gide, de Proust, de Joyce... Sem dúvida leu algumas obras destes autores que constituem boa parte do seu património «cultural» e aborda-as com uma expectativa particular, diferente da que pode ter das obras anteriores ou posteriores.

Em quase todos estes autores, este leitor utópico encontrou encenações de práticas ou de experiências estéticas já antigas (e muito conhecidas), tais como as da pintura (Mann, Proust), da música (Mann, Proust, Svevo, Joyce), da escrita (Mann, Proust, Kafka, Gide), ou mais recentes como as da fotografia (Mann, Proust, Kafka), da lanterna mágica ou do cinema (Mann, Proust). Sabe também que entre as décadas de 1910 e de 1920, o cinema se tornou uma arte «maior», não só nos Estados Unidos, mas também na Europa: na França, Itália, Áustria, Alemanha. E, no entanto, esta arte parece ausente da maioria destes grandes romances dos anos 20. Aliás, o leitor não espera encontrá-la neles, e essa é uma das razões pelas quais esta sessão de cinema no *Bioscope* é tão surpreendente, a ponto de não se poder esquecer: ela «engana o horizonte de expectativas» ([46]) do «leitor de romances ocidentais dos anos 20», que, embora associe estes grandes autores a alguns conceitos, ou a outras artes, associá-las-á a uma reflexão sobre a arte, ao seu lugar e à sua função na sociedade (através da pintura, da música, da literatura), a uma crítica existencial ligada às noções de ameaça, ou de desastre, ou de cataclismo, à instauração da «modernidade», etc. mas sem que o cinema tenha um lugar particular em tudo isso.

No entanto, se o leitor surpreendido por esta sessão de cinema de Thomas Mann se interrogar, por pouco que seja, sobre a sua surpresa, depressa se apercebe que o contrário é que deveria surpreendê-lo. Eis uma plêiade de escritores bem enraizados no seu século, homens de «vanguarda» em muitos pontos da sua própria arte, críticos, sensíveis às outras artes, mas que não integram esta arte nova no seu próprio trabalho, que desenvolve já todo o tipo de promessas criativas. Em boa lógica, é efetivamente o contrário que deveria ocorrer. É então que o leitor um pouco mais curioso poderá lançar-se numa pequena investigação sobre o saber e a prática prováveis destes escritores.

Quando aparece o cinema, em 1895, Musil tem 15 anos, Joyce 17, Kafka 18, Mann 20, Proust 24, Gide e Svevo 35... São jovens, jovens que não podem ignorar nem a existência do cinema nem os seus progressos antes e depois da guerra, na época das suas obras mais importantes. Sartre, em *As Palavras*, que não aparece de forma alguma como romance mas como narrativa autobiográfica e que não foi escrita em 1920, mas em 1964, fala das sessões de cinema a que assistia quando era criança, no Bairro Latino, na década de 1910. À semelhança dos testemunhos arrolados por Brunetta, pode ler-se nessa obra um testemunho de que o facto de ir ao cinema, em 1907, era já algo corrente, simultaneamente popular e burguês, que as salas eram numerosas e os espetáculos variados:

> «Entrávamos às cegas num século sem tradições que havia de se salientar pelos maus modos; e a nova arte, a arte plebeia, prefigurava a nossa barbárie. Nascida num covil de ladrões, incluída por portaria

---

([46]) Noção retirada de H. R. Jauss in *Pour une esthétique de la réception*, *op. cit.*

administrativa entre os divertimentos de feira, apresentava maneiras populares que escandalizavam as pessoas sérias; era a diversão das mulheres e das crianças; nós adorávamo-la, minha mãe e eu, mas quase não pensávamos nela e nunca dela falávamos: acaso se fala do pão, se ele não falta? Quando nos demos conta da sua existência, havia muito que se tornara a nossa principal necessidade. [...] Eu, por meu lado, queria ver o filme *o mais de perto possível.* No desconforto igualitário das salas de bairro, aprendera que a nova arte me pertencia, como a todos. Éramos, eu e ela, da mesma idade mental: eu tinha sete anos e sabia ler, ela doze e não sabia falar. Dizia-se que estava nos seus primórdios, que havia de progredir; eu pensava que cresceríamos juntos. Não esqueci a nossa infância comum»(*).

Os surrealistas, Desnos, contemporâneo de Sartre, ou Aragon, Breton, Soupault, que, por seu lado têm exatamente a idade do cinema e que são portanto de uma geração mais jovem do que a dos nossos «autores», integraram largamente o cinema nas suas obras. Podemos seriamente pensar que esta experiência de Sartre menino ou dos jovens surrealistas escapou aos nossos «grandes autores», eles que nesses mesmos anos tinham entre vinte e trinta anos? Certamente que não. Esta «arte nova, esta arte plebeia» estará então ausente da maioria destes grandes romances porque, como escreve Sartre, as «suas maneiras populares escandalizavam as pessoas sérias»? Certamente também que não, pois é precisamente este tipo de escândalo que é encenado por intermédio do suposto juízo de Settembrini e do distanciamento que provoca no jovem Hans Castorp. Seria necessário ainda definir o que entende Sartre por «pessoas sérias», e se se trata da apreciação que põe na boca da criança da qual se lembra que era.

Apesar disso, não podemos permitir-nos pensar que o cinema está ausente das obras dos autores que citámos porque eles o desprezavam. Temos alguns contraexemplos para contrapor a este género de ideia.

O primeiro é o de Musil, de quem Brunetta recorda que escreveu: «nenhuma igreja, nenhum lugar de culto conseguiu em mil anos cobrir o mundo com uma rede tão apertada como o fez o cinema em trinta

(*) Excerto transcrito da tradução portuguesa, *As Palavras*, Livros Unibolso, Editores Associados, Lisboa, s/d (*N. T.*).

anos.» Robert Musil, que se interessou pelo cinema de um ponto de vista estético, a ponto de escrever um ensaio: «Observations sur une nouvelle dramaturgie du film», publicado em março de 1925 no n.º 8 da revista *Der neue Merkur* ([47]), no qual reflete sobre a experiência cinematográfica, em relação à obra literária, por exemplo, a partir dos textos de Belà Balàzs, de quem admira o duplo aspeto de realizador e de teórico. Reteremos o facto de que Musil tinha suficiente consideração pelo cinema para lhe consagrar um longo artigo teórico, e por outro lado, que considerava a reflexão teórica como necessariamente ligada ao ato criativo: «Nunca uma arte se tornou uma grande arte sem teoria».

O segundo exemplo é o de Kafka: no seu diário, regista com frequência que vai ou que foi ao cinema. Seria necessário sem dúvida explorar um pouco mais de perto os textos «não literários» destes escritores para nos apercebermos do lugar que o cinema ocupa entre as suas diferentes experiências estéticas. Mesmo assim, já é certo que não existe paralelismo sistemático entre o interesse manifestado no «particular» por esta ou por aquela arte e o que ocorre nas obras.

Já vimos que Musil se interessa muito seriamente pelo cinema, e no entanto, que se saiba, não o figura tal e qual nos seus romances. Kafka vai ao cinema mas também ele nem por isso o representa. Quanto a Thomas Mann, reserva-nos outro tipo de surpresa: propõe-nos uma sessão de cinema, abundante em todo o género de pormenores e de considerações sobre as quais voltaremos a falar, ao passo que o cinema parece estar quase totalmente ausente do que escreve sobre a sua vida privada. Assim, a sua correspondência entre 1889 e 1936 não contém qualquer alusão a qualquer filme nem a qualquer realizador deste período. O único realizador referido na sua obra é Max Reinhardt, pelo trabalho realizado com base no teatro do próprio Thomas Mann, mas nunca, por exemplo, pela sua participação, no seio da Pagu, no florescimento artístico do cinema alemão, desde antes da guerra. Depois da guerra, também não se encontra qualquer referência nem a Wegener, nem a Galeen, nem à UFA, nem a Pola Negri, nem a Lupu Pick, nem a Jannings, nem a Robert Wiene, nem

---

([47]) Texto traduzido para italiano in *Cinema e cinema*, n.º 34, 35/36, 1983

a Fritz Lang, nem a Lubitsch, nem a Murnau, nem a Kammerspiel, nem a Pabst, nem a nada, nem a ninguém... No entanto, Thomas Mann interessava-se pela evolução contemporânea de artes como a literatura, é certo, mas também e principalmente pela música: é conhecido o gosto que nutria pela música, a sua admiração por Wagner, de quem afirmou ter sido seu mestre na arte da composição global de uma obra, mas também por mais alguns contemporâneos seus, como Mahler, que emprestou os seus traços ao professor Ascherbach em *Morte em Veneza*, ou ainda por Schönberg, em quem se inspirou de forma tão evidente na criação do músico imaginário e herói trágico do *Doutor Fausto*, Adrian Leverkühn, que o próprio Schönberg encarou a hipótese de instaurar um processo a Thomas Mann, por recusar a aliança feita por este entre génio e doença.

No entanto, a inspiração musical que alimentou o *Doutor Fausto* é mais profunda do que os empréstimos biográficos ou estruturais e vai ao encontro da nossa pergunta sobre as inter-representações. É o que afirma Pierre Boulez por ocasião de uma homenagem prestada pela França a Thomas Mann, em 1955 ([48]): «A criação musical continua a ser, certamente, o fenómeno mais incompreensível para quem, do exterior, tente captar o seu mecanismo. Sem dúvida porque a descrição literária da música foi, em geral, bastante vaga, apelando, acima de tudo, para uma espécie de comentário poético saturado de símbolos e de correspondências. Se nos abstrairmos de uma literatura puramente crítica – crítica impressionista, diremos nós – é raro ver uma obra de imaginação centrada na criação musical. É verdade que conhecemos *Chef-d'oeuvre inconnu*, de Balzac, mas quem conhece o seu *Gambara*? E, no entanto, trata-se de um dos raros precedentes que poderíamos encontrar – pelo menos em França – para o *Doutor Fausto*, de Thomas Mann, definido pelo autor como a narração da vida do compositor alemão Adrian Leverkühn [...] Quer Thomas Mann exalte as descobertas do mundo musical contemporâneo, quer descubra o seu rigor – em favor de um demonismo não tão ilusório como pareceria – ninguém tanto como um compositor em conflito consigo próprio poderia apreciar a acuidade da sua descrição, a exatidão do seu diagnóstico».

([48]) *Hommage de la France à Thomas Mann*, Paris, Flinker, 1955.

Adiante veremos que a música também está presente, representada ainda de outra maneira, em *A Montanha Mágica*, e, portanto, que a investigação dos cadernos, diários ou correspondência pessoal do autor pode trazer elementos que ajudam a compreender melhor o significado do confronto entre diferentes artes no interior de uma obra.

Regressando aos outros autores que citámos, não podemos dizer que o cinema esteja absolutamente ausente das suas obras.

É bem conhecida a famosa sessão de lanterna mágica em Combray, na obra *Em Busca do Tempo Perdido*. Ela encena, aliás, uma espécie de estado de receção que em muitos pontos se assemelha já ao «estado fílmico», que mais tarde será analisado por Christian Metz e outros. Não se trata ainda, porém, de cinema. Este é referido na obra *Em Busca do Tempo Perdido*, mais particularmente em *Le Temps Retrouvé* [*O Tempo Reencontrado*], não sob a forma de sessão, mas a título de referência a uma arte muito inferior à literatura, na sua capacidade de restituir a complexidade da realidade apercebida.

> «Todos os que não possuem sensibilidade artística, isto é, a submissão à realidade interior, podem estar providos da faculdade de raciocinar sobre a arte de modo vago. Apesar de poderem ser, por acréscimo, diplomatas ou financeiros, misturados às realidades do tempo presente, julgam facilmente que a literatura é um jogo do espírito destinado a ser no futuro cada vez mais eliminado. Alguns gostariam que o romance fosse uma espécie de desfile cinematográfico das coisas. Este conceito seria absurdo. Nada se afasta mais daquilo de que nos apercebemos na realidade do que tal visão cinematográfica».

Na opinião de Proust, só o escritor tem o poder de reencontrar, através da sua arte, a sinestesia que constrói a realidade da perceção, ao passo que o cinema só pode manter-se à superfície das coisas e dar delas um aspeto mínimo:

> «Se a realidade fosse uma espécie de resíduo da experiência, quase idêntica para cada um, porque, quando dizemos: o mau tempo, uma guerra, uma paragem do veículo, um restaurante iluminado, um jardim florido, toda a gente percebe o que queremos dizer; se a realidade fosse isso, sem dúvida que uma espécie de filme cinematográfico das coisas

seria suficiente, e o «estilo», a «literatura» que se afastassem destes dados simples constituiriam um acepipe artificial. Mas será mesmo isso a realidade?» ([49])

Musil, por seu lado, em *L'Homme sans qualités*, propõe-nos uma espécie de delírio sobre a modernidade, no decurso de um capítulo intitulado: «É preciso viver de acordo com o seu tempo». No decurso de uma receção «bastante divertida» em casa do doutor Arnhei: «a maior parte dos convidados (tinha) menos de trinta anos, quando muito trinta e cinco, ainda com um pé na boémia e o outro já nos jornais e na celebridade.» Entre outras teorias proferidas num «delicioso calão», «enalteciam o "acelerismo", ou seja, a intensificação máxima da rapidez da experiência vivida, fundada sobre a biomecânica do desporto e a precisão do trapezista! A regeneração fotogénica pelo cinema.»

Garantia aqui de uma modernidade técnica um tanto ou quanto irrisória, imitada dos futuristas, o cinema pode ainda surgir aqui e ali como referência específica num dado contexto. Não há dúvida de que é necessário continuar a vigiar as diferentes utilizações, para as pôr em relação umas com as outras, propondo uma interpretação coerente, que leve em linha de conta as associações estabelecidas por ocasião de uma leitura.

Não deixa de ser verdade que, nas leituras ou releituras efetuadas segundo esta ótica, a sessão do *Bioscope* continua a ser única no seu género, conservando ainda uma faceta destoante numa literatura copiosa. Vamos, pois, agora entrar no segundo círculo exploratório, o do seu lugar no conjunto do romance.

O que rodeia o capítulo

Se esta sessão de cinema se distingue então no seu ambiente literário, vejamos agora de que maneira ocupa o seu lugar no próprio romance. Dissemos que era relativamente curta: duas páginas, perdidas em mais de setecentas e cinquenta. Apesar disso, encontra-se quase

([49]) Sobre este aspeto, cf. Carlo Persiani: *Proust e il teatro: con una nota su Proust e il cinematographo*, Roma, S. Sciascia, 1971.

no centro do romance, num subcapítulo, intitulado «Dança Macabra» do capítulo 5, entre «Investigações» e «A noite de Walpurgis».

Sabemos que a composição global da obra era uma preocupação fundamental de Thomas Mann, para quem as óperas, particularmente as de Wagner, constituíam um poderoso exemplo. Neste passo, como em todo o romance, o tratamento do tempo é primordial, quer o tempo romanesco sobre o qual voltaremos a falar, quer o da leitura com tudo o que ele implica de expectativas, de jogo de memória e também de recuperações.

Assim, os quatro primeiros capítulos narram as três primeiras semanas de Hans Castorp, de boa saúde, chegando ao sanatório internacional de Berghof, no início do mês de agosto, para uma visita de três semanas ao primo Joaquim, atacado pela tuberculose. Na sua companhia, pudemos descobrir os sítios, os hábitos, as personagens principais: o jovem oficial Joaquim, «a ignorante senhora Stoehr», os médicos, os doutores Behrens e Krokovski, Settembrini – «o *homo humanus*» – e a irresistível senhora Chauchat.

Começam a revelar-se os primeiros sinais de cansaço e de amor. O capítulo quinto começa por uma daquelas pausas utilizadas pelo narrador para uma meditação sobre o tempo da narração, que vai suspender-se por uns momentos, para em seguida acelerar:

> «Mas eis que vai acontecer qualquer coisa a respeito da qual o narrador fará bem exprimindo a sua própria surpresa, a fim de que o leitor não se espante, de sua parte, além do que é razoável. Com efeito, ao passo que o nosso relato referente às três primeiras semanas de permanência de Hans Castorp ali em cima – vinte e um dias no pino do verão a que esta, segundo as previsões humanas, deveria limitar-se – devorou extensões no espaço e no tempo, o que confirmava bastante bem a nossa própria mal disfarçada expectativa, a descrição das próximas três semanas da sua visita a esse lugar exigirá apenas tantas palavras e tantos momentos quantas folhas, páginas, horas e jornadas aquele relato ocupou; num abrir e fechar de olhos – como já se pode prever – liquidaremos e sepultaremos estas três semanas».

E com efeito, não são apenas três semanas que «liquidaremos e sepultaremos» em poucas páginas, mas dezenas de semanas, vários meses.

«Dança macabra» situa-se por volta do primeiro Natal (seis meses após a chegada de Hans Castorp), a «Noite de Walpurgis» na altura do Carnaval (oito semanas após a chegada). E ao mesmo tempo que articula «este mistério que é o tempo», de acordo com as conveniências da narrativa, o autor empenha-se em ser «minucioso» e em nos indicar datas, pausas, acelerações para cada etapa. Tudo isto ao mesmo tempo que joga com uma espécie de desdobramento confesso, em que o autor põe em cena o narrador como se fosse para atualizar o «contrato narrativo» e, ao proceder desta forma, o negar. Assim, o tratamento do tempo possui outra função que não a de alinhar uma simples cronologia. Trata-se de um instrumento utilizado pelo «contador», como lhe chama Thomas Mann, para preencher de forma articulada – «o espaço da narrativa que, esse, deixou de depender do tempo e passou a depender do tom escolhido». Deste modo, a intenção primitiva de *A Montanha Mágica* era ser uma espécie de contrapartida satírica de *Morte em Veneza*, cujo tema é a sedução da morte e da doença. Depois, com a guerra, os problemas mais agudos e mais atuais cristalizam em redor deste núcleo e transformam a sátira em humor: «o humor que exige um espaço», na opinião de Thomas Mann, «acaba por determinar o andamento e as proporções da obra».

Esta «Dança Macabra», portanto, que contém a sessão de cinema no *Bioscope*, começa por uma meditação sobre o tempo.

«Investigações» é efetivamente um curioso subcapítulo consagrado aos livros, ou mais exatamente, às leituras em que se embrenha o jovem engenheiro Hans Castorp e sobre as reflexões filosóficas que as leituras lhe inspiram. Este jovem engenheiro não lê «literatura», mas sim uma «Arte de Seduzir» francesa ou ainda obras de anatomia, embriologia, patologia, cujos comentários e meditações sobre o corpo imbricam na repetida questão: «O que é a vida?»

O subcapítulo que se segue a «Dança Macabra», e que lhe corresponde, ou, pelo menos, o completa iluminando-o com um dia diferente, colocando-o no centro de uma relação completada, intitula-se «Noite de Walpurgis». É Carnaval, decorreram sete meses desde a chegada de Hans Castorp a Berghof, reina um clima de festa, e realiza-se um baile no sanatório. A figura central é Clawdia Chauchat, a «Lilith» do Berghof, Clawdia «dos brancos braços», a quem Hans

Castorp fará a sua declaração de amor, lírica e desabrida, delírio sobre a morte e o amor verdadeiro, que só pode ser louco:

> «O amor não é nada, se não houver loucura, algo de insensato, de proibido e uma aventura no mal. De outra forma, não passa de uma banalidade agradável, boa para tema de cançonetas pacíficas nas planícies.»

Voltaremos a encontrar esta simbólica das alturas como lugar de elevação não apenas física mas também espiritual, a propósito da sessão de cinema. A planície, onde decorre a verdadeira vida com os seus compromissos e a sua «vulgaridade», tornar-se-á apesar disso lugar de morte e de loucura, no final do romance. Essa noite de Walpurgis, que nos faz regressar às festas pagãs do regresso da primavera, será também a noite do empréstimo simbólico da pequena lapiseira, com que é preciso ter cuidado, «pois é tão frágil» e que seria necessário devolver à sua proprietária. A noite das declarações em francês. A noite da «nossa loucura», como lhe chamará a senhora Chauchat, quase no fim do romance. Uma noite de paroxismo, situada bem no centro da obra.

Por fim, o capítulo que abre a segunda parte do romance, o capítulo sexto, começa, também ele, com uma nova meditação sobre o tempo: «Que é o tempo? Um mistério! É imaterial e – omnipotente.» Nele teremos conhecimento da partida da senhora Chauchat, nele veremos desfilarem as estações... O espaço da narrativa, com os seus abrandamentos e as suas acelerações, dissimulará progressivamente a recordação da sessão de cinema, continuando apesar disso a tecer os seus ténues laços de associações, que mais tarde examinaremos. No entanto, percebemos já de que maneira o lugar que ocupa no romance, entre duas grandes pausas meditativas centradas sobre a vida e sobre o tempo, e exatamente antes do apogeu pagão amoroso e quase sabático da obra, a ilumina com o seu colorido muito particular. O ambiente imediato vai agora poder permitir-nos conhecer melhor os matizes do quadro.

Em torno da sessão

De forma metafórica, já dissemos que esta sessão de cinema estava «no âmago» do romance; mais correto seria dizer, sem metáforas, que ela se situa *numa* concavidade, no sentido topográfico do termo.

Efetivamente, ao dirigirem-se para o local, Hans Castorp e o primo Joaquim *descem* à aldeia de Dorf, situada em nível inferior ao sanatório. É ali que se encontra o cinema *Bioscope*. Fica, pois, situado numa cova. O que leva os dois primos a irem ao cinema é consequência de acontecimentos ocorridos no subcapítulo «Dança Macabra». Com efeito, após a longa meditação proferida por Hans Castorp sobre o corpo e sobre a vida, em «Investigações», este torna-se, um pouco por acaso e também por interesse, cada vez mais próximo de pessoas que morrem. Muitas vezes, solicitam-lhe auxílio e assistência, pois ele é generoso e ainda relativamente de boa saúde. O sanatório torna-se bruscamente um lugar de mortes em série, o que justifica o título do subcapítulo. «Dança Macabra» é quase o título que poderia ter sido dado ao romance na sua totalidade, título que pode ler-se «como um Carnaval da morte, uma dança macabra, sem princípio nem fim.» ([50])

E foi assim que, no meio destas numerosas mortes e por causa da sua generosidade, os dois primos são encarregados de se ocuparem de uma jovem doente e um pouco só:

> «Ainda não mencionámos Karen Karstedt, e contudo era dela que Hans Castorp e Joaquim se ocupavam com especial intensidade. Tratava-se de uma cliente particular do conselheiro que morava fora do estabelecimento. O Dr. Behrens recomendara-a à caridade dos primos. Havia quatro anos que ela vivia ali em cima. Sem recursos, dependia de uns parentes pouco liberais que já uma vez a tinham levado alegando que de qualquer forma morreria em breve. O seu regresso devia-se exclusivamente à intervenção do conselheiro. Domiciliara-se na "Aldeia", numa pensão barata. Tinha dezanove anos e era franzina, com cabelos

---

([50]) Cf. G. Bianqui: *Thomas Mann, romancier de la bourgeoisie allemande*, prefácio a *La Mort à Venise*, Paris, Fayard, 1990.

lisos, brilhantes, e uns olhos que procuravam timidamente ocultar um brilho que condizia com o rubor héctico das faces, e possuía uma voz simpática mas velada, de uma maneira característica. Tossia quase sem interrupção e as pontas de todos os seus dedos achavam-se cobertas de emplastros, por estarem roídas pela doença.»

Retrato desastroso e um pouco cruel, introduzido, como muitas vezes acontece no romance, por uma encenação do narrador colocado a montante da narrativa, implicando a cumplicidade do leitor.

Os jovens vão, pois, arrastar a rapariga para todo o tipo de atividades: passeios no bairro inglês da pequena cidade, idas ao casino e à pista de patinagem, para assistir a competições, tudo no meio de uma multidão internacional e «variegada» e ao som de uma música omnipresente. Vão também assistir a corridas de *bobsleigh* [trenó]:

> «A meta final não ficava longe nem do *Berghof* nem do domicílio de Karen Karstedt. A pista partia da Schatzalp e terminava na "Aldeia", entre casas da vertente do Oeste. [...] Os espectadores estavam instalados em pequenas tribunas ou avançavam pelo estreito trilho que fora aberto à pá, ao longo da pista, por cima desta passavam pontes de madeira igualmente ocupadas pela multidão, a observar os trenós em competição, que, de tempos a tempos deslizavam rapidamente. Os cadáveres do sanatório situado lá em cima seguiam o mesmo caminho, a toda a velocidade, por baixo das pontes, acompanhando as curvas, descendo rumo ao vale – pensou Hans Castorp, e até falou disso.
>
> «Uma tarde, levaram Karen Karstedt ao cinema *Bioscope*, porque ela apreciava imenso tudo aquilo.»

O choque produzido pela aproximação entre os termos «cadáveres do sanatório» e «cinema *Bioscope*», separados pelo espaço do branco tipográfico, falsa respiração, pois a expressão «tudo aquilo», que termina a frase vem impor a associação entre os dois segmentos e jogar na hesitação entre a semelhança e/ou a diferença. «Tudo aquilo» são todos aqueles «divertimentos» cujas descrições maldosas se sucedem, e, é claro, também é jogar ironicamente com a ambiguidade da função da pista de *bobsleigh*, trajeto dos mortos, e o cinema *Bioscope*, no termo da pista, onde se vai para «ver a vida». Poderia pensar-se que este trajeto mórbido, no fundo do qual se situa o espetáculo ilusório da vida no cinema, é fortuito, ou pretende ser um símbolo de como as atividades humanas são irrisórias; mas o seguimento de «Dança Macabra» acaba com estas associações macabras, ao situar o *Bioscope* não no fim de um trajeto (o da pista de *bobsleigh*) mas no cruzamento, em nível mais baixo, de um outro, o que conduz ao cemitério. Com efeito, o último passeio a que os primos levam a jovem, algum tempo depois do cinema, é um passeio ao cemitério da pequena cidade. Para quem tivesse esquecido que pode existir uma relação entre estes diferentes itinerários, ou pensar que se trata de uma interpretação abusiva, aí está o narrador, que guia a nossa leitura, tentando convencer-nos do fundamento correto daquela atitude:

> «(...) podia considerar-se que o objetivo deste passeio, do ponto de vista moral, era mais próprio para ela do que para muitos outros, como, por exemplo, o ponto de chegada dos *bobs* ou o cinema, sem contar que era um ato de camaradagem visitar os de lá de cima, uma vez por acaso, admitindo que não se quisesse considerar o cemitério como uma mera curiosidade ou como um terreno neutro de passeios.»

Tudo somado, o facto de não querer considerar o passo do *Bioscope* «como um terreno neutro de passeio», segue as próprias indicações do narrador, tanto na literatura da época como no próprio romance. Chegou a altura de falarmos da sessão de cinema em si mesma.

A sessão de cinema no **Bioscope**

Já observámos de que forma a sessão de cinema no *Bioscope* estabelecia também ela um sistema concêntrico de postos de observação e de olhares. Observámos também, com Brunetta, que o público, de certa forma, estava cativo e solidário; mas vimos também que, apesar disso, era bastante maltratado por interposta personagem: considerado inculto na pessoa da senhora Stoehr, modelo de estupidez desde as primeiras páginas do romance; ingénuo na pessoa de Karen Karstedt; ou ainda inconveniente, na pessoa de Settembrini.

Este «mau» público, apesar de tudo numeroso e ávido, é abusado nos seus mais baixos instintos pelo próprio dispositivo, que, como já vimos, apenas propõe ao espectador sombras e olhares falsos, seduzindo-o apesar de tudo, pois é «inspirado por um conhecimento familiar dos desejos secretos da civilização internacional que assistia a este espetáculo».

Assim, o dispositivo narrativo do romance opõe o «nós» do narrador ao «eles» das personagens identificadas (os primos, determinados espectadores, a jovem, etc.), depois a um «se» anónimo e mecânico que, na realidade, engloba as três esferas do narrador, das personagens e do público, processo de globalização que vai conferir credibilidade aos julgamentos implícitos, proferidos acerca do espetáculo cinematográfico:

> «Observava-se... O que se vira era apenas sombras... Esfregavam os olhos... Tinha-se vergonha... cada vez que se quisesse... Apressavam-se a mergulhar no escuro para verem novamente... Viu-se seguidamente... Assistiu-se... Viu-se... Assistia-se a tudo aquilo... Enquanto um novo público já se apertava... »

Esta partícula «se» representa bem, portanto, como a última citação indica, «o público de cinema», um público passivo e mecanizado, cuja participação se reduz ao facto de estar presente e de ver – mais do que olhar – de assistir à (e a) representação. A menção da vontade só aparece para manifestar o aspeto repetitivo, *ad libitum* (à vontade) do espetáculo, e está ligada ao desejo, desejo de ver, desejo de ver outra vez.

Não há solicitação da vontade enquanto tal, quer dizer, como projeto e domínio do comportamento, mas antes uma espécie de provocação do «ainda» (assinalado aliás por Freud, na carta de Roma já evocada), por meio da repetitividade de um espetáculo que se vale de uma dupla passividade do espectador: passividade face às solicitações visuais, percetivas, exteriores; passividade face aos impulsos interiores, pulsáteis, não dominados, e tanto menos dominados quanto estão protegidos e escondidos pela escuridão da sala. Compreende-se assim melhor o sentimento de «vergonha da claridade» sentido pelo público ao sair desta agitação inconsciente e não controlada, mas mesmo assim coletiva, no escuro da sala... Estas indicações sobre o público que, como vemos, estão longe de ser simples «observações» exteriores do narrador, são realmente uma relação de experiência axiologizada, que insiste nos aspetos metapsicológicos da receção fílmica, no célebre «afloramento do inconsciente» ligado à submotricidade do espectador, imperiosamente submetido ao olhar, à perceção visual ([51]). Compreende-se então mais ou menos claramente que este tipo de participação do espectador está aqui desvalorizado, condenado como «indigno» de um ser humano que se respeite, ou seja, que se controle, e isto independentemente do espetáculo proposto.

Este pequeno trabalho de interpretação sobre o «se», vem pois completar o trabalho iniciado mais acima, com Brunetta, sobre a análise da sala e do tipo de solidariedade do espectador. Nem um nem outro poupam o dispositivo cinematográfico que, apesar de encarado na sua globalidade e também na sua subtileza, não deixa de ser severamente julgado e apresentado como incapaz, pelos mesmos motivos que para outros constituem a sua beleza e o seu poder, de propor um espetáculo digno deste nome.

Por conseguinte, não causa espanto que os dois espetáculos que se sucedem no decurso desta sessão sejam de uma futilidade desoladora: o primeiro, uma espécie de melodrama oriental; o segundo, as «atualidades» do momento. O assunto do melodrama, apesar de apresentado de forma muito sucinta, é mesmo assim também apresentado de forma ridícula; quanto às atualidades, são enumeradas como uma acumulação vazia de sentidos de representações de personalidades internacionais ou de curiosidades exóticas; o que mais choca o narrador nem sempre é a nulidade de conteúdo das representações: mais uma vez, são as próprias formas da representação que são postas em causa, como incapazes «por natureza» de produzir uma representação de algum valor.

([51]) Cf. Christian Metz in *Le Signifiant imaginaire*, *op. cit.*

A linguagem cinematográfica

Há três aspetos da representação cinematográfica – da linguagem cinematográfica que são particularmente visados: a fragmentação, o tratamento do tempo, a função da música. Ou seja, toda uma parte da própria estética cinematográfica que aqui é apresentada «como um abuso da técnica para animar as imagens».

A fragmentação, ou descontinuidade: é o primeiro aspeto percetivo posto em causa:

> «uma vida múltipla sucedia-se na tela diante dos seus olhos doloridos, uma vida apresentada em pedacinhos, divertida e apressada, cheia de uma inquietação saltitante, nervosa e rápida, numa agitação fremente que só se demora, vibrando, para logo tornar a partir (...) milhões de imagens, instantâneos brevíssimos (...) uma passagem rápida e cintilante.»

Por um instante, o narrador deixa de se solidarizar com o público que põe em cena, para lhe dar uma perceção fisicamente penosa dos estímulos visuais. Este mal-estar, aliás, está associado ao da respiração do «ar viciado» da sala, por oposição ao ar puro da altitude, o ar «das pessoas de lá de cima». Por outro lado, do desfile fílmico apenas se retém o seu aspeto fragmentado, agitado, pestanejante e vibrante, que provoca a impossibilidade (ou a recusa) da «sutura» que a montagem geralmente permite operar nos filmes narrativos, mesmo antes da guerra de 1914, como se nada pudesse atenuar o aspeto agressivo da fragmentação constitutiva do desfile fílmico.

No entanto, além do aspeto cansativo, aqui apresentado como um pestanejar luminoso, o que é apresentado como chocante é o caráter fugidio das imagens, a sua rapidez, o seu aspeto «trepidante» e, de uma maneira mais geral, o tratamento do tempo por esta nova técnica de representação.

Tratamento do tempo de projeção e tratamento do tempo dos acontecimentos representados, acompanhados «por uma musicazinha que aplicava a sua presente divisão de tempo presente à fuga de aparências passadas.» Além do ritmo dificilmente suportável da sucessão de imagens, sublinhada pela música, a crítica incide sobre a dupla conjunção do passado «real» da gravação e do presente aparente propostos pelo filme. Recorde-se a referência acima citada aos atores ausentes, que há muito «haviam dispersado», à forma como «se dissecara a sua atividade durante o processo fotográfico, para que fosse possível restituí-la à vontade» e ao facto de que, apesar de tudo, o público se precipitava «para tornarem a contemplar, para novamente verem, como se desenrolavam, transplantadas para um tempo novo e renovadas pela música»; recorde-se acima de tudo a condenação desta «encantadora sombra sedutora que fingia ver e não via, que de modo nenhum era atingida pelos olhares, e cujo sorriso e aceno não se referiam ao presente, mas pertenciam ao ali e ao outrora, de modo que teria sido absurdo retribuí-lo.»

Assiste-se aqui a uma nova resistência, uma resistência ao efeito da ficção, à crença na pseudo-realidade do mundo representado, porque alimentada pela consciência demasiado aguda de que tudo aquilo foi representado num algures perdido e manipulado. É interessante verificar que o que incomoda o narrador na sua adesão ao universo fictício do filme é exatamente o aspeto indiciário ([52]) do filme, o facto de que ele é efetivamente o vestígio de um passado já ocorrido (o da filmagem), a presença de uma ausência, um «já foi», segundo a fórmula de Roland Barthes ([53]).

Ora, estamos lembrados que, se estas características são exatamente as da imagem fotográfica e, portanto, fílmica, as que constituem a sua especificidade, o seu poder de fascínio e a sua «magia», Roland Barthes esclarece que a sociedade se esforça por «moderar» a fotografia, sob pena de sucumbir a demasiada emoção. Para ele, existem duas maneiras de «moderar» a fotografia: a proliferação e a arte. Para Barthes, «a arte» designa em particular o cinema que, precisamente, ao ficcionar a imagem fílmica, quer dizer, ao fazer dela o sinal de um lugar imaginário e não já o do local de rodagem, tira à imagem fílmica a sua especificidade fotográfica, ou seja, «alucinatória». Banaliza-a, ao deslocar a magia fotográfica para o imaginário fílmico. Ora, o que esta sessão de cinema no *Bioscope* nos descreve

---

([52]) De acordo com a classificação, já clássica, dos diferentes tipos de sinais, proposta por Charles Peirce: ícone, índice e símbolo.

([53]) Cf. Roland Barthes: *La Chambre Claire*, Paris, Cahiers du cinéma, Gallimard, 1980 [*A Câmara Clara*, Lisboa, Edições 70, 2.ª edição, 2006].

é precisamente uma resistência à solicitação do imaginário mediante a imagem fílmica, devido a uma perceção irresistível do seu caráter fotográfico, ou seja, indiciário. Este aspeto da imagem fílmica basta aqui para bloquear a adesão à parte «artística» do espetáculo (o filme) bem como ao seu aspeto «prolífero» (as atualidades), que também neste caso não consegue neutralizar este efeito de índice, apesar das afirmações de Roland Barthes.

Assim se explica o bloqueio e a distância adotada em relação ao espetáculo e que colocam o narrador numa posição bastante paradoxal: por um lado, solidariza-se com o «público de cinema» por intermédio do «se»; mas, ao mesmo tempo, deixa de se solidarizar com ele, troçando da sua exaltação (o rosto «estólido e vermelho» da senhora Stoehr «convulsionado pelo prazer»), ao mesmo tempo que explica o seu mal-estar físico (os «olhos doloridos») e moral (a «vergonha», «a impotência»).

Esta nova resistência vem confirmar o que pensávamos encontrar neste estudo, a saber, que a representação de outros sistemas de representações numa obra não é puramente episódica mas serve de lugar de confronto, de oposição até, entre as diferentes artes.

Repostas em causa as condições materiais da receção fílmica, verificadas as dificuldades de adesão à ficção devido ao caráter indiciário da imagem fílmica, a crítica prossegue sobre as dificuldades de adesão à narração, por causa do tratamento do tempo.

É conhecido o interesse de Thomas Mann pelo problema do tempo e, já o assinalámos, o cuidado que punha no tratamento do tempo narrativo. No prefácio de *A Montanha Mágica*, intitulado «Propósitos», Thomas Mann declara:

> «Os factos aqui referidos passaram-se há muitos anos, já estão, por assim dizer, recobertos pela pátina do tempo, e não podem ser narrados senão sob a forma do mais remoto passado.
>
> »Isso talvez não seja um inconveniente para uma obra deste género, mas antes uma vantagem; porque é necessário que as histórias já se tenham passado. Poderíamos até dizer que quanto mais se distanciarem do presente melhor corresponderão às exigências da história e mais adequadas serão ao narrador, o mago que evoca o pretérito.»

Assim, o que Thomas Mann nega ao cinema é a possibilidade de contar histórias passadas, que devem ser obrigatoriamente passadas para serem histórias (apercebemo-nos aqui da existência de elementos pertencentes à teoria da narrativa) por causa do presente da representação, que em caso algum pode ser assimilado ao presente da leitura, devido à força da imagem em movimento e da perceção visual demasiado próxima da própria vida, que fazem do cinema um falso teatro, privando o realizador da capacidade de ser um contador, «o mago que evoca o pretérito».

Esta negação é tanto mais impressionante quanto ela é contradita pelo resumo do filme que se pode ler, apesar de tudo, e que, por irónico que possa parecer, resume bem uma história: «Era uma história movimentada de amor e de crime, que viram desenrolar-se silenciosamente, na corte de um déspota oriental (...) O déspota morreu vítima de um punhal, lançando, com a boca aberta, um urro que não se ouvia.» Vê-se que esta evocação narrativa mistura estreitamente o tempo da receção e o tempo da narração, como se de facto fosse impossível esquecer o presente da representação para entrar ficticia e contratualmente na temporalidade do universo representado. Como se o efeito de ficção ([54]) e a sua potencialidade narrativa só pudessem ser parasitados, neste tipo de espetáculo, pelo dispositivo de representação. Significa isto que o tratamento do tempo é sentido, de forma incómoda, como uma falha em relação à narrativa literária, com todos os seus recursos linguísticos.

Desta forma, a comparação implícita com outra arte (aqui, a literatura; mais acima, o teatro) apresenta o cinema como uma arte a que «faltariam» meios próprios às outras artes, de certa maneira uma arte amputada, e não como um recurso a novos meios de expressão. Esta reserva é tanto mais espantosa quanto para os primeiros teóricos do cinema, como sabemos, uma das grandes novidades deste novo meio era certamente o movimento, mas acima de tudo o facto de permitir introduzir na representação visual «a quarta dimensão», na expressão de Epstein, quer dizer, a dimensão temporal ([55]) (ser uma

---

([54]) Cf. Roger Odin, *De la fiction*, Bruxelas, De Boeck, 2000.

([55]) Cf. Jean Epstein: *Écrits sur le cinéma*, Pierre Lherminier, Paris, Seghers, 1974.

«imagem-tempo»). Ora, a partir de 1907, um crítico, mas também autor dramático e romancista, ligado à agitação literária do início do século em Paris e contemporâneo de Thomas Mann (dez anos mais novo), Ricciotto Canudo, propunha situar o cinema entre as artes do espaço (arquitetura, escultura e pintura) e as artes do tempo (música, dança, poesia) e, portanto, considerá-lo como uma «sétima arte», absolutamente original porque pertence precisamente às duas ordens: «quadros em movimento, arte plástica desenvolvendo-se segundo as formas da arte rítmica» ([56]).

É toda esta potencialidade expressiva do cinema que lhe é totalmente negada na narração da sessão de cinema no *Bioscope*. Assiste-se assim a críticas mais ou menos implícitas, mas violentas e algo confusas e contraditórias: é uma ilusão, mas a ilusão não é suficientemente forte, é a vida, mas insuficientemente «realista», gritam mas não se ouve nada, mexem-se mas há um descontínuo, há vida mas não está lá ninguém, olha-se mas não se vê, é presente mas é passado, etc. Uma frase concentra a acumulação dos erros da representação cinematográfica: «O espaço estava aniquilado, o tempo recuara, O "ali" e o "outrora" estavam transformados e envoltos em música.»

Na realidade, o vigor das críticas assemelha-se à expressão de uma expectativa dececionada e a uma sensação de logro tais que a reação que provocam se torna violenta, injusta até. Esta injustiça podemos medi-la de novo, abordando precisamente o terceiro ponto da crítica da linguagem cinematográfica que constatámos: o da relação imagem/música.

A música no cinema

Já tínhamos efetivamente observado que o terceiro ponto da representação cinematográfica notoriamente criticado era o da função da música.

([56]) *L'Usine aux images*, Genebra, Chiron, 1927, citado in Pierre Lherminier, *L'Art du cinéma*, Paris, Seghers, 1960 e reeditado nas edições Séguier-Arte, em Marselha, em 1995.

Com efeito, quando esta não pontua de forma irritante «a divisão do tempo» de representação, ou não se torna o seu «disfarce», é ostensivamente enfática: «apesar dos seus meios limitados (ela) sabia manobrar todos os registos da solenidade, da pompa, da paixão, da selvajaria e de uma sensualidade arrulhadora.» Conhecendo o amor de Thomas Mann pela música (já falámos disso mais acima), podemos imaginar que o facto de se encenar a utilização degradante que se podia fazer da música no cinema aliviava uma certa amargura pessoal. Poderíamos também pensar que as críticas formuladas contra o cinema e contra a música no cinema resultam de um comportamento um tanto ou quanto revolucionário, incapaz de assimilar o contributo de novas técnicas e de antecipar a sua potencialidade criativa. No entanto, é precisamente a propósito da música que Thomas Mann nos mostra que não é aí que reside o problema.

Com efeito, perto do final da segunda parte do romance, num ponto quase paralelo ao da sessão de cinema na primeira parte, abre-se um subcapítulo intitulado «Ondas de Harmonia». Uma «aquisição», uma «inovação» irrompe bruscamente no quotidiano da vida de Berghof: «Seria um brinquedo engenhoso do tipo da caixa estereoscópica, do caleidoscópio em forma de luneta e do tambor cinematográfico? [...] Era um instrumento de música, era um gramofone». (Note-se que o tambor cinematográfico não passa de um brinquedo engenhoso, ao passo que o gramofone tem a categoria de instrumento musical!) Imediatamente subjugado, Hans Castorp torna-se o seu manipulador oficial: «Uma voz nele dizia: "Alto, alto, atenção! Aconteceu qualquer coisa! Que acontecimento!" Estava cheio do infalível pressentimento de mais uma paixão, de um encantamento, do peso de um novo amor.» Pouco importa então que os primeiros trechos de música tocados para o grupo tenham sido «operetas saltitantes» (da mesma forma que os filmes mais populares eram melodramas ridículos). Seguem-se depois duas dezenas de páginas (e não apenas duas), descrevendo a audição maravilhada e repetida de óperas (a *Aida*, de Verdi, a *Carmen*, de Bizet, o *Fausto*, de Gounod...) ou ainda «um desses *lied*, que são obras-primas retiradas do património popular», como *A Tília*, de Schubert. Analisa-se cada uma das obras, descreve-se «toda a magia instrumental», são explorados os libretos e as palavras.

Em momento algum surgem determinadas críticas feitas ao cinema e que poderiam também ser feitas ao fonógrafo: assim, nunca se censura aos músicos a sua ausência, nem se lamenta não poder aplaudi-los, como num verdadeiro concerto; em momento algum se lamenta não poder ouvir e voltar a ouvir *ad libitum* a música preferida. Sentado diante do "seu caixãozinho de música", Hans Castorp ouve com devoção os seus discos preferidos.» Gravação de uma interpretação passada e repetição presente e idêntica da mesma representação, (as óperas) são aqui apresentadas como recurso infinito de prazer e de meditação e não, como no caso do cinema, como carência e engano grosseiro.

Esta aproximação entre a representação «literária» de duas experiências estéticas diferentes (ir ao cinema; ouvir discos) mostra-nos, pois, não só as diferenças mas também as desigualdades no tratamento de diferentes artes ou de novas técnicas no seio do romance, e confirmam ainda um pouco mais a ideia de que estas representações têm um papel axiológico na corrente interpretativa das obras e das diferentes práticas estéticas.

Como vimos, a representação da sessão de cinema insistia particularmente nas condições da receção e em determinados aspetos da linguagem cinematográfica; vamos agora deter-nos brevemente na maneira como é evocado o espetáculo como tal. Sucedem-se um filme «oriental» e depois as atualidades.

O filme e as atualidades

A evocação do filme inclui um resumo sucinto da «história», à maneira dos críticos que referimos mais acima, pois ela consiste essencialmente numa acumulação rápida e repetitiva, imitando a sequência de «acontecimentos precipitados» que faz o conjunto do filme, de uma série de conceitos produzidos pelo filme: «magnificência... nudez... desejos... desejos do soberano... fúria religiosa... volúpia, de volúpia assassina...» oposta à evocação da lentidão acentuadamente pedagógica de certos planos «quando se tratava por exemplo de fazer apreciar a musculatura dos braços de um verdugo».

Encontramos ali a utilização de termos voluntariamente estereotipados e pomposos, procurando transmitir o orientalismo de pacotilha do filme. Todavia, a severidade do juízo é temperada pela ideia, atribuída a Settembrini, de que se trata «de um abuso que se tinha feito da técnica para animar imagens que rebaixavam a dignidade do homem» ([57]). O que subentende, em primeiro lugar, que o cinema é uma «técnica para animar as imagens» (e não uma arte) e, em segundo, que se poderia apesar de tudo fazer melhor uso desta técnica. Pequena abertura otimista que as primeiras análises, como já vimos, não pareciam pressagiar. De momento, o êxito destas tolices está ligado «a um conhecimento familiar das intenções secretas da civilização internacional que assistia a este espetáculo». Esta «civilização internacional» de que aqui se fala foi descrita bastante demorada e satiricamente, por ocasião dos passeios dos três jovens, como uma sociedade cosmopolita improdutiva, superficial, rica e garrida que frequentava as estâncias de desportos de inverno, na Suíça ou noutro país qualquer, no início do século: «Ingleses de boné escocês... Americanos de cabeça pequena, com os cabelos empastados... Russos barbudos e elegantes... Holandeses com um ar mestiço de malaios... um mundo aventuroso, pelo qual Hans Castorp mostrava uma certa simpatia, mas que Joaquim condenava como fraudulento e sem caráter, espalhava-se por toda a parte». Assim, agradar a um público tão diversificado implica necessariamente a escolha de um denominador comum, no caso o mais pequeno. A mediocridade do espetáculo estaria, pois, mais ligada à mediocridade do público, a quem se procura agradar, do que aos seus próprios meios.

O que explica que, quando se muda de tema e se passa da ficção às atualidades, o resultado seja igualmente desastroso. As ditas atualidades apresentam «imagens do mundo inteiro», que o narrador passa rapidamente em revista numa enumeração nervosa, colocando ao mesmo nível personalidades políticas em ocupações que, desligadas do seu contexto, perdem todo o significado: «o presidente da República... a agradecer um discurso do seu landau», «o príncipe-herdeiro

---

([57]) Recorde-se que também Platão, na *República*, considerava que a imagem pintada se dirigia à parte menos racional e mais fraca do nosso espírito...

alemão no pátio de um quartel em Potsdam», e por sua vez «achados» mais ou menos exóticos: «uma luta de galos no Bornéu»... selvagens nus que tocavam flauta soprando pelo nariz, etc.» Duas coisas se podem notar nesta enumeração: em primeiro lugar, o processo da justaposição sintática que retoma a justaposição obrigatória das imagens cinematográficas (não há mecanismos gramaticais de coordenação nem de subordinação no cinema, a não ser ocasionais e contratuais) e que mostra novamente uma perceção bastante exata dos processos da linguagem cinematográfica.

Em segundo lugar, que esta justaposição provoca o nivelamento de todas as imagens umas pelas outras, uma espécie de contaminação e de parasitagem do sentido, efeitos perverso de uma montagem não controlada, que torna a representação absurda e nada deixa prever dos recursos expressivos que se poderiam obter com esta mesma montagem. Apenas o absurdo desejo prioritário de divertir o público, mediante uma acumulação irrefletida de imagens à solta. Aliás, fora desde logo claramente referido que a sessão de cinema fazia parte dos diferentes «divertimentos» que toda esta sociedade apreciava (ao mesmo título que a pista de patinagem, o casino ou o *bobsleigh*) e aos quais os jovens tinham acompanhado a menina Karen. Por último, a sensaboria irónica da lista das «imagens do mundo inteiro» parodia, na sua diversidade e justaposição insensata, a descrição precedente de todo este «mundo aventuroso» que percorre Davos, de uma distração a outra.

Eis, pois, uma nova técnica que poderia talvez dar resultado, mas que está pervertida pelos gostos de um público demasiado variado e numeroso, técnica que adula os instintos mais baixos dos espectadores, que aliás se ridicularizam ao percorrerem o mundo superficialmente e para seu divertimento.

As reticências que aqui se manifestam assemelham-se estranhamente, com alguns anos de antecedência, às críticas que atualmente se ouvem sobre a televisão: uma técnica, mais do que uma arte, que poderia dar bons resultados, mas que «abusa» dos seus meios e se avilta para agradar a um público demasiado numeroso, que só aprecia os divertimentos e o consumo e que, aliás, cai no ridículo ao constituir regularmente o batalhão dos turistas ocidentais que se «espalham» pelo mundo inteiro. A descrição das atualidades faz pensar também, bem entendido, no folhear das «revistas» de grande público de todos os países ocidentais, justapondo *news*, *people* e viagens, num grande fluxo que iguala o da televisão. Os receios e as reticências aqui expressos a propósito do cinema que surgia e do seu aspeto «*mass*-mediático» não o impediram de se tornar a «7.ª arte». Poderemos ler nisto uma mensagem de otimismo para a televisão?

Antes de concluirmos as «lições» proporcionadas pelo tipo de análise que aqui nos propomos, restam-nos outras relações a estudar: não só completar a sessão de cinema com outras experiências estéticas (começámos pela música) mas também e sobretudo com a evocação das outras imagens que aparecem na obra.

3. As outras imagens em *A Montanha Mágica*

Com efeito, vimos que no romance as personagens tinham outras experiências estéticas ou mediáticas. Hans Castorp ouve música. A leitura também está presente, mais na sua função filosófica, para personagens como Settembrini ou Naphta, ou educativa no que diz respeito a Hans Castorp. Efetivamente, as sessões de leitura que lhe são dedicadas (em particular no subcapítulo «Investigações», que precede «Dança Macabra» e, portanto, a sessão de cinema) dizem respeito essencialmente a obras «científicas» e não de ficção. Apesar disso, em nenhum momento a prática da leitura é ridicularizada nem apresentada como obstáculo à adesão ao texto e ao seu conteúdo, bem pelo contrário: como o aspeto percetivo da decifração nem sequer é mencionado, ela parece realizar-se «naturalmente», sem o menor esforço, sem mediação até, surgindo assim como via régia para a reflexão. Nem por um instante se critica a um livro o facto de poder ser lido e relido «à vontade». Nem por um instante se pretende que um livro estúpido implica que todos os outros o sejam. Vê-se que não aparecem determinadas críticas feitas ao cinema e que teriam podido dizer respeito à leitura, bem como outras poderiam dizer respeito à utilização do fonógrafo e à audição da música.

Deveremos, pois, tirar uma lição desta injustiça no tratamento das diferentes artes ou dos diferentes *media*; antes, porém, convém ainda relativizar a comparação com o tratamento dado no romance às outras imagens.

As imagens cinematográficas não são, efetivamente, as únicas que nos surgem no romance. Todas elas têm um tratamento particular, fazendo-se eco umas das outras.

Em *A Montanha Mágica*, além das imagens cinematográficas, encontramos outros quatro tipos de imagens: radiografias, um retrato pintado, um desenho obsceno e fotografias «de amador».

A primeira imagem que encontramos é, com efeito, uma *radiografia*, que regressa, ao longo de todo o romance, como um *leitmotiv* muito particular. Por ocasião de uma sessão médica de radiografia, Hans Castorp tem a primeira oportunidade de contemplar a radiografia do primo. Esta primeira contemplação pretende ser uma observação ao mesmo tempo ingénua e de reconhecimento puramente anatómico: a coluna vertebral, as costelas, as clavículas, etc. No entanto, uma aura luminosa chama a atenção do jovem, tornando-se posteriormente uma espécie de ideia fixa: «o invólucro ténue e luminoso da forma carnal». A descoberta progressiva dos diferentes órgãos (os pulmões, o coração...) torna-se cada vez mais perturbadora, até ao momento em que Hans Castorp pede para observar a sua própria mão «através do ecrã luminoso»: «E Hans Castorp viu o que deveria esperar ver, mas que, em suma, não foi feito para ser visto pelo homem: olhou para o interior da sua própria sepultura [...] Com olhos penetrantes de visionário e pela primeira vez na vida, compreendeu que morreria.»

Esta revelação, que, ao longo do livro, se transformará em fascínio e depois em sedução, vai levá-lo a conservar piedosamente consigo, na carteira, «o pequeno dispositivo» feito a partir desta visão «espectral» e «fantasmática». Este primeiro desvio da radiografia, utilizada como uma fotografia de identidade, que Hans Castorp mostra a quem a quer ver mas que não consegue decifrar, pretende ser, bem entendido, provocatório e humorístico, no sentido de um distanciamento face ao drama e ao absurdo da própria existência.

O humor aqui deriva da deslocação do aspeto médico para o aspeto identificativo, substituição inesperada que joga com a surpresa do espectador. Todavia, um ponto comum aproxima os dois tipos de imagens, a radiografia e a fotografia: ambas, com processos diferentes, são imagens indiciárias, traços físicos daquilo que representam. A luz, atingindo ou atravessando o objeto da representação, é por ele modelada, o qual a refrata ou a filtra, produzindo a própria imagem. Lembremos que esta característica indiciária da imagem fílmica era um obstáculo para a adesão à ficção cinematográfica. Aqui, pelo contrário, graças à sua relação evidente com a morte ([58]), será o motor de todas as ficções e de todos os sonhos, será usado numa construção féticchista, a do «retrato interior» da mulher amada, Clawdia Chauchat.

Este «retrato interior», dado a Hans Castorp, a seu pedido, pela senhora Chauchat no momento da sua partida do sanatório, é regularmente evocado e contemplado: «o retrato de Clawdia, que não tinha rosto, mas que revelava a ossatura delicada do seu torso envolto numa transparência espectral pelas formas da sua carne, assim como dos órgãos na cavidade torácica... Quantas vezes o tinha contemplado e apertado contra os lábios». Este «retrato interior», objeto parcial que representa a própria mulher e em que se encontra o fascínio da aura luminosa da carnação, está em oposição a outro retrato, um retrato «exterior», um *retrato de mulher* pintado pelo doutor Behrens ([59]).

O retrato que este homem ciumento consegue ver, após toda a espécie de pretextos falaciosos, coloca subitamente o problema da semelhança e da relação entre o pintor e o seu modelo. No entanto, depois de bem pormenorizado, apenas se lhe encontrará «uma vaga semelhança», devido a toda a espécie de imperícias técnicas atribuídas ao amadorismo do pintor. Apesar disso, um pormenor do quadro encanta o jovem: a fidelidade na reprodução da pele do busto, sempre a mesma fixação (o rosto era «vermelhusco»), que, graças a uma certa habilidade técnica, evocava a nudez: «A irradiação mate dos brancos

---

([58]) Cf. Roland Barthes, *op. cit.*

([59]) Que seja do nosso conhecimento, apenas Susan Sontag em *La Photographie*, Paris, Seuil, 1979, notou este tratamento indireto da radiografia e o aproximou do retrato pintado.

deste busto delicado, mas não magro, que se perdia nas voltas azuladas da *écharpe,* era muito natural [...] (O artista) utilizava em especial a superfície ligeiramente granulosa da tela, tirando daí partido, mediante a tinta a óleo, sobretudo na região da clavícula particularmente saliente, como uma aspereza natural da superfície da pele.» O êxito resulta, pois, do «realismo» da representação e do seu poder de ilusão, que permite acreditar que «se se tivesse apoiado os lábios sobre ela, ter-se-ia respirado não o cheiro a cor e a verniz, mas o odor de um corpo humano.» Estas apreciações são claramente atribuídas ao jovem pelo narrador, que, ele próprio, se permite introduzir outro tipo de imagem nesta sessão de contemplação pictórica, provocando assim uma associação aparentemente inesperada.

Trata-se de um moinho de café decorado, que Hans Castorp segura: «Tal como o restante serviço, era sem dúvida de origem hindu ou persa mais do que de origem turca, como o atestava o estilo dos desenhos gravados no cobre, com as superfícies brilhantes destacando-se do fundo mate. Hans Castorp examinou a decoração, sem captar imediatamente os motivos. Quando os distinguiu, ficou subitamente corado.» Esta pequena incursão no campo do obsceno, que o doutor, esse, acha «divertido», é rapidamente interrompida por um regresso ao retrato pintado. Por rápido que seja, este aparecimento aproxima sensualidade e obscenidade, se não pintura e obscenidade, esta associada esta pelo doutor à vida e à alegria.

Finalmente, as últimas imagens a aparecerem encenadas no romance são, no derradeiro capítulo, as *fotografias* e mais particularmente, «fotografias de amador». Aparecem como uma moda quase «fanática» a que se entregam, de tempos a tempos, os pensionistas do Berghof. «Já por duas vezes [...] esta paixão se tinha transformado, durante semanas e meses, numa loucura generalizada, de tal maneira que não havia ninguém que, de rosto preocupado, a cabeça inclinada sobre a máquina apoiada no estômago, não focasse uma objetiva, e à mesa, era um nunca acabar de fazer circular as provas.» Esta moda, passageira e superficial, deu lugar, mesmo assim, a práticas e a contemplações particulares: «difundiram-se as fotografias a magnésio e as fotografias a cores, segundo o processo de Lumière. Viam-se retratos de pessoas que, surpreendidas pelo clarão do magnésio, de olhos fixos, rostos pálidos e convulsionados, se assemelhavam a cadáveres de pessoas assassinadas, em pé, de olhos abertos.» Além de fazer parte, como o cinema, dos divertimentos ou até, pelo menos neste caso, das «manias» mais ou menos passageiras e veleidosas de um público limitado e ignorante (a senhora Stoehr, sempre nos primeiros lugares entre os apaixonados, conseguiu fazer-se fotografar ao lado de Hans Castorp), está também associada à morte e aos cadáveres. Com a diferença que apresenta mais uma violência, até ali ausente («gente assassinada»), ligada ao caráter agressivo e fulgurante do ato de fotografar.

Mas ligada também a esta consciência sempre difusa de que a imagem fotográfica, tal como as imagens cinematográficas e radiográficas, é mortífera, como se o facto de arrancar um aspeto das pessoas e das coisas ao seu tempo, a fim de o transferir para o falso presente repetitivo de um algures renovável (a sessão de cinema ou a mesa!) bastasse para retirar qualquer outro interesse a este tipo de representação e como se toda a interpretação diferente da do indício, ou seja, o traço mortífero, não passasse de um divertimento vão e inútil. O que não é o caso da pintura nem do desenho: estes, desligados da obrigação da copresença do pintor e do modelo (pode pintar-se de memória, espera Hans Castorp), têm uma outra função, uma função viva, de expressão e não de simples reprodução. Expressão claramente ligada aqui à criatividade, nas suas relações com a líbido e a sua dimensão sexual, que designa muito simplesmente pelo pequeno trajeto da expressão da sensualidade do doutor, através da representação da carnação evocando a nudez, e da nudez ao obsceno, ou seja, neste caso, ao sexo, no que ele tem não de sagrado (como tenta desesperadamente justificá-lo o jovem Hans, um pouco incomodado) mas de vivo e de «divertido», como o apresenta o doutor, mais velho e *bon vivant*.

Se as imagens indiciárias não têm outro interesse senão serem índices mortíferos por natureza (o que foi, já não é, nunca mais será) não admira que a radiografia se torne o seu emblema privilegiado: uma vez afastada da sua função primeira (médica), pode tornar-se o protótipo da imagem que só tem valor pelo seu caráter constitutivo de vestígio, designando-se como tal, resistindo a qualquer outra interpretação: retrato sem rosto, identidade ilegível, nenhuma parasitagem «icónica» ou figurativa pode ocultar que aquela imagem é uma simples emanação de luz, uma aura luminosa e fantasmática, cujo valor resulta do facto de ser a emanação fugidia de um corpo que, sem qualquer ambiguidade, revela a sua mortalidade. É a própria morte, sem disfarces, fascinante, sedutora, inelutável.

4. As implicações interpretativas

É chegado o momento não *da* conclusão deste estudo, mas das *suas* conclusões e perspetivas que propõe no que se refere ao estudo da interpretação das imagens: conclusão da análise da sessão de cinema no *Bioscope*, por um lado, mas também conclusões sobre a problemática e a metodologia propostas.

Partimos da ideia que estudar a representação de uma arte noutra arte, neste caso o cinema na literatura, poderia ser uma forma nova e produtiva de analisar as relações das diferentes artes entre si e a abordagem interpretativa que elas induzem. Estudar as inter-representações como tal (não apenas as «Passagens» ou as «Interpenetrações» ([60]) a que dá lugar a grande «mistura» das representações contemporâneas) corresponde à ideia de que a encenação de uma arte por outra constrói um lugar muito específico de confronto estético, cuja função não é exclusivamente estética, mas mais amplamente axiológica e diretiva no que diz respeito à interpretação das obras.

Estas inter-representações constituiriam uma espécie de sedimento interpretativo que progressivamente condicionaria, ou nelas teria, pelo menos, o seu peso – a abordagem ulterior das obras. Assim, estas inter-representações interagiriam não só umas sobre as outras, mas também sobre a experiência estética de cada um de nós. Brunetta falava da existência, em todos estes textos reunidos, de uma «memória coletiva» da experiência cinematográfica a explorar; pensamos

([60]) Cf. Raymond Bellour: *L'Entre-image. Photo, Cinéma, Vidéo*, Paris, La Différence, 1990 ou Philippe Dubois: «Cinéma et vidéo: interpénétrations» in *Communications*, n.° 48, Paris, Seuil, 1988.

que estas narrativas de experiências estéticas não só constituem efetivamente uma memória mas contribuem também para a construção deste «património social» que «enquadra» a própria interpretação de cada experiência estética, que cada texto a determina à sua maneira e de forma complementar e interativa com os outros. Vestígios de experiências, estes textos complicam-se, combinam-se e influenciam a nossa própria experiência e a nossa própria interpretação. Cabe-nos ver como, estudando-os e relacionando-os uns com os outros. Aventamos, pois, a hipótese de que estas inter-representações, para além do seu aspeto funcional e estético no seio da obra em que estão incluídas, para além do seu caráter sociológico de testemunho, se situarem entre a interpretação e a comunicação para terem uma função crítica, indutora por sua vez de novos juízos e de novos comportamentos.

O que desejamos mostrar é que a própria obra, com a sua maneira exclusiva de incorporar outras obras, e neste caso particularmente visuais, participa ativamente nesta sedimentação interpretativa. Com efeito, assim é se admitirmos que toda a interpretação de um texto implica um trabalho que combina, em graus diversos, os três tipos de intenções: *auctoris, operis*, e *lectoris* ([61]). Se admitirmos, por outro lado, com os teóricos da «estética da receção», H. R. Jauss em particular, como vimos na nossa introdução, que na leitura de um texto se fazem convergir as interpretações precedentes, transmitidas pela tradição, podemos conceber, sempre com Umberto Eco, a existência de uma outra barreira diferente do próprio texto, a do «Hábito», «interpretante lógico final», «património social» que intervém como disposição para agir e pára – pelo menos transitoriamente – o processo infindável da interpretação ([62]).

Assim, a primeira barreira convida-nos a permanecer exclusivamente no texto, e nada mais do que o texto; a segunda, pelo contrário, convida-nos a explorar o que a rodeia, o que condiciona igualmente a sua interpretação. Por outro lado, apercebemo-nos de que as noções de autor, de obra e de público *(auctor, opus, lector)* não são apenas

---

([61]) Cf. Umberto Eco: *Os Limites da Interpretação*, Lisboa, Difel, 1993.

([62]) Umberto Eco, *op. cit.*

noções de contornos muito delicados, mas que se deslocam também, que são também elas transitórias: desta maneira, dinamizado pelo seu contexto semântico e pragmático, o *opus* semiotiza-se e transforma o *lector* em *auctor* de um novo *opus*, a própria interpretação, que por sua vez vai alimentar e orientar outras obras e outras interpretações, e assim por diante enquanto a obra se mantiver viva.

Foi por isso que no nosso trabalho desejámos combinar as análises textual, extratextual e pragmática, de maneira a destacar as relações, as correspondências, as associações que o texto tece com o seu contexto e estabelece no interior de si mesmo, de forma mais implícita do que explícita, é verdade, mas mesmo assim suficientemente forte para se tornar persuasiva.

Desta maneira, para decifrar as mensagens implícitas destes textos e mostrar o seu dinamismo indutivo, propusemo-nos analisar um exemplo concreto: a narrativa da sessão de cinema no *Bioscope* em *A Montanha Mágica*, de Thomas Mann. Exemplo bem circunscrito, permite uma rigorosa análise textual; no entanto, demonstrámos que a narrativa desta sessão não é só em si mesma que encontra o seu sentido, mas também em interação com todo o tipo de elementos que a envolvem, mais ou menos diretamente. Foi isso que permitiu demonstrar a exploração concêntrica do seu ambiente: literário contemporâneo, em primeiro lugar, depois, do conjunto da obra, por fim, do próprio capítulo. Surgiu todo um sistema de relações associativas, utilizando diferentes eixos de deslocação: topográfica, estética, ética, estrutural, mimética; eixos que, combinados uns com os outros, não podem deixar de relativizar e matizar a interpretação da sessão de cinema em si mesma, mas também a abordagem da experiência cinematográfica em geral.

O próprio estudo da sessão de cinema fez surgir uma crítica tanto explícita como implícita do cinema.

A crítica explícita apresenta-nos o cinema como «divertimento» de feira, superficial e fútil, cansativo de ver mas fascinante, por se apoiar nos gostos mais baixos e mais instintivos do público: assistir no escuro a uma proeza técnica (a animação das imagens), repetitiva, narrando histórias fáceis e melodramáticas ou acumulando imagens «exóticas» do mundo, pelo simples prazer da variedade e da acumulação. A crítica é claramente evidente quando é atribuída às personagens mais razoáveis, mas também ao narrador que, também ele encenado, se associa ora às suas personagens críticas, ora à globalidade do público. No entanto, sabemos que existe uma postura para lá da do narrador, que é a enunciação, que se oculta e assim vem «naturalizar» um discurso implícito, fortemente axiologizado.

É este caráter implícito da enunciação que nos permitiu desalojar da própria sessão o trabalho acerca do não-dito, mas também sobre a construção global da obra, sobre as relações entre o dito e o não-dito, bem como com o ambiente do texto, do capítulo ao livro, do livro ao contexto literário contemporâneo, do contexto literário contemporâneo à nossa expectativa, tendo em conta o «nosso património social» atual.

Pudemos assim ver que esta sessão de cinema prendia as atenções porque beneficiava de um duplo efeito de surpresa: relativamente inesperada entre os romances europeus da década de 20 do século transato (e provavelmente única), é inesperada no seio do próprio romance, onde vai constituir o *núcleo* de toda uma *rede* de relações que lhe trazem uma densidade que à primeira vista não pretende ter.

Em primeiro lugar, o cinema encontra-se num cruzamento topográfico: entre «os cumes» e a «planície», na interseção do trajeto dos cadáveres na pista de *bobsleigh* e do caminho que conduz ao cemitério; num vale entre duas montanhas, a sala de cinema batizada ironicamente «o *Bioscope*» é já apresentada como *um local oco*, uma espécie de negativo da vida (lugar onde se vê uma vista falsa), como da morte (lugar onde se assiste a uma falsa morte).

Na composição geral do romance, entre pausa e paroxismo, a sessão de cinema aparece como uma ligação tensa, uma diversão numa abordagem essencial.

Esta abordagem e o seu objetivo são-nos indicados por outras referências, estas estéticas, que o espetáculo cinematográfico chama como um eco: teatro, música, literatura, pintura, desenho, fotografia... Paradoxalmente, é a consciência já aguda da especificidade do dispositivo bem como da linguagem cinematográficos que contribuem aqui para a sua própria condenação. Longe de ser o potencial de uma arte nova, eles constituem a degradação das artes mais antigas e a ocasião para uma resistência crispada a qualquer adesão a este tipo de espetáculo. Resistência neutralizada pela postura enunciativa e, portanto, aparentemente «natural». Resistência à montagem, à ficção, ao tratamento do tempo, tal como à função da música. Vimos, porém, que esta resistência era alimentada pela consciência da condição de índice da imagem fílmica, condição que geralmente desaparece no cinema em proveito da ficção e da narração ou ainda por detrás da proliferação de imagens «documentárias».

Em geral, pensa-se que esta especificidade da fotografia não tinha sido claramente percebida, no início do século XX, a não ser por Peirce (nessa altura absolutamente desconhecido na Europa), antes de ter sido «redescoberta» na década de 80, em particular por Barthes ([63]). E é precisamente esta abordagem extremamente original e perspicaz da imagem fílmica que prejudica neste caso o cinema, em proveito, no entanto, de uma outra imagem um tanto provocadora: a imagem radiográfica. Aliás, a este propósito, é divertido recordar que os raios X são uma descoberta contemporânea do cinema e que tanto aqueles como este eram, desde 1896, atrações de feira concomitantes ([64]). A imagem radiográfica vai tornar-se emblemática e reivindicar de forma radical a especificidade do índice e a exclusividade da sua exploração fétichista e ficcionista. O elo entre qualquer imagem indiciária (cinema, fotografia, radiografia) e a morte estava claramente estabelecido, sendo a imagem cinematográfica a sua face negativa, ao passo que a imagem radiográfica seria a sua face (dia)positiva. O romance de Mann pretendia ser uma meditação sobre a sedução da doença e da morte. A morte tem dois rostos: o rosto absurdo, sombrio e sofredor contempla-se no cinema (tanto na sala como no ecrã); o rosto luminoso expõe-se através da abstração de uma radiografia diáfana.

De um modo geral, pensamos que este tipo de trabalho permite não só compreender melhor o significado e a função da sessão de cinema no *Bioscope* em *A Montanha Mágica*, mas também descobrir

---

([63]) In *A Câmara Clara*, op. cit.

([64]) Cf. a evocação destes espetáculos na imprensa da época in *Vertigo*, n.º 10, «Le siècle du spectateur», Avancées cinématographiques, 1993.

uma abordagem do cinema, pessimista é certo, mas também extraordinariamente perspicaz e inteligente. Em primeiro lugar, desmente de forma radical a tradição mais ou menos melosa da nostalgia dos inícios ou das primeiras vezes. É uma abordagem crítica (que vem acrescentar-se à de Proust, de Musil e de alguns outros, sem dúvida) que, se por vezes é injusta, nem por isso deixa de revelar uma perspicácia que, precisamente devido a este *a priori* negativo, denuncia já no cinema nascente, não o potencial artístico, mas todas as perversões que adviriam da imagem mediática, prolífica e insensata. Não há dúvida de que este contraolhar, irónico e maldoso, não tem um papel vivificador e não aguça a nossa lucidez na nossa abordagem cinematográfica e mediática.

Conclusões

Impõe-se um relacionamento entre as imagens, os textos e a literatura, que se mostra extremamente revelador do terreno interpretativo em que nos enxertamos.

As palavras aí estão

As palavras aí estão, nos jornais, nos livros, provando-nos até que ponto as imagens podem alimentar a imaginação, informando-nos sobre as relações que mantemos com elas ou guiando-nos na sua interpretação.

Mostrámos noutra obra ([65]) até que ponto as imagens, as histórias de imagens ou de obras de arte são muitas vezes um formidável causador de ficções literárias que as utilizam e as encenam. Evocámos *Delírio e Sonho na Gradiva de Jensen* ([66]), *A Vénus de Ille* ([67]),

([65]) in *Introduction à l'analyse de l'image*, Paris, Nathan Université, col. «128», 1994 [*Introdução à Análise da Imagem*, col. «Arte & Comunicação», Lisboa, Edições 70, 2.ª edição, 2007].

([66]) Sigmund Freud.

([67]) Prosper Mérimée.

O Retrato de Dorian Gray ([68]), *Paula ou o Elogio da Verdade* ([69]), analisámos uma página de *O Fio do Horizonte* de Antonio Tabucchi e tudo o que ela revelava de conhecimentos interiorizados sobre a fotografia e as suas utilizações; poderíamos continuar com inúmeras obras, romanescas ou não – o trabalho referido mais acima – prosseguir e afinar a sua metodologia... As fotografias, a pintura, as sessões de cinema, as imagens virtuais também são muito numerosas, a alimentar a ficção romanesca, quer seja em R. Rolland, Proust, Céline, Queneau, Sartre, Breton, Aragon, Leiris, Desnos, Soupalt, Valéry, Duras, etc., em França, e nos autores «nobres» ([70]) mas também na literatura popular. Mais recentemente, *Histoires d'une image* ([71]), apresenta-se de novo como um festim de escrita e de imaginação, desenvolvido a partir de imagens. São muitos os textos poderosos e cheios de «encanto», cuja intriga tem como ponto de partida um baixo relevo, uma estátua, uma pintura, etc. A literatura apresenta-se e propõe-se então como local de manifestação da experiência das imagens ([72]), como ponto de confronto entre os riscos do dizer e os que falam (ou escrevem) sobre o ver, um ponto de apropriação e de interpretação das imagens.

Quando faltam as imagens

Pode mesmo observar-se um paradoxo bastante curioso a propósito desta encenação das imagens nos romances. Muitas vezes, para se ficcionalizar, a fotografia (e até a radiografia) deve atenuar-se, se não apagar-se totalmente na sua evocação romanesca. É, com efeito, o que demonstra Roger Odin numa proposta já antiga, mas sempre eficaz ([73]).

([68]) Oscar Wilde.

([69]) Torgny Lindgren, Actes Sud, 1992.

([70]) Sei que Roger Odin faz um trabalho de pesquisa semelhante no romance popular.

([71]) Nicolas Bouvier, Genebra, ed. Zoé, 2001.

([72]) Cf. A tese de mestrado de Karine Pourtaud: «Photographie et cinéma dans la littérature» (de Perec à Proust), Bordéus III, 1991.

([73]) Apresentada no colóquio sobre *Fotografia e Ficção*, organizado em 1986, em Veneza.

Para que uma fotografia «deixe de ser uma fotografia e passe a ser um romance» ([74]) deve propor um *punctum* ([75]) suficientemente forte e cativante para esqueçamos a própria fotografia. É necessário «fechar os olhos, deixar que o pormenor suba por si só à consciência efetiva» [...] «No fundo, ou em caso extremo, para ver bem uma fotografia vale mais erguer a cabeça ou fechar os olhos». É necessário que o poder fantasmático ocupe o lugar do ver. «À medida que avanço, elas (as fotografias) tornam-se estranhas à minha narração, que se transforma de facto em negativo de fotografia. Ela fala de fotografia de forma negativa, fala apenas de imagens fantasmais, de imagens que não saíram, ou então de imagens latentes, de imagens íntimas a ponto de serem invisíveis.» ([76]).

De facto, diz-nos Roger Odin, o «efeito ficção» só pode nascer sobre o apagamento da fotografia: quando se começa «a fazer cinema»... «A fotografia aparece desta forma como um curioso objeto: vocacionada por natureza para o bloqueio do efeito ficção, torna-se um catalisador maravilhoso, por pouco que se estabeleça uma relação privilegiada entre um dos seus elementos (*o punctum*) e aquele que lhe diz respeito». Para Thomas Mann, conforme já vimos, o *punctum* é a morte, e nisso anuncia a própria afirmação de Barthes, dizendo que, finalmente, o *punctum* de qualquer fotografia, este pormenor não codificado que *aponta* para mim, é o Tempo e, portanto, a Morte!

Da mesma maneira, o escritor Dominique Noguez levou este paradoxo ao extremo numa pequena narrativa intitulada *Les trente six photos que je croyais avoir prises à Seville*! [*As trinta e seis fotografias que eu julgava ter tirado em Sevilha*!] ([77]). No regresso de uma viagem (a Sevilha), Noguez desenvolve a seguinte narrativa, descrita na sua introdução: «O mais cómico, mesmo assim, foi quando o empregado da loja de fotografias, em Paris, me disse que o rolo tinha sido mal colocado e que a película tinha permanecido virgem.

([74]) Como assinala também Hervé Guibert, em *L'Image fantôme*, Paris, Minuit, 1981.

([75]) A opor ao *studium*, cf. Barthes, *op. cit.*

([76]) H. Guibert, *ibid.*

([77]) Paris, Éd. Maurice Nadeau, 1993.

Nem uma das trinta e seis fotografias fora impressionada! Felizmente, tenho boa memória, consigo reconstituir quase tudo.» Segue-se então um relato de viagem, truculento de malícia, organizado em trinta e seis «capítulos», descrevendo cada um deles o conteúdo de um quadro vazio mas, apesar disso, representado! A partir destas descrições sucintas, constrói-se a narrativa da viagem «catastrófica» de um casal, que acaba por se separar.

Estes exemplos servem para nos dizer até que ponto as imagens alimentam as palavras e modulam a sua utilização e a sua interpretação. Mostram mesmo, nestes últimos exemplos, tanto na crítica analisada acima, como no exemplo mais pormenorizado de *A Montanha Mágica*, que, para que esta relação seja produtiva na imaginação, são necessárias imagens ausentes ou pelo menos imagens falíveis, imagens fragmentadas ou imagens em falta! Só então a complementaridade texto-imagem pode funcionar plenamente, engolfando-se na brecha assim aberta e permitindo ao poder das imagens exercer-se, um poder bem afastado daquele que, suspeito de manipulação, se atribui às imagens mediáticas, por exemplo, mas um poder transmutado em poder criador.

Com efeito, as palavras não se contentam com alimentar-se de imagens, garantem mesmo a sua sobrevivência.

É, com pouca diferença, o título dado por Louis Marin à sua última obra ([78]), consagrada a uma reflexão sobre a imagem e os seus poderes. A partir de textos escritos sobre ou em torno das imagens, o teórico da arte propõe enfim definir a imagem: «Interrogando as suas virtudes, as suas forças latentes e manifestas», mais do que o seu ser. «O ser da imagem, numa palavra, seria a sua força». E esta força pode ler-se e analisar-se nos textos «de que continuamos a falar, após alguns séculos de literatura». «A imagem atravessa os textos e altera-os; atravessados por ela, os textos transformam-na». ([79])

([78]) Louis Marin, *Des pouvoirs de l'image*, Gloses, Paris, Seuil, 1993.

([79]) Neste ponto, Louis Marin analisa textos de La Fontaine, Jean-Jacques Rousseau, Diderot, Charles Perrault, Corneille, Shakespeare, Pascal, o *Evangelho segundo S. João*, o abade Suger, Giorgio Vasari, Friedrich Nietzsche.

Assim, a análise do texto de Thomas Mann e do tratamento que deu à radiografia, bem como ao cinema e à fotografia, evidencia toda a subtileza e a força da sua natureza, compreendida entre o vestígio, o tempo, a Morte, a semelhança e a convenção. Circularidade presente na imagem, mas que se demora numa ou noutra das suas etapas, conforme o suporte, a técnica ou o contexto. A análise da crítica jornalística insiste na consciência latente da especificidade do cinema enquanto arte, mais do que no conteúdo dos filmes particulares. Sim, as imagens alteram os textos, é verdade; mas os textos, por sua vez, alteram as imagens. O que lemos ou ouvimos a propósito das imagens, a forma como a literatura, a imprensa, os *media* se apropriam delas, as trituram e as apresentam, determinam necessariamente a abordagem que delas fazemos em seguida.

O realizador Antonioni em *The Passenger* [*Profissão: repórter*], põe na boca de uma personagem traficante de armas, dirigindo-se a um repórter de imagens, a seguinte afirmação: «vocês, vocês trabalham com palavras e com imagens, tudo coisas frágeis».

São efetivamente coisas frágeis; e as palavras, quando as imagens desaparecem deixando vestígios, determinam de forma poderosa a sorte que vamos reservar-lhes. Se elas falam tanto da esperança, muitas vezes dececionada (porque não apropriada) como da desconfiança (igualmente não apropriada) que temos das imagens, podem também manifestar, num movimento «entrançado», ou de torção, paradoxal entre o aparecimento e o desaparecimento, toda a riqueza de um viveiro de imaginário.

Nestes textos, e para além deles, vemos um incitamento para procurar compreender melhor aquilo que esperamos das imagens e de que maneira esta expectativa particular influencia, mais uma vez, a interpretação que delas fazemos.

CAPÍTULO 2

AS EXPECTATIVAS DO ESPECTADOR

Se, como acabamos de ver, conseguimos descobrir em textos jornalísticos ou literários alguma autoridade ou alguma diretiva sobre a interpretação que podemos (ou devemos) fazer das imagens, assim como sobre a sua utilização, podemos também deduzir destes mesmos textos, em abstrato, determinadas características do «horizonte de expectativas» sobre o qual estas imagens aparecem. Com efeito, o que nos impressiona no estudo destes «discursos» produzidos «acerca» das imagens é ver até que ponto, além dos juízos de gosto, eles manifestam, pela sua própria forma, as expectativas ligadas à imagem. É por isso que neste segundo capítulo gostaríamos de explorar em profundidade esta pista das expectativas, estudar as suas características e a sua especificidade, na nossa opinião absolutamente determinantes e indutoras de interpretação. Gostaríamos de tentar perceber em que medida a nossa interpretação está já em parte construída, antes mesmo de ter acesso às mensagens visuais em concreto.

Para tal, analisaremos quer narrativas de frustração, quer críticas feitas às imagens, quer novamente artigos de imprensa a elas consagrados, quer ainda interpretações notoriamente deslocadas, ou «extrínsecas». Talvez compreendamos um pouco melhor de que maneira estas expectativas, mais bem identificadas, determinam as nossas interpretações.

Como mais acima assinalámos ([1]), utilizamos esta noção de «horizonte de expectativas» do investigador Hans Robert Jauss, professor de Literatura na Universidade de Constança, e considerado um dos iniciadores dos estudos sobre a receção, conhecidos como os da

([1]) Cf. infra «Introdução».

«Escola de Constança». Esta teoria insiste no facto, já assinalado, de que a história da literatura e da arte em geral foi durante demasiado tempo uma história dos autores e das obras e que, desta forma, oprimiu o seu «terceiro estado», o leitor ou o espectador. Uma das ideias mestras é pois que se a figura do destinatário está em grande parte inscrita na própria obra, é também no seu relacionamento com as obras precedentes tidas a título de exemplos ou de norma: «Mesmo no momento em que aparece, a obra (literária) não se apresenta como novidade absoluta, surgindo de um deserto de informações; mediante um jogo de anúncios, de sinais – manifestos ou latentes – de referências implícitas, de características já familiares, o seu público está predisposto a uma determinada forma de receção.» «A relação do texto singular com a série de textos antecedentes, que constituem o género, depende de um processo contínuo de instauração e de modificação de horizonte... A questão da subjetividade ou da interpretação, a do gosto de diferentes leitores ou de diferentes camadas sociais de leitores, só pode ser colocada de forma pertinente se previamente se soube reconhecer o horizonte transsubjectivo de compreensão que condiciona o efeito de um texto».(2) Procedendo desta forma, Jauss distingue-se da tradição hermenêutica orientada para a pesquisa da génese subjetiva da obra, por considerar que a interpretação tem por tarefa descobrir na obra a questão à qual traz a sua própria resposta.

Inspirando-nos nesta abordagem particular, propomo-nos analisar as expectativas que temos das imagens. Para tal, partiremos das frustrações manifestadas a propósito das imagens para tentarmos estabelecer as perguntas que lhes dirigiremos e as respostas que *elas não nos vão dar*.

1. As fotografias ausentes

Nesta ordem de ideias, um estudo já antigo tinha-nos permitido observar que o discurso sobre as fotografias ausentes – porque «falhadas» – revelava, por um lado, a poderosa relação de imaginação que

(2) Cf. H. R. Jauss, *op. cit.*

mantemos com as fotografias nas nossas expectativas, mais do que na sua contemplação ([3]); e permitia, por outro lado, desenvolver em torno das fotografias falhadas toda uma narrativa, integrando já não o tema da fotografia mas os momentos para fotografias, intensificados e distanciados na mesma altura pelo momento fotográfico, o momento da tomada de vistas.

A narrativa que delas podemos fazer vai assim permitir restituir a parte de ficção e de imaginação da fotografia falhada.

As fotografias que não se tiram

O pequeno texto de Dominique Noguez evocado acima ([4]), tal como outras obras, permitem estudar o mecanismo posto em ação pela frustração, a falta de fotografia ou de imagens. Assim, há fotografias que não se «tiram» por falta de jeito, mas talvez também sob o efeito de uma forma de censura.

Por exemplo, num filme de Michel Deville, *Le Voyage en douce* (1979), há uma cena exemplar desta situação: duas amigas, no decurso de uma viagem-escapadela, tiram constantemente fotografias uma à outra, enquanto vão acumulando recordações, cumplicidades, revelações sobre si mesmas. Em dado momento, estão num jardim: uma delas começa a despir-se, enquanto a outra a fotografa. Sente-se que cada peça de roupa a menos é mais uma etapa rumo à autenticidade, ao abandono algo provocador. No momento em que está completamente nua e se oferece sem reticências à objetiva da máquina, a que está a fotografar exclama: «acabou-se o rolo» e não pode tirar a fotografia. Não há «tomada» no momento mais intenso: muitas pessoas contam todo o tipo de histórias semelhantes à da *Voyage en douce*: pessoas que preparam fotografias com grande antecedência e de forma obstinada e complicada (autorizações, abertura excecional de determinados sítios) ou ainda outras que, tendo a consciência de

([3]) In Martine Joly: «Les photos absentes» in *Pour la photographie, de la fiction*, Paris, GERMS, 1987.

([4]) Cf. acima, capítulo 1: *As Trinta e Seis Fotos...*

que estão a viver um momento excecional (acontecimento, encontro com uma personalidade) tiram cuidadosamente as suas fotografias, para logo de seguida verificarem que não havia rolo...

De forma menos excecional, aconteceu-nos a todos, pelo menos uma vez, como no relato de Noguez, descobrir um tema, preparar-nos para captar a cena, a pessoa, enquadrá-la, regular a luminosidade, escolher cuidadosamente o ponto de vista e, por fim, acabamos por não carregar no disparador. Por que se falha um encontro destes que, a maior parte das vezes, foi preparado, desejado, querido? Num primeiro momento, temos sempre boas desculpas, pelas quais não somos absolutamente responsáveis: impossibilidade de premir o botão a tempo, falta de rapidez, de espírito de decisão perante a fugacidade da cena, falta de rolo, a máquina encrava-se, desilusão após a observação («não vale a pena»). Na realidade, há sempre, pelo menos no amador, uma espécie de negligência, de deixar andar, de preguiça última (não se verifica técnica, psicológica e fisicamente se se possui os meios efetivos para fazer aquela fotografia), em contradição total com os cuidados postos na sua preparação.

Talvez se consiga encontrar uma explicação para esta contradição na própria observação deste comportamento preparatório e propriamente fotográfico. A partir do momento em que se descobriu o instante, a cena, o encontro de que nos queremos «apoderar» (como um predador, segundo Philippe Dubois [[5]]) transformamo-nos, alteramos o nosso olhar e a forma de viver o momento: o vidente torna-se *voyeur*, intensifica-se aquele instante colocando-o em cena, enquadrando-o e, pela fotografia futura e na contradição de um gesto de corte mortífero ([6]), deseja-se dar existência eterna, «imortalizar» esse lugar, esse instante, essa pessoa.

Por outro lado, deseja-se também aprofundar esse instante, esse lugar, essa aparência, impor o seu sentido à força de concentração, para mais tarde poder assistir à revelação deste «não sei quê» de fugidio e de precioso, certamente presente e que se vai fixar para

---

([5]) In *L'Acte photographique*, Paris, Nathan Université, 1993.

([6]) *Ibid.*

mais tarde melhor o saborear. Mas, procedendo desta forma, no próprio movimento deste «corte» operado pelo olhar, separamo-nos para ver melhor, distanciamo-nos, física e psiquicamente, e vemos então o paradoxo de uma consciência que quer intensificar o instante e que, por isso, se afasta dele.

Seguidamente, este retrato criador e destruidor vai ser também o início de uma outra comunicação que procurará responder ao desejo ilusório de que esta «tomada de vistas» permita expulsar esta nossa solidão fundamental: viver, contemplar e saborear este instante só terá verdadeiramente sentido se conseguirmos partilhá-lo, mostrar os seus vestígios.

Assim, a preparação da fotografia, normalmente lenta no amador, implica-nos numa contradição plena: vamos enquadrar, representar esta realidade necessariamente fugidia, ao mesmo tempo para sentir e para provar que sentimos. *Prevemos* (= vemos antecipadamente) a imagem do algures no aqui e agora; e mesmo se fotografamos sempre do exílio, como diz Alain Bergala a propósito da *Correspondance* de Depardon ([7]), podemos fotografar também na previsão de um exílio, o daquele momento tão precioso que foge, que foge de tal maneira que, se não fizermos a fotografia, só conseguiremos deixá-lo fugir. Como diz ainda Bergala (ou como Wim Wenders faz dizer ao fotógrafo de *Alice dans les villes*), uma fotografia «é sempre falhada», por todos estes motivos. Assim, não a fazendo, poupar-nos-emos o sofrimento desta constatação.

Poupamo-nos também a um sentimento de culpabilidade inerente ao ato fotográfico: culpado deste ato de *voyeurismo* que nos dessolidariza e nos encerra num prazer solitário. Culpado do desejo de poder (sobre os outros, sobre o mundo) ligado a este retrato; indigno desta excecionalidade, desta surpresa que somos incapazes de captar; incapazes de assumir este encontro; incapazes de assumir este paradoxo da presença/ausência, participação/retiro associados ao ato fotográfico.

([7]) In *Les Absences du photographe*, Paris, Libération/Éd. de l'Étoile, 1981.

Deste modo, podemos interpretar a nossa hesitação, a nossa negligência, até o nosso desgosto, como um ato falhado, como a revelação da nossa autocensura, a censura da nossa própria angústia, reativada pelas contradições que o comportamento fotográfico implica. Este «ato interrompido» dever-se-ia à inibição, à incapacidade de resolver esta possibilidade-impossibilidade de fruição do presente. Não fazendo a fotografia por um motivo X, assacamos a elementos que nos são alheios (técnica, visibilidade, fugacidade) a responsabilidade pela impossibilidade de captar o momento, e procedendo dessa forma damos à ausência dessa fotografia a possibilidade de nos tranquilizar, censurando o nosso próprio mal-estar.

Mas a ausência de fotografia não vai apenas servir-nos para ocultar a nossa angústia e para nos libertarmos da nossa responsabilidade. Vai também permitir-nos, e servir-nos, como fizemos notar mais acima, para narrar uma história, a história dessa fotografia; e parece que esta narrativa, misturada com a ficção, será uma estrutura de comunicação mais eficaz sem dúvida do que a própria fotografia, pois permitir-nos-á, sem contraprova, conferir-lhe a espessura mítica que tem para nós.

... O que delas se diz

Sem entrarmos nos dédalos da teoria da ficção nem da narrativa, gostaríamos de especificar quais os aspetos destas duas noções que aqui vamos reter.

No que diz respeito à ficção, recordemos com Wolfgang Iser ([8]) que a oposição ficção/realidade é insuficiente para definir a ficção que, «em vez de ser o contrário da realidade, nos informa de alguma coisa a seu respeito». Quanto a Karlhein Stierle ([9]), sublinha alguns aspetos particularmente interessantes, se os relacionarmos com a fotografia: «Independentemente de todas as relações singulares que se prendem com a realidade, a característica essencial de um texto

([8]) Wolfgang Iser, «La fiction en effet», in *Poétique*, 39, Paris, Seuil, 1979.

([9]) In «Réception et fiction», *ibid.*

de ficção é ser uma asserção não verificável... Por definição, a ficção supõe não uma identidade mas uma diferença com a proposição que ela constitui e um dado estado de facto... Como organização conceptual, representa possibilidades formais de organização da experiência da realidade...» Assim, a relação entre ficção e realidade «já não é de ser mas de comunicação.»

Vemos, pois, o caráter ambíguo da fotografia que, enquanto arte indiciária, enquanto vestígio do real, afirma a existência, «o ter lá estado» de uma realidade, mas que, como representação, opera a sua transfiguração em ficção.

Quanto à narrativa, convém recordar que, se também ela é uma estrutura, esta pode ser «preenchida» tanto pelos estereótipos da experiência como pelos da ficção. A sua função é transformar a coisa vivida, sonhada ou imaginada em coisa contada num discurso de ações, submetido a uma dupla estrutura temporal e actancial. A atualização da narrativa pode fazer-se por intermédio de qualquer dos *media*: palavra, escrita ou imagem. Textos muito diferentes (publicidade, reportagem, relato) podem narrativizar-se, desde que submetam o seu sistema de expressão a uma estrutura temporal. Determinadas imagens fixas, e a fotografia em particular, podem ter quer um efeito de narração, quer um efeito de ficção. O efeito de ficção aparecerá assim que a imagem (a fotografia) remeter para o imaginário coletivo, ao passo que o efeito de narração se produzirá, por seu turno, se a imagem compreender uma reserva temporal.

Sabe-se também que o estádio elementar da leitura da imagem, e mais particularmente da fotografia de amador, está orientado para um algo mais ilusório da imagem, que a coloca entre parênteses, enquanto o *spectator* sobrepõe aos signos produzidos pela imagem os estereótipos da sua própria receção.

Vemos, pois, que a fotografia pode proporcionar-nos a sua parte de ficção, de narração e de ilusão, tanto mais forte quanto ela é o próprio caráter distinto do real.

Que acontece, então, quando a fotografia falha?

– A perda da parte ficcional da fotografia vai privar-nos particularmente do prazer da repetição, que nos teria permitido desencadear à nossa vontade a encenação do nosso imaginário e daquilo que com ele se articula como estranho à nossa própria experiência;

- a perda da ilusão, privando-nos da leitura referencial da fotografia, vai concretizar a perda do próprio referente;
- a perda do referente vai implicar a da experiência fotográfica, mesmo incompletamente vivida. Faltando a fotografia, parte roubada da experiência, simultaneamente testemunho e sucedâneo, não teremos nem a parte nem o todo. Esta ausência põe em causa a nossa própria existência, e assinala-nos que, na vulgar leitura das fotografias que fazemos, o referente é muito menos o que ela representa do que a sua própria captação. A falta do ver é menos o que «aconteceu» do que o «eu estive». Na ausência do aspeto probatório da fotografia, isso transforma a nossa experiência em «asserção não verificável», em pura ficção;
- a parte narrativa, essa não desaparece, mas vai alimentar-se de forma diferente: tratar-se-á de transformar o mostrar em dizer e de construir a história desta fotografia ausente: será a história de uma busca, como em toda a narrativa, contrariada aqui pela fugacidade do objeto ou a falta de mestria técnica. Veremos, porém, um regresso da ficção que preencherá uma «casa» da narrativa, a do «Objeto»: sobre o tema «as mais belas fotografias são aquelas que não se tiram», o Objeto será adornado de virtudes intangíveis. Aproximar-nos-emos da mitologia da perfeição, do absoluto. No mesmo movimento, negar-se-á a própria crítica que nos impediu de realizar a fotografia, e a narrativa, misturada com ficção, poderá servir para exorcizar a infelicidade da «falta de estar no mundo» (Bergala), cristalizada pelo ato fotográfico.

Aliás, a narrativa que vai desenvolver-se em torno das fotografias em falta vai ser uma narrativa sobre as circunstâncias das fotografias captadas, ou quase: tal sítio, tal momento, tantos esforços, etc. Quer dizer que a narrativa que vamos fazer da nossa experiência passada (festa, viagem, encontro) vai ser a narrativa dos «momentos para fotografias», momentos intensificados pelo comportamento fotográfico. Esta narrativa vai começar a assemelhar-se à que podemos fazer de um filme e de algumas imagens (ausentes) de que me lembro. Com efeito, a ausência de fotografias dá retrospectivamente à nossa experiência passada a dimensão fugidia do espetáculo. Aquilo que não sabíamos – é a nossa ignorância, a nossa falta de precaução e, por conseguinte, a nossa falta de viver que assim foram punidas. Mas a narrativa que dela podemos fazer, tornando-se «o equivalente à experiência», permitir-nos-á escapar à frustração total da comunicação de que usufruíamos, ou seja, vai restituir-nos uma parte da ficção e do imaginário da fotografia falhada.

... E o que delas se espera

Há todavia uma frustração a que não escaparemos, é a da revelação. É o tema da revelação (no duplo sentido do termo) que faz do filme *Blow up*, de Antonioni, um filme tão fascinante. Neste filme, o fotógrafo descobre nas suas fotografias mais impressões, mais revelações do que aquelas que esperava: no ato de fotografar há surpresa nos dois sentidos – espanto e suplemento. Toda a arte do filme será precisamente transformar esta parte de júbilo na dúvida.

Apesar disso, o filme começa com o prazer da contemplação e da descoberta de algo inesperado. Parece que é a expectativa desse algo mais que provoca também boa parte da nossa impaciência em ver reveladas as nossas próprias fotografias: são as «reservas» que fizemos, para contemplar, para explorar, para descobrir. Mediante este desejo de poder sobre o real que é a tomada de vistas, iniciamos uma busca, a do saber e do conhecimento. Conhecimento pela contemplação. É uma versão da demanda do Graal. Mas, ao mesmo tempo, sabemos que é a maldição que espera este desejo mítico. O desejo de conhecimento é o pecado de orgulho por excelência, que só pode incorrer em sanção. A ausência de fotografia e, sobretudo, a contemplação da película vazia provocam então um sofrimento à medida da parte mítica do nosso desejo e da sanção que ele implica.

Como não pensar no conto de Voltaire em que Micromegas, o gigante sírio, promete aos humanos, apesar do seu orgulho, o livro da filosofia: «Falou-lhes ainda com muita bondade, embora estivesse um pouco irritado no fundo do seu coração, ao ver que os infinitamente pequenos tinham um orgulho infinitamente grande. Prometeu fazer-lhes um belo livro de filosofia, escrito com todo o pormenor, para seu uso; e que neste livro veriam o fim das coisas. Efetivamente, deu-lhes um volume antes da sua partida: levaram-no à Academia das Ciências, mas quando o velho secretário o abriu, nada mais viu do que um livro completamente em branco. "Ah! disse ele, eu bem tinha desconfiado"».

É provável que também nós «saibamos bem que não veremos "o fim das coisas" nas nossas fotografias (e nas nossas imagens) mas mesmo assim» ([10]). «Quando nada mais vemos senão películas virgens, a nossa crença é tão severamente desmentida que só a narrativa misturada com a ficção que podemos fazer da nossa desventura poderá garantir a sua sobrevivência e atenuar o nosso sofrimento. (...)»

Parece, pois, após análise, que a ausência de fotografias falhadas pode preencher um determinado número de funções que permitem esclarecer a nossa relação com a imagem fotográfica:

- de censura da nossa própria angústia, revelada pelo próprio comportamento fotográfico;
- de suporte narrativo e ficcional, que permite transformar a relação entre a fotografia e o seu referente, assim como a relação ficção/realidade que lhe está associada, em estrutura de comunicação;
- de sanção ligada a todo o desejo de conhecimento e de poder, como nos grandes mitos da busca do conhecimento;
- de tomada de consciência de que, no fim de contas, «toda a fotografia é uma imagem mental» ([11]).

([10]) Cf. Octave Manonni, «Je sais bien... mais quand même» in *Clefs pour l'imaginaire, ou l'autre scène*, Paris, Seuil, 1969.

([11]) Cf. Alain Bergala, *op. cit.*

Outras tantas funções, que permitem regular de certa forma a nossa relação com a fotografia e, talvez, moderá-la por um instante, purificando-a de um «demasiado» um tanto ou quanto incomodativo.

Na história da interpretação das obras, privilegiámos até agora ([12]) a importância da obra e do texto, como limite razoável para a interpretação. Contudo: «O próprio facto de se ter colocado a construção do objeto textual sob o signo da conjetura do intérprete mostra o quão estreitamente ligadas estão a intenção da obra e a intenção do leitor. Defender a interpretação contra a utilização dos textos não quer dizer que os textos não possam ser utilizados» ([13]). No exemplo precedente, vimos como as fotografias, mesmo (sobretudo?) as ausentes, poderiam ser utilizadas para suprir a falta ligada a uma expectativa um pouco exagerada.

No exemplo seguinte, veremos como, de uma cultura para outra, a interpretação, a partir de alguns índices visuais, vai operar uma deslocação espetacular, que permite medir até que ponto «a intenção da obra» pode estar sujeita ao desejo invisível do espectador.

2. O invisível e omnipotente contexto

Na decifração dos mecanismos de produção de sentido das imagens, a que há muitos anos está associada a semiótica visual, já não é novidade completar-se a análise textual das mensagens visuais com uma análise contextual, denominada aliás semio-pragmática ([14]). A interação entre texto e contexto institucional, ou seja, as condições de produção e de difusão das imagens, dizem-nos bastante, já o sabemos, do sentido a atribuir-lhes e da orientação a tomar na sua interpretação. A sua receção é assim regulada em função da sua utilização e em função da mensagem visual, imediatamente reconhecidas e

---

([12]) Cf. Martine Joly, *op. cit.* e *L'Image et les signes*, Paris, Nathan Cinéma/ Image, 1994 [*A Imagem e os Signos*, Lisboa, Edições 70, 2005].

([13]) Umberto Eco, *op. cit.*

([14]) Cf. em particular os trabalhos de Roger Odin.

interpretadas. A escolha da tecnologia de suporte afeta também, evidentemente, a interpretação global da mensagem, remetendo para universos de referência e de legitimidade diferentes e específicos.

Dito de outra maneira, não basta a análise sintagmática de uma mensagem visual (referenciação de unidades de significação e das suas modalidades, se não das suas «regras» e combinação entre elas) – não mais do que para a análise de uma mensagem verbal – para nos esclarecer sobre o sentido global da mensagem. Para tal, o analista tem também de ter em conta o eixo paradigmático da organização da mensagem, quer dizer, os campos associativos *ausentes* que os elementos *presentes,* apesar de tudo, designam e põem em movimento. De modo mais ou menos consciente, estes campos ausentes mas chamados pela mensagem percetível, não deixam de ser muito ativos no processo de compreensão e de interpretação das mensagens visuais. Gostaríamos de refletir aqui sobre a forma de funcionamento desta nebulosa associativa e determinante, para nos opormos à evidência daquilo que se mostra mediaticamente em proveito daquilo que se sugere, sem o que não há nenhuma interpretação, a não ser mínima, de reconhecimento de objetos, de motivos, de materiais. Dito por outras palavras e de forma um pouco provocatória: se só se compreende aquilo que não se vê (princípio básico, embora não exclusivo, da montagem cinematográfica), é unicamente a partir daquilo que se vê.

Neste momento, gostaríamos, pois, de insistir no peso do contexto quando se interpretam imagens que, entre todas, nos parecem as mais naturais: primeiro, as fotografias, segundo, as fotografias de imprensa. A «naturalidade» da leitura, com efeito, consiste em operar uma crase semântica automática entre o significante (ou referente) e o significado, pré-digerido de determinada forma, interiorizado pelo espectador. Ou seja, assimilar o visto e o entendido, sem calcular a parte cultural e ideológica que conduz de um ao outro: «naturalizar» o símbolo, como dizia R. Barthes a propósito do funcionamento do «mito» moderno ([15]).

([15]) Roland Barthes, *Mythologies*, Paris, Seuil, 1957 [*Mitologias*, Lisboa, Edições 70, 3.ª edição, 2007].

É sobre as formas desta crase que gostaríamos de nos questionar, de modo a tentar elucidar, de calcular até, parte do impacto atribuído às mensagens visuais e às mensagens mediáticas, em particular. Compreender como a *absentia* alimenta a *praesentia* é compreender de que forma a análise de discurso só pode ser considerada como eco de uma ausência, para o estudo da produção de sentido e de interpretação.

Assim, para identificar alguns mecanismos do convencionalismo inerente ao «natural fotográfico», examinaremos três casos de imagem:

- o que nos revelam as fotografias designadas por «falhadas» (e não apenas ausentes, como acima);
- como funciona uma alegoria do género da *Pietà*;
- e um exemplo de apropriação da ausência (do vazio) como negação do real.

Dito por outras palavras, três formas de construção do sentido com a ausência:

- a ausência como designação de uma expectativa frustada e, portanto, como catálogo de regras esperadas, de normalidade;
- a ausência como citação ou como sedimentação de variantes produtivas;
- a ausência exibida como prova de irrealidade.

Ausência e normalidade

Aparentemente, nada mais simples nem mais natural do que olhar e compreender o conteúdo de uma fotografia, em geral, e de uma fotografia de imprensa em particular, feita como é para captar o olhar do espectador e ser interpretada à primeira vista.

No entanto, toda a fotografia, quaisquer que sejam a sua utilização e a sua função, pode não satisfazer o olhar e ser considerada «falhada». Esta falha, embora a maior parte das vezes seja atribuída às fotografias individuais ou de família, pode também afetar a fotografia de imprensa. Seja como for, a sensação de «fracasso» designa necessariamente em abstrato uma expectativa não satisfeita, um modelo, uma norma não atingidos.

Se analisarmos as principais marcas de «fracasso», poderemos então deduzir as expectativas principais associadas à fotografia e, por conseguinte, os aspetos importantes do convencionalismo da «naturalidade» fotográfica.

Primeiro fracasso:

- *a invisibilidade*: no parágrafo precedente, mostrámos como a deceção provocada pela ausência de fotografias que julgávamos ter tirado, e que por uma razão ou por outra, não existiam (película obscurecida por excesso de exposição, mecanismo encravado, etc.) nos informa acerca do imaginário ligado à fotografia ([16]) e acerca das funções que se lhe atribuem, tendo em conta a sua especificidade de imagem-vestígio daquilo que representa: função de testemunho, de fétiche, de substituto da experiência, de revelador de verdade esperada ou oculta, etc. ([17]). Segue-se:
- *a má visibilidade*: sobre-exposição, subexposição, indecisão, obstáculos visuais, manchas, etc. são muitas vezes referidos como critérios de fracasso. O que significa isso? Que se espera não só reconhecer motivos identificáveis, formas sobre fundos, mas que esses motivos (lugares, objetos, pessoas...) devem ser facilmente percetíveis, claramente discerníveis e reconhecíveis, de acordo com determinada intensidade luminosa, a organização dos contrastes, a escolha do grão, etc. Os desvios em relação a esta norma de visibilidade são, pois, considerados quer como fracasso, quer como provas suplementares de autenticidade, no caso de fotografias «roubadas» por *paparazzi* ou por amadores, fotografias que, mesmo na imprensa, têm de ser vaporosas.

([16]) Cf. Martine Joly: «Les photos absentes ou les malheurs du photographe ordinaire» in *Pour la photographie*, T. II, De la fiction, GERMS, 1987.

([17]) Cf. a este respeito Philippe Dubois: *L'Acte photographique*, Paris, Nathan Université, 1993.

Se se espera esta boa «visibilidade», é porque, para além do conforto visual ela está implicitamente ligada a uma «boa» *legibilidade*: do visível ao legível. Uma imagem bem legível e, por conseguinte, bem *compreensível*, como afirma a *doxa*, é uma imagem sem «ruído», sem parasitas, sem ambiguidades, sem dúvidas. Límpida, a boa fotografia de imprensa, «imagem do mundo», colhida no real, confirma assim a ideia de que o mundo em si mesmo é compreensível, previsível, conhecido e reconhecido, sem surpresa e reconfortante.

– Outro critério de fracasso é o do *desenquadramento* e da *descentragem*: herdados das regras da composição pictórica em perspetiva, a expectativa que se tem de uma «boa» fotografia é que o motivo principal esteja centrado, situado no eixo do olhar, ao mesmo tempo que respeita o equilíbrio da divisão da superfície em três terços horizontais e verticais. Mesmo vazio, o centro propõe-se como ponto de referência, comandando a organização geral da fotografia. A expectativa do centro como ponto forte de imagens que se julga representarem a própria vida mostra até que ponto a convenção representativa corrompe esta imagem privilegiada, porque vestígio, da ideologia ([18]). A vida, o real, terão eles um centro?
– Por último, a *fragmentação* do motivo pode produzir também uma sensação de fracasso: nem toda a fragmentação, nem todo o corte de qualquer motivo: o espectador de fotografia está habituado à sinédoque, à visão da parte pelo todo – parte de uma casa, de um carro, de um jardim, e assim por diante. Os cortes mais codificados são os do corpo, especialmente os do rosto. Associada ao *desenquadramento*, a decapitação é sem dúvida o fracasso supremo, mais ainda do que o corte vertical do corpo, ao passo que o horizontal é aceite, segundo

---

([18]) A centragem não é apanágio da fotografia: encontra-se também de forma sistemática no cinema, em particular no cinema clássico hollywoodiano. Foi a pintura que, após a ter instituído no *Quattrocento*, pôs em causa, pelo menos desde o século XIX, a centragem na representação visual.

determinadas proporções. É o famoso respeito pela escala dos planos, também ela extremamente ideológica. O «rostocentrismo» da fotografia é uma regra suprema, tão forte como a do olhar. Desviados ou de frente, os olhos têm de estar abertos. Fechados e inquietantes no sono ou na morte, são tolerados; fechados ou entreabertos num bater de pálpebras, são inaceitáveis.

Estes poucos exemplos de fracasso, embora não exaustivos e relacionados com o conformismo mais vulgar ([19]), mostram bem até que ponto a fotografia fracassada tem as suas próprias regras, em «negativo», poderíamos dizer, com a fotografia «conseguida», a tal ponto que alguns fotógrafos as adotaram em nome da *Fotopovera* [Fotografia pobre] e de uma espécie de arte mínima ([20]).

A interpretação das fotografias já está, pois, determinada pelo tipo de expectativa que dela se tem e esta expectativa está extremamente codificada e ideologizada: é admissível que se confunda a marca do real passado com o próprio real, mesmo aquela devendo ser visível, legível, compreensível, enquadrada e centrada. A fotografia de imprensa não escapa a esta regra de conformidade com as expectativas, mais do que com a própria realidade, de que no entanto alegadamente dá conta. Assim, o espectador pode julgá-la conforme ao próprio mundo. A sensação de «fracasso» das fotografias marca os limites da «competência semântica» do espectador, permitindo compreender até que ponto as fotografias de imprensa constituem elas próprias uma versão figurada do *verosímil*.

A leitura da fotografia de imprensa retira alguns dos seus mecanismos da «configuração» na narrativa de ficção: «Tudo se passa como se a complexidade crescente destas convenções, cada vez mais complexas, pudesse igualar a naturalidade e a verdade; e como se a complexidade crescente destas convenções fizesse recuar para um horizonte inacessível este mesmo real que a arte ambiciona igualar

---

([19]) Há muito tempo transformado radicalmente na arte, mas não nos *media*.

([20]) Cf. Nane L'Hostis: «Photo ratée» in *Télérama*, «La Photographie», outubro de 1994.

e transmitir» ([21]). Quanto mais uma fotografia é conseguida, mais se afasta do real; quanto mais uma fotografia é «fracassada», mais se aproxima da nossa cegueira essencial para o mundo, de que só vemos e compreendemos algumas poucas coisas.

Ausência e sedimentação

É sabido até que ponto a interpretação das fotografias de imprensa pode também ser enriquecida, alimentar-se da alegoria como citação implícita de outras imagens, de outros ícones, cujo sentido reativa – jogando em contraponto com o da atualidade – e por isso mesmo fixa na memória todos os tipos de representações anteriores ([22]). A complexidade e as formas de funcionamento destes ecos visuais merecem ser estudadas; e parece-nos que a imprensa de 1997 nos propõe um exemplo quase emblemático com a publicação generalizada de uma fotografia intitulada pelo nome de *La Pietà argelina* (fotografia 1, pág. 106).

Este exemplo é propício à reflexão, pois na nossa opinião, e para o leitor ocidental, acumula a força persuasiva do vestígio (o índice), da semelhança (o ícone) e do motivo religioso, mediante uma série de transferências que gostaríamos de tentar analisar.

Publicada a 24 de setembro de 1997 «na primeira página dos jornais do mundo» ([23]), a fotografia dita *La Pietà* será novamente maciçamente publicada nas retrospetivas do ano de 1997 ([24]), como fotografia «marcante», «representativa» do ano, vendo o seu valor

---

([21]) Cf. Paul Ricoeur, *Temps et récit. La configuration dans le récit de fiction*, Paris, «Point Seuil», 1984.

([22]) Cf. Martine Joly, *L'Image et les signes*, Paris, Nathan Cinéma/Image, 1994, [*A Imagem e os Signos*, Lisboa, Edições 70, 2005], cap. 4: acerca da «retórica da fotografia de imprensa».

([23]) Cf. Sophie Bernard : «Une photo fait l'unanimité, POURQUOI?» in *Photographie Magazine*, n.° 89, novembro de 1997.

([24]) Cf. fins de dezembro de 1997 in *Le Monde, Sud-Ouest, Télérama, La Montagne*, etc.

acrescido por uma série de transferências, espetaculares em si mesmas:

- **A transferência indiciária**: como para qualquer fotografia, a sua força alucinatória, «mágica» ([25]) até, provém do facto de ser um vestígio da realidade, neste caso a impressão luminosa desta mulher, de quem acreditamos que «esteve lá», naquele corredor do hospital, atingida pela dor, e que ainda se encontra algures na Argélia martirizada. Esta mulher, foi-nos dito e redito, foi fotografada «por acaso», por um fotógrafo argelino e anónimo da AFP, o qual, não conseguindo acesso direto aos massacres que desejava fotografar, se dirigiu ao hospital onde se encontravam os familiares das vítimas. Entre eles encontrou esta mãe que acabava de ser informada, assim nos disseram, da morte dos seus oito filhos. Vestígio das consequências da morte, a fotografia fala-nos da morte irrepresentada (censurada) e irrepresentável.
- **A transferência cultural**: produzida em ambiente arábico-muçulmano, a fotografia é apreendida pelo mundo ocidental. No imaginário arábico-muçulmano, apesar de a fotografia de imprensa já ter um lugar, aliás em plena mutação tendo em conta a sua função de contrapoder e de linguagem popular dos tempos atuais ([26]), a fotografia, e a da mulher em particular, permanece marcada não pela proibição mas pelo tabu islâmico, que faz dela qualquer coisa de vergonhoso. É certo que o êxito de uma tal fotografia é próprio da imprensa ocidental e não da imprensa arábico-muçulmana. Assim, quando se fala na «primeira página dos jornais do mundo», convém especificar «do mundo ocidental» Esta transferência cultural integra

---

([25]) Cf. Roland Barthes, *La Chambre Claire*, Paris, Cahiers du cinema, Gallimard, 1980 [*A Câmara Clara*, Lisboa, Edições 70, 2.ª edição, 2006].

([26]) Cf. Safia Boutella, *Regard algérien. Histoire d'une culture visuelle, Approches médiologique et sémiologique de la photo de presse*, tese da universidade Michel de Montaigne-Bordéus III, dezembro de 2000.

evidentemente uma transferência icónica que lhe está intimamente ligada.

- **A transferência icónica**: efetivamente, é o mundo judaico-cristão que ali reconhece uma imagem familiar, a *Mater Dolorosa*, a *Pietà*. E se esta fotografia se anima e ganha vida, é porque se assemelha não tanto a uma mulher argelina da nossa época, mas a um ícone religioso que atravessou toda a história da representação visual ocidental. A semelhança passa do mundo real comprovado, mas deslocado (a morte), pelo suporte fotográfico, para o mundo iconográfico ocidental. Ao peso do real, junta-se assim o da referência ao sagrado.
- **A transferência do «motivo»**: através do motivo religioso reativado, mas acrescentado ao realismo fotográfico, o que este retrato propõe é a própria verdade, tão esperada de toda a imagem, de modo mais intenso ainda (porque não encenada) do que determinado fotograma de *O Couraçado Potemkine*, descrito da seguinte forma, no entanto, por Roland Barthes: «no pormenor geral (as duas mulheres), vem encaixar-se outro pormenor; proveniente da ordem pictórica como uma citação dos gestos do ícone ou de *pietà*, não afasta do sentido, mas acentua-o; esta acentuação (própria de qualquer arte realista) tem aqui algum elo com a verdade. Baudelaire falava da "verdade enfática do gesto nas grandes circunstâncias da vida"» ([27]).

Aqui, diremos nós parafraseando R. Barthes, é a verdade do massacre (ausente) que provoca a ênfase.

([27]) In *Les cahiers du cinéma*, «Le troisième sens», n.º 222, julho de 1970

1 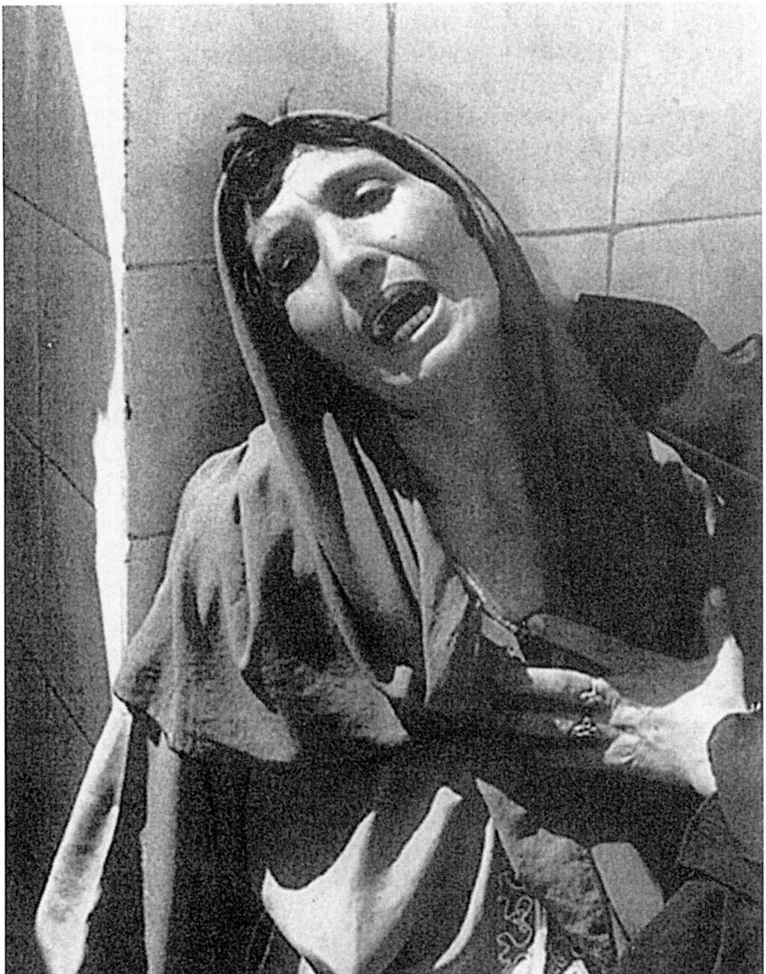

Ausência e irrealidade

Por fim, sobre um último exemplo, gostaríamos ainda de mostrar como o peso das nossas expectativas vem procurar na própria imagem a prova da sua ausência, e dessa forma a irrealidade dos acontecimentos.

Trata-se de uma fotografia obtida em 1991, durante a guerra do Golfo ([28]), que nos deixa surpreendidos, apesar de respeitar muitos critérios da fotografia de imprensa: conseguida, visível, legível, corretamente enquadrada e centrada, consegue deixar-nos espantados pelas suas proporções e pela sua composição.

Numa paisagem desértica, num terreno escalvado e rochoso, cujo horizonte divide a fotografia quase em duas zonas de iguais proporções – céu e terra – destaca-se a silhueta de um operador de som, em pé e de perfil, num enquadramento quase panorâmico, conferindo à paisagem uma característica de vastidão, na qual a personagem parece bruscamente muito pequena e muito sozinha. Voltado para a direita, olhar e microfone apontados para um fora-de-campo invisível, está num campo que parece vazio apesar da sua presença, esperando qualquer coisa de indefinido. O que estará ele a gravar? De que estará à espera? Do ruído de uma viatura militar? Estará a aguardar militares ou civis para uma entrevista? Ou seria o vento? No solo, sulcos paralelos até ao horizonte e alongados como sombras evocam a passagem de camiões. Se neste deserto nada há para ver, haverá alguma coisa para ouvir? O insólito desta postura, deste desencontro entre uma Natureza hostil e vazia e uma humanidade tecnicizada, instrumentalizada, acarreta um sentimento de perdição, de expectativa de qualquer coisa invisível, invocando assim todo um imaginário ligado ao absurdo da guerra ([29]), pois a «legenda» (!) especifica que a fotografia foi obtida «durante a guerra do Golfo».

Simultaneamente, esta invisibilidade remete para o que se disse da guerra do Golfo: uma guerra sem imagens. É claro que houve imagens, mas não as que se aguardavam: não vimos «imagens de

([28]) Feita em 1991 por Kenneth Jarecke/Contact Press Images.

([29]) Somos levados a pensar no *Désert des Tartares*, de Dino Buzzatti.

guerra», não vimos massacres, nem cidades destruídas, nem feridos; vimos jornalistas nos telhados dos prédios, mísseis cruzando os céus «como um fogo de artifício», alguns acampamentos-bases dos «Aliados» ou ainda imagens eletrónicas de tiros em alvos tornados virtuais pelo tecnicismo da sua representação.

Não vimos as imagens esperadas: não vimos a guerra. Assim, a força desta fotografia reside no facto de conter toda a desolação da ausência e da frustração do olhar, e por isso do acreditar.

Realidade do massacre ausente, por um lado, irrealidade de uma guerra presente, por outro, intimidade dos laços entre uma normatividade esperada e a sensação da realidade: será necessário, para nos convencer, propor apenas o *déjà vu*? Seremos cegos e surdos à novidade permanente da vida, perdidos no deserto das nossas representações, na expectativa – como aquele operador de som – de uma prova improvável que recusamos construir?

Este exemplo revela uma vez mais até que ponto as nossas expectativas e os nossos preconceitos condicionam a interpretação que fazemos das mensagens visuais. Vejamos agora em que contexto mais geral de expectativas se efetua a nossa leitura de imagens, incluindo as mais «recentes».

3. O mundo / imagem(ns) / virtual(ais) ([30])

O método

Para tal, estudámos a interação entre as mais recentes tecnologias e o cinema – conceito que engloba o filme, como sabemos – observando os discursos jornalísticos sobre o assunto, em busca das suas

---

([30]) Poderão ler-se os pormenores e a metodologia desta pesquisa em Martine Joly, Olivier Laügt, Martine Versel, «ALCESTE/Le Monde/Image(s) Virtuel(les)», *Cinéma et dernières technologies*, dir. Franck Beau, Philippe Dubois, Gérard Leblanc, Parte 2: «Analyses de Discours» Paris-Bruxelas, INA/ De Boeck, 1998.

implicações axiológicas, ideológicas mesmo, e portanto, uma vez mais, das suas deduções interpretativas.

Tendo verificado, com efeito, que estávamos saturados de discursos ditos «mediáticos» sobre as novas imagens, a morte do cinema, a perda dos pontos de referência entre realidade e ficção, assim como de juízos e previsões muitas vezes apocalípticos ou contraditórios, quisemos analisar mais de perto alguns destes discursos. Colocou-se então a questão tanto do *corpus* como do método.

Perante a vastidão do projeto, decidimos estudar o jornal *Le Monde*, representativo de uma certa evolução das ideias sobre o assunto e também porque a Internet e os CD-ROM, tecnologias de ponta, se não as «mais recentes», permitiam o acesso aos dados deste jornal cobrindo os seis últimos anos. Quanto ao método de análise, também quisemos que fosse relativamente «recente», visto que propõe, graças a um elaborado programa informático de análise semântica, ir para além da simples análise de conteúdo quantitativo a que a imprensa, precisamente, nos habituou. Veremos que este programa informático, batizado ALCESTE, sigla que reúne as iniciais das suas competências (Análise de Lexemas Coocorrentes nos Enunciados Simples de um Texto), foi adequadamente denominado ao evocar o universo, tão pouco tecnológico, contudo, do *Misantropo*.

Um primeiro percurso pelos jornais a partir das palavras-chave «cinema» e «mais recentes (ou novas) tecnologias» não fez aparecer um *corpus* significativo, por ser demasiado restrito. O mesmo é dizer que esta formulação parecia não corresponder a uma abordagem jornalística do problema. Tivemos pois de alargar a pesquisa, para verificar que tudo o que dizia respeito ao cinema se encontrava incluído no conceito de «imagem», ao passo que as novas tecnologias respeitantes a este domínio estavam cobertas pelo conceito de «virtualidade».

A esta primeira alteração seguia-se uma segunda, tornando claro que a virtualidade e as imagens virtuais, quando se tratava de imagens, só em pequena escala diziam respeito ao cinema, em proveito do multimedia, é certo, mas bem atrás de outros domínios, tais como a política, as carreiras ou a memória, surgindo o visível (ou a imagem) em última posição. Mesmo assim, pudemos observar que cada campo veicula, por seu lado, os seus próprios valores e as suas próprias hierarquias, cuja articulação pode resultar muito instrutiva.

Em vez de ignorar este desvio apenas em proveito da análise dos conceitos de cinema e de tecnologias, análise que, como dissemos, teria sido muito redutora, foi exatamente este desvio que quisemos observar, por intermédio do ALCESTE, para compreender que tipo de «cinema» social ele nos poderia revelar, a partir da virtualidade e das últimas tecnologias.

Novas imagens e virtualidade

Constatámos que não é raro ler ou ouvir comentários variados sobre imagem(ns) virtual(ais), como o seguinte: elas teriam a tendência para modificar as nossas representações, os nossos hábitos visuais e até sociais.

Uma vez que os mundos virtuais se encontram em plena expansão e são apresentados como uma revolução, tornava-se interessante debruçarmo-nos sobre o que a este respeito se dizia e se escrevia.

Foi, pois, perante a impossibilidade de apresentarmos um panorama exaustivo do discurso da imprensa sobre estes dois termos que reduzimos a nossa exploração a dois suportes: o do diário *Le Monde* e do mensário *Le Monde diplomatique* ([31]).

Reportando-nos a estes dois jornais, selecionámos então as ocorrências «imagem(ns) virtual(ais)», no singular e no plural. Podemos assim presumir que estes dois jornais dão uma imagem daquilo que determinado discurso jornalístico concretiza, em dado momento, nos dois termos que nos ocupam.

Apenas vamos aqui expor os comentários feitos acerca dos resultados da análise dos dois *corpus* considerados, com o objetivo de dar deles uma leitura interpretativa.

Mesmo assim, o observador não especializado não pode deixar de ficar impressionado pelo fosso aparente entre as conclusões a que

---

([31]) Do *Le Monde* obtivemos 74 artigos, entre 31 de janeiro de 1990 a 2 de novembro de 1996; e de 13 de agosto de 1993 a julho de 1995, quanto ao mensário; a lista dos artigos poderá ser consultada mais adiante.

ALCESTE permite chegar e a expectativa que podemos ter com uma rápida leitura dos artigos. Basta, para ficarmos convencidos disso, percorrer a lista dos títulos dos artigos. A simples leitura de alguns destes títulos é já extremamente reveladora do condicionamento jornalístico na abordagem das imagens, neste caso virtuais, e da noção de virtualidade. Vejamos alguns exemplos:

Artigos do *Le Monde:*

- «O imaginário do ano 2000. Cenários virtuais, atores humanóides, quadros animados.» (31 de janeiro de 1990. P. Queau).
- «Uma máquina em disco ótico apresentada em França. A revolução da montagem virtual.» (7 de maio de 1990. J. François).
- «Tornar habitável o vaivém Hermes: "astronautas virtuais" evoluem num engenho que não existe.» (25 de janeiro de 1991. M. Colonna d'Istra).
- «Uma nova experiência do real. Ao mergulharmos num ambiente virtual pela visão das sensações, a técnica modifica a nossa perceção do mundo.» (25 de janeiro de 1991. P. Queau). (...)
- «O ouro: nem valor refúgio nem padrão virtual.» (10 de setembro de 1991. P. Fabra).
- «A sucessão do secretário-geral do PS. Mauroy apresenta Rocard como o "candidato virtual" dos socialistas às próximas eleições presidenciais.» (9 de janeiro de 1992. P. Jarreau). (...)
- «Bósnia-Herzegovina. Amigos de dia, inimigos virtuais à noite.» (9 de março de 1992. F. Hartmann).
- «Festival. A informática e os cinco sentidos. Em Montpellier, cinco dias consagrados aos prolongamentos futuristas da síntese imagem-som.» (1 de abril. D. Fortier). (...)
- «Atualidade ciberzona, um novo jogo no mundo das imagens virtuais. As vantagens do virtual.» (26 de abril de 1993. M. Colonna d'Istria).

– «Jean-Marie Descarpentries é "presidente virtual" de Bull, devendo a sua nomeação ser "ratificada" no conselho de ministros.» (20 de outubro de 1993. C. Monno).

(...)

– «Tapie desmente vigorosamente "o estado de cessação de pagamento virtual" da sua sociedade BTF.» (29 de outubro de 1994).

– «Artes e espetáculos CD-ROM e CD-I. Uma entrevista com Laurie Anderson. A virtuosa do virtual.» (10 de novembro de 1994. L. Anderson e T. Sotinel).

– «Perspetivas de livre troca na América, o Chile, associado virtual.» (6 de dezembro de 1994. E. Olivares).

– «Comunicação: a Lyonnaise Communication vai lançar 400 canais por cabo. A filial da Lyonnaise des aux vai propor "uma aldeia virtual", composta por serviços interativos, acessíveis mediante microcomputadores PC.» (22 de fevereiro de 1995. G. Dutheil).

(...)

– «Lionel Jospin tem o terreno livre para renovar o partido socialista; assumindo ele próprio a presidência da comissão encarregada de preparar a modernização do partido, que será submetida à aprovação dos militantes, o antigo candidato à eleição presidencial reforça o seu estatuto virtual de chefe da oposição.» (11 de julho de 1995. D. Carton).

– «Europa 2. Os duos virtuais criam a diferença. Exclusividade da rádio musical: o casamento dos músicos mais inesperados.» (14 de agosto de 1995. J.-L. André).

– «Aqui é o mundo virtual.» (4 de setembro de 1995. J. Bugier).

– «Bibliografia. Mergulho no coração do cibermundo e dos universos virtuais.» (7 de outubro de 1995. M. Alberganti).

– «Japão e Coreia do Sul disputam a organização do Mundial de Futebol de 2002. Um projeto de "estádio virtual".» (7 de outubro de 1995).

– «O Canal Plus explora o grau zero do cibermundo. Com a sua emissão diária de "Cyberflash", o canal apresenta um *cocktail* de jogos de vídeo com um toque de internet. Ténue abertura para os espaços virtuais.» (10 de outubro de 1995. M. Alberganti).

(...)

- «Internet. O exploratorium atrai semanalmente 250 000 "visitantes internet".» (17 de fevereiro de 1996. F. Pisani).
- «Inquérito ao coração de um CD-ROM de arte Orsay, os tesouros de um museu virtual. Mais rico e mais ambicioso do que o "Louvre", este novo título apresentado a semana passada no Milia, em Cannes, faz o CD-ROM de arte ultrapassar uma nova e decisiva etapa.» (19 de fevereiro de 1996. E. Roux).

(...)

- «O casino virtual ganha a parada.» (11 de março de 1996. J. Tournier).
- «Será necessário queimar as grandes superfícies? Os basbaques virtuais de centros comerciais dão uma segunda hipótese às compras à distância.» (28 de março de 1996. M. Alberganti).

(...)

- «Seleção CD-ROM O universo virtual de Sting.» (21 de abril de 1996. S. Malphette).
- «Dossiê. A revolução dos *interfaces* gráficos muda o rosto da World Wide Web. Mundos híbridos.» (13 de maio de 1996. Y. Eudes).
- «Dossiê. A revolução dos *interfaces* gráficos muda o rosto da World Wide Web. Dos "avatares" aos "salões virtuais"?» (13 de maio de 1996).
- «Um cão na máquina. Para alegrar as folhas de cálculo e os tratamentos de texto, nada melhor do que um cachorro virtual. Ladra, quer comer, quer brincar: em suma, para não trabalhar demasiado.» (20 de maio de 1996. S. Lubrano).
- «Inquérito. A "sedução assistida por computador". Em ajuda dos tímidos. O Japão inventa o namoro virtual.» (27 de maio de 1996. P. Pons).
- «Inquérito. O multimédia proporciona novas fronteiras à criação. Corpos reais, mundos virtuais. Tantã imaterial, teatro do vazio: um laboratório da Universidade de Paris-VIII trabalha

sobre novos diálogos entre o homem e a máquina.» (3 de junho de 1996. Malphettes).
(...)

- «As quimeras da Internet. As criaturas digitais geradas pela Internet expostas nos museus virtuais *on line*.» (4 de novembro de 1996. J. Viegas).
- «Arte vídeo e arte virtual enfrentam a ordem mediática mundial. Festivais de Informações práticas.» (2 de dezembro de 1996).
- «Uma viagem virtual. A Biennale Artifices 4 de Saint-Denis convida os seus visitantes a navegar na "Place a User's Manual", uma obra multimédia e interativa de Jeffrey Shaw.» (25 de novembro de 1996. D. Forter).

Ou ainda:

***Artigos do* Le Monde Diplomatique:**

- «Como viver com a imagem? (fevereiro de 1990).
(...)
- «Um novo paraíso artificial. Os mundos virtuais demasiado fascinantes.» (maio de 1991).
- «A era da suspeita.» (maio de 1991).
- «Já começou a era do pós-televisão. A revolução das imagens virtuais.» (agosto de 1993).
(...)
- «Como resistir ao fascínio perturbador dos lazeres eletrónicos? A droga dos jogos de vídeo.» (novembro de 1993).
- «Imagens digitais e televisão do futuro. Alerta: trapaças virtuais.» (fevereiro de 1994).
- «Manipular as ideias e os desejos. Publicidade e política.» (dezembro de 1994).
- «Novos riscos das tecnologias da comunicação. Quem controlará a ciber-economia?» (fevereiro de 1995).
- «O triunfo da política virtual. Tirania das sondagens.» (março de 1995).

A leitura

Comparemos agora algumas conclusões do ALCESTE com as de uma leitura rápida e preguiçosa, errática e «humana» deste mesmo *corpus*.

A observação dos títulos mostra o quanto a leitura breve solicita necessariamente uma projeção interpretativa, que tende a sublinhar ou a memorizar os termos que vão chegando pouco a pouco e respeitantes ao tema que ocupa a nossa atenção.

Assim, ao lermos os artigos do *Le Monde*, surgem desde logo duas grandes utilizações da palavra «virtual»:

– uma ligada às imagens virtuais, ao multimédia, às redes, aos jogos de vídeo, em resumo, à «realidade virtual» proposta pelas «novas imagens», entre as quais as imagens cinematográficas têm pouco lugar. Os termos associados a esta aceção de «virtual» são os de proliferação, invasão, perigo, desrealização, como ameaça de perda de empregos associada às novas tecnologias de imagem e som; mas também os de virtuosismo, interação, mito, Frankenstein, labirinto, infinito, aleatório, simulação, confusão, quimeras, contrapoder, pesadelo, aparência, batota, prazer, visitante, exploração, sedução, *interfaces*, ciber-admiradores e cibermundo, detetores, digital;

– a outra utilização de «virtual» diz respeito a tudo o que na vida política, social ou cultural parece depender do hipotético e se vê mais associado aos termos de tática, fragilidade, eventualidade, evocados ora com desconfiança ora com ironia.

Sem dúvida que na memória do leitor mais ou menos atento estes valores, de uma forma geral mais negativos do que positivos, serão associados a estas duas utilizações.

Em *Le Monde Diplomatique* também nos apercebemos desta divisão entre um virtual de imagem e um virtual de hipóteses, sem dúvida com associações mais indistintas mas também mais pessimistas, com um toque da poesia negra das «utopias insípidas» denunciadas: tirania, economia virtual, tirania das sondagens e da política virtual, proliferação de vidas artificiais, ciber-economia, perda de controlo, manipulação das ideias e dos desejos graças aos compromissos virtuais da publicidade e da política; o virtual torna-se duplamente enganador, pois vemos surgirem trapaças virtuais, jogadores de vídeo delirantes, drogados, e, para mais, com a grande dúvida e a grande condenação a alargarem-se neste campo até à televisão, agora produtora de «televirtualidade», ao lado de mundos virtuais demasiado fascinantes, incluindo os das finanças, da política ou das cibercompras...

No entanto, o aspeto mais difundido dos valores no mensário está neste caso sem dúvida ligado ao facto de o número de jornalistas autores dos artigos ser menor, em benefício de dossiês não necessariamente assinados, o que implica uma maior homogeneidade das opiniões, ao contrário dos artigos assinados e diversificados do diário.

Sem dúvida, olhando mais atentamente, o ALCESTE não nega absolutamente as conclusões de uma tal leitura, mas levanta outras lebres, aliás mais sérias e inesperadas, que registámos necessariamente no decurso das nossas leituras, mas nas entrelinhas, sem se dar por isso, suavemente... O ALCESTE, de facto, relaciona elementos que teríamos tendência a descurar numa leitura rápida, ao fazer uma relação distributiva e vertical entre os termos.

Assim, a partir da recolha das ocorrências atualizadas e da sua classificação, o que determina verdadeiramente a interpretação é a busca do maior divisor semântico comum a cada categoria. Apercebemo-nos, então, que as formas do «poder», do «saber», do «dever» e do «querer» vêm também influenciar as formas do «fazer», do «ser» ou do «ter».

Eis, sem dúvida toda a originalidade deste tratamento semântico, que permite avançar com algumas reflexões que iremos aqui apresentar.

Se cruzarmos, por exemplo, a cronologia da publicação com a natureza das categorias semânticas presentes, poderemos já descortinar uma evolução nas utilizações e representações ligadas aos termos de «virtual» e de «imagem».

Desta forma, pode constatar-se que nos dois *corpus* a categoria semântica respeitante à *imagem* propriamente dita é aquela de que se fala menos a propósito do «virtual» e, além disso, os momentos em que se fala dela não abrangem os mesmos anos: quando no *Le Monde Diplomatique*, se fala de «imagens virtuais» (1993), com as conotações que veremos, o diário, por seu lado, privilegia os «negócios», o que constitui aliás a classe mais representada. Quanto à categoria semântica de um «visível dereístico (*) (desmaterializado)», (pouco representado, no entanto), ela corresponde, no diário em 1995, a um ano em que *Le Monde Diplomatique* dedica algumas declarações às «novas *tecnologias*».

Por outro lado, pode também verificar-se que as categorias semânticas evoluem no decurso dos anos: em *Le Monde*, passa-se de «conservar», com origem em formas do poder, a «percurso», que resulta do fazer, ao passo que em *Le Monde Diplomatique,* passa-se de «relações internacionais» para «conexão», o que manifesta, pelo contrário, a permanência, no decorrer dos anos, da temática da ligação.

O virtual ou a metáfora invertida

Assim, a utilização do termo «virtual», de forma prioritária e recorrente para evocar os problemas sociais, culturais ou políticos nacionais do momento (*Le Monde*), ou internacionais (*Le Monde Diplomatique*), pareceu-nos em primeiro lugar metafórica, visto que tínhamos iniciado o nosso estudo associando-o ao termo «imagem(s)». A realidade, porém, é mais complicada, e parece que tem a ver com uma metáfora, sem dúvida, mas com uma metáfora invertida.

Com efeito, a definição de «virtual» – «que só existe em potência, que se encontra no estado de simples possibilidade *num ser real*», ou «que tem em si todas as condições essenciais à sua *realização*» (sublinhamos) – só a partir de meados do século XIX se aplica às imagens em ótica, para designar «uma imagem cujos pontos se encontram no prolongamento dos raios luminosos», por outras palavras, a imagem especular, a imagem no espelho, o reflexo.

(*) Dereístico: relativo à actividade que não se adequa à realidade, à lógica ou à experiência (*N. R.*)

Quanto à etimologia da palavra «virtual», não é outra senão o termo latino *virtus*, no sentido de «virtude» para alguns dicionários (*Le Robert*) ou de «força» para outros (*Wartburg*).

Por isso, antes do aparecimento das imagens digitais, o virtual mal diz respeito às imagens, e mesmo assim só no campo muito particular da física ótica. Num tal contexto, é pois absolutamente natural encontrar uma utilização frequente do «virtual» para qualificar primeiramente não as imagens mas tudo aquilo que já contém em si algo que mais tarde irá realizar-se.

No entanto, após o aparecimento do que se chama também «as novas imagens», o termo «virtual» foi-lhes associado de forma sistemática, num sentido bastante impreciso; podemos imaginar que foram designadas desta forma mais em referência à imaterialidade do seu suporte (o *pixel*, o ecrã do computador) e ao seu potencial de realização por impressão, por exemplo; portanto, mais de forma metafórica do que por referência à imagem virtual do espelho.

A verdade é que a conotação associada ao termo «virtual» passou a ser mais a de uma forma de *desrealização do que de potencialidade de realização* que domina e que, por regresso ou por inversão, acaba por impregnar a utilização clássica do termo (o termo tinha aparecido no século XVII).

A utilização de «virtual» como «potencial» torna-se secundária e, contaminada pelo aspeto imaterial das imagens digitais, desliza, no uso corrente, para uma utilização que leva consigo as conotações associadas à imagem virtual. Em todo o caso, é o que as classificações propostas por ALCESTE parecem revelar.

Vejamos de novo os valores ligados às categorias que dizem respeito às imagens, apesar de estas serem, como vimos, as menos representadas.

Para *Le Monde*, trata-se da categoria «visível dereística». Visível: «o que pode ser visto, o que é percetível pela vista». Dereística: «que se afasta do real». Quer dizer, as imagens virtuais, apesar de percetíveis (visíveis) e pesadamente instrumentalizadas, aparecem não só separadas do real – a velha problemática do referente real da imagem desintegra-se neste caso – mas também separadas de qualquer realização potencial para pertencerem ao domínio do *querer* e, mais ainda, da *intenção*, do *desejo*.

O que a mediatização pela imagem põe em causa já não é a perceção do referente, conforme o antigo debate acerca da imagem, mas o visível, ou seja, a própria perceção, entendida como agravada por uma *perda* de realidade tanto «espacial, como actorial (*) ou temporal». O presente da perceção deixou de ser considerado garante desta realidade; como se, a partir de agora, a imagem virtual tivesse todas as características de uma imagem mental, paradoxalmente produzida por uma instrumentalização maciça mas anónima, despersonalizada, autónoma: a expressão de uma vontade sem outra origem que não ela própria, de um desejo puro. Uma espécie de espírito omnipresente e omnipotente.

No *Le Monde Diplomatique*, a categoria «imagem virtual» privilegia a instrumentalização e as técnicas; e se, de certa forma, reativa a problemática da relação com o real, aparece no entanto enfeudada à noção de ecrã, não já como superfície de representação mas como esconderijo, simultaneamente dissimulador e protetor.

Chega-se assim a uma constatação surpreendente: enquanto que nestes dois jornais não se conseguiu verdadeiramente ler qualquer abordagem estética a propósito das novas imagens no cinema e algures, o que apesar de tudo está latente no discurso que lhes é dedicado resulta de uma espécie de desvario perante a *perda* da própria *aesthesis*.

A imagem virtual aparece como uma forma vazia, em que o espaço-tempo já não existe, em que tudo está deformado, e cujos instrumentos são eles mesmos, sem dúvida, objetos, mas objetos por sua vez repletos até ao infinito de objetos deformados, e deixamos de compreender o que eles representam, a não ser projeções mentais, sem origem, impalpáveis e intemporais.

Assim, a tendência para a reificação, que entrevemos na categoria «imagem virtual», não diz respeito à imagem propriamente dita mas aos instrumentos que a produzem.

(*) Do ponto de vista da personagem que narra (*N. R.*)

Vemos assim como o ALCESTE permite compreender melhor e fundamentar a simples observação, numa leitura rápida, do vocabulário associado às imagens virtuais. A busca da categoria semântica e das formas que lhe estão ligadas permite superar o estádio da descrição, mesmo quantitativa, para fundamentar uma interpretação a partir da colocação em redes de manifestações semânticas, aparentemente pontuais e aleatórias.

Desta maneira compreende-se melhor que «Frankenstein», «droga», «manipulação» ou ainda «utopia», não sejam termos que apareçam simplesmente pela inspiração ocasional de um jornalista, mas que manifestem, em relação a outros termos, um medo profundo de *perder* o concreto da imagem, e por extensão do visível, logo, do domínio – do «controlo» – da realidade, infalivelmente amalgamada à noção de verdade ([32]).

O que aos nossos olhos parece sintomático não é tanto a existência deste medo em si, pois ele pode entender-se, mas o facto de se manifestar nos escritos de jornalistas: deverá então ver-se nos seus textos o reflexo dos movimentos de pensamento «da opinião pública», da *doxa,* exprimindo a inquietação de pessoas pouco informadas, confrontadas demasiado rapidamente e sem formação nas novas tecnologias, ou a opinião deles? Certamente não se lê nesses textos uma atitude pedagógica que, quando se aborda um novo domínio para o apresentar ao grande público, tenderia a servir de intermediário entre a evolução técnica e o leitor, mais do que algo que provoque medos obscurantistas e arcaicos.

O jornalista deverá ser o reflexo ou o guia da opinião? Trata-se, evidentemente, de um grande debate, ilustrado por sua vez por alguns excertos de imprensa a que faremos referência, comparando-os; e poderemos pensar que também eles são reveladores da sua época, exatamente cem anos antes dos artigos estudados em *Le Monde.*

Em 1896, a «bruxaria» da invenção do cinema teve efetivamente de partilhar o seu êxito e o seu mistério com a descoberta dos raios X pelo professor Roentgen, como já acima recordámos. As duas

---

([32]) Cf. adiante, 4, «Imagem(ns) e verdade(s), p. 129.

invenções são assim apresentadas simultaneamente, nos mesmos cartazes e nos mesmos locais (feiras, salas de espetáculos) ([33]) para espanto do grande público. O êxito na imprensa das sessões de raios X faz, aliás, séria concorrência ao das primeiras projeções cinematográficas públicas. Abundam os comentários, explicando que os dois processos devem permitir, cada um à sua maneira, alcançar a «verdade», o que se espera de qualquer imagem, como adiante veremos. Aqui, as «verdades» esperadas são ainda de outra ordem: verdade «inimaginável» da fidelidade cinematográfica, por um lado, verdade do invisível, finalmente revelada pelos raios X, por outro: «a ciência deu-nos a ilusão absoluta da vida, por que não nos daria a própria vida?», pode ler-se na imprensa da época ([34]).

Le Monde Illustré de 4 de abril de 1896 antecipa, por seu turno, sobre o futuro do cinematógrafo: «Como seria encantador e sugestivo, no ocaso da existência, sintetizar em poucos segundos as imagens do ser querido, tomadas mês a mês, ao longo dos anos, mesmo ano a ano, e como seria agradável recuar o curso do tempo, viver a dois em imagens os momentos felizes da juventude e do amor».

Quanto aos raios X, *La Libre Parole* de 26 de março de 1896 declara: «Falo destas coisas como uma testemunha feliz, ao ver cair um a um os véus que, no fundo do santuário, ocultavam a estátua impenetrável e ciumenta da verdade».

É chocante ver como as palavras provocadas por estas «novas imagens» da época estão aqui repletas de esperança, de otimismo e de sonho, no pólo oposto às dos nossos jornais contemporâneos. Será por acaso que estas afirmações surgem numa época que precede o *início* de um século, cuja explosão criativa, tanto artística como científica ou filosófica, não cessou de nos enriquecer? Que concluir então da pusilanimidade ou da inquietação reveladas nas palavras com que qualificamos as novas imagens do nosso *fim* de século?

Na realidade, longe de traduzir uma adaptação aos novos *media*, esta espécie de exasperação dos nossos dias e de sonho de outrora

---

([33]) Como estão também associadas, vimo-lo no capítulo 1, em *A Montanha Mágica*, de Thomas Mann.

([34]) *Le Magazine pittoresque*, 12 de abril de 1896.

prova que as expectativas da imagem assim manifestadas continuam a não ser adequadas à imagem, confundindo-se com uma expectativa da verdade, se não da própria vida; continuam, porém, a ser esclarecedoras acerca do estado de espírito dos leitores e dos espectadores.

Assim, de acordo com as nossas observações, este medo contemporâneo de perda da *aesthesis* que acompanha a temática da virtualidade associada às imagens reencontra-se quando se abordam outros domínios que não os da imagem.

De certa forma, reencontramos esta mesma inquietude nas formas ligadas aos diferentes campos relacionados com a virtualidade e indicadas pelo ALCESTE.

Recordamos que, em 1993, quando *Le Monde Diplomatique* fala das «imagens virtuais» na categoria menos representada no *corpus*, é em termos de *parecer* e de *perda*, ao passo que, paralelamente, *Le Monde* propõe a classe mais representada do *corpus*, a dos «negócios», expressa em termos de *saber* e, em parte menor, de *ter*.

Verifica-se então que a virtualidade, quando se liga aos aspetos político e social, maculados por numerosos escândalos, inibidores de esperança e de confiança, já não vem designar, como no seu sentido primeiro, o que é realizável e potencial numa sociedade futura, mas, pelo contrário, obtém da «virtualidade» atribuída às imagens a sua falta de potencialidade, uma vez que elas são percebidas como um resultado, o fruto de um desejo, um *após* mais do que um *antes*, um visível ulterior ao não-visível, e não como a reserva de um devir possível. Esta categoria é pois entendida como a soma de informações (um saber) sobre uma lista dos locais de sociedade de que já estamos um pouco afastados: um «saber» fracamente ligado a um «ter».

Da mesma maneira, quando, em 1995, *Le Monde* propõe a categoria do «visível dereístico», também ela a menos representada, esta aparece sob a forma do querer, e ecoa a classe «novas tecnologias» do *Le Monde Diplomatique*, tendo origem na forma do «ter». Aqui, o *ter* diz respeito aos recursos, tanto financeiros como materiais, suscetíveis de produzir o virtual das imagens e dos novos espaços intangíveis, ao passo que o *querer*, como vimos, designa a imagem virtual como algo visível resultante de um objetivo, mais do que como um recurso. A virtualidade associada às novas tecnologias está pois diretamente associada à sua produção (das imagens em sentido lato) e não à sua potencialidade como tal.

No que diz respeito às outras categorias semânticas referenciadas, elas já não estão de forma alguma ligadas à evocação das imagens, nem mesmo pela correspondência entre os dois jornais, e podemos verificar aí o mesmo tipo de contaminação invertida.

As formas relacionadas com o virtual que ainda não examinámos são com efeito as do *poder* e do *fazer*. Podemos ver nelas, sem dúvida, conotações associadas ao sentido clássico da virtualidade, o que contradiria a nossa hipótese. No entanto, olhando atentamente, verifica-se que tem mais a ver com a preocupação de manter o saber adquirido em estado de ou ao abrigo de alterações eventuais no que respeita ao *poder*, enquanto o *fazer* está ligado às noções de artificialidade e de falsidade, elas mesmas associadas às novas tecnologias, assim como à noção de anomia («ausência de organização natural ou legal»).

Mais do que expressão de um verdadeiro potencial de realização, vemos assim aparecer a de uma atitude conservadora matizada de dúvidas para com a autenticidade e a fiabilidade das possibilidades oferecidas, dúvida apoiada por uma *sensação de perda* da *aesthesis*, ela mesma alimentada pela impressão de uma «ausência de organização natural ou legal», a anomia.

Quanto à *temática da ligação*, embora sublinhe sem dúvida a perceção de uma nova solidariedade de ordem mundial (internacional, civilizações), afirma, também ela, mais a dependência «contratual» ou «comercial» da ligação do que a existência de uma reserva a uma qualquer realização.

Assim, verificamos que as formas relacionadas com o virtual, quando este não diz diretamente respeito às novas imagens, são mesmo assim são afetadas, a contrapelo, pelos valores que lhes estão associados, e manifestam por sua vez, através de uma *metaforização invertida*, vestígios de retenção que poderiam manifestar uma forma de reserva, face a uma contaminação mais do que a abertura para um novo futuro.

A terminar, para o nosso objetivo mais geral da interpretação das imagens, interrogar-nos-emos novamente sobre o que se pode reter e compreender do sentido aplicado por alguns jornalistas nesta constelação de textos que abordam os conceitos de Imagem(ns) Virtual(ais). Certamente, matéria para alimentar vários comentários e interpretações incessantemente renováveis.

Para evitar semelhante dispersão, apostámos numa tríplice análise dos discursos veiculados pelo *Le Monde* e *Le Monde Diplomatique*, combinando simultaneamente um tratamento informático dos dados textuais, uma leitura rápida e aquilo que designaremos por flexibilidade interpretativa. Embora estes níveis devam ler-se como a fixação de um discurso que não consegue abarcar na sua totalidade o sentido do nosso objeto, este tríptico metodológico autoriza-nos a fundamentar as nossas orientações interpretativas. O rigor e a riqueza da abordagem informática, aqui evocada, permite operar uma autêntica travessia semântica, donde emerge principalmente a permanência de uma metaforização da noção de virtualidade.

Esta metaforização teria, antes de tudo, atribuído às novas imagens a imaterialidade da potencialidade, para, em troca e por inversão, contaminar não só o campo das novas tecnologias, mas também todos os domínios caracterizados pelo hipotético, sejam eles socioculturais ou políticos.

Mas podemos também entender que este retorno metafórico não é simples e que, nas distribuições textuais, adquire uma constelação de significações combinando a acumulação de receios de sucessivas alterações (no sentido musical do termo) relativamente às diferentes formas de existência, tais como as do «ter», do «poder», do «fazer» ou do «saber», e que, aparentemente enfeudadas à do «sentir», manifestam um vigoroso processo de desrealização.

Alceste, o Misantropo, desejava retirar-se do mundo; ALCESTE, o programa informático, ter-nos-á ajudado a decifrar o receio de que a(s) Imagem(ns) Virtual(ais) seja(m) o sinal de semelhante retirada?

Novas imagens / novos pensamentos? ([35])

Na nossa opinião, os resultados assim obtidos esboçam, se não um «novo pensamento» resultante da imagem, pelo menos uma nova maneira de encarar as relações desta com o mundo e o espectador, induzindo, aí também, uma forma interpretativa.

Para verificar tudo isto, propomo-nos comparar alguns dos resultados referidos mais acima com algumas obras cinematográficas ou televisivas da mesma época, utilizando ou pondo em cena «novas imagens», para ver se a expressão desta «nova abordagem» observada na imprensa se manifesta também (e sob que forma) na criação cinematográfica e audiovisual.

Tudo se passa como se o imaginário (a ficção, os anúncios publicitários analisados) atualizasse (dando-lhe resposta) o sentido global dos artigos, sentido invisível à primeira leitura, mas revelado de modo sofisticado pelo ALCESTE e pela análise dos seus resultados.

Este «imaginário» autentica de certa forma a interpretação geral dos textos que propusemos mais acima, dando-lhe uma resposta (não uma interrogação, nem uma negação). Efetivamente, ele crê ingenuamente na angústia que sentimos, levando ao extremo a sua lógica de associação do sujeito a outrem, de dissociação do Eu, de esquizofrenia, lógica enunciada em torno das personagens mas também dos objetos ou dos lugares. Eis um exemplo evidente da perda de identidade e de distinção que estariam associadas às novas imagens e às recentes tecnologias.

Assim, *Strange Days*, o filme realizado por Kathryn Bigelow (realizadora também de *Point Break* [*Rutura Explosiva*]), baseado num argumento de James Cameron, foi qualificado por alguns como *thriller techno-rock*. Estamos em Los Angeles, algumas horas antes da passagem para o ano 2000. «Negoceiam-se» imagens de crime e de sexo: há traficantes de *videoclips*, por intermédio dos quais se

---

([35]) Cf. Martine Joly, Martine Versel: «Nouvelles images / nouvelles pensées» in *Cinéma et audiovisuel, Nouvelles images approches nouvelles*, Paris, BIFI-L'Harmattan, 2000.

vivem as cenas gravadas com toda a intensidade das sensações... Vemos, assim, as personagens reagir às imagens, que estimulam o cérebro mediante a utilização de um capacete, como se vivessem realmente a cena. De preferência, cenas de violência ou de sexo, como convém.

Relacionou-se este filme com o célebre *Peeping Tom* [*A Vítima do Medo*], de Michael Powel. Na realidade, a problemática parece-nos muito distante, pois naquele caso tratava-se de um *voyeur* de exceção e de uma perversão individual, ao passo que aqui o tráfico de imagens, graças às novas tecnologias, é a nova normalidade do fim do século, representado como momento de uma perda generalizada, compensada pela substituição de imagens mais «verdadeiras» do que a natureza.

O clima de anomia e de degenerescência está completo. A imagem, em geral mórbida e perversa, tornou-se a única saída possível de uma existência inviável como súbdito e apenas possível graças à perda definitiva de si mesmo na vida dos outros: «Há vidas miseráveis e suicidas, que fazem sonhar outros tipos em *technicolor*», diz o traficante destas imagens, «é algo diferente da televisão, é cem vezes melhor, é a vida, um pedaço da vida particular de outra pessoa, a realidade pura e inteira, tal como surge através do córtex cerebral; vocês estão lá, a ver, vocês fazem as coisas que o outro faz, vocês é que têm de decidir o que vos apetece ver, o que vos apetece ser».

É interessante notar neste exemplo que esta desrealização efetiva acontece quer por intermédio das novas tecnologias, quer por intermédio da metáfora do olhar desmultiplicado do olho da câmara, para o olho (fechado) do *voyeur*, para o olho (aberto) do espectador. Vemos, pois, uma espécie de tratamento sofisticado da temática do cinema ou do vídeo que, de certa maneira, parece corresponder ao medo manifestado nos artigos estudados, mas de forma ainda um tanto arcaica. O processo do capacete e da transferência de vida é, com efeito, relativamente banal neste tipo de filmes.

Um filme da mesma época (1995) estabelece uma comparação –, ou poderíamos dizer, confronta e põe em risco de interpenetração – entre o mundo das imagens virtuais e o das imagens analógicas: trata-se de *Mars attacks* [*Marte ataca*], de Tim Burton. O filme é bastante engraçado e tecnicamente conseguido. Ficamos admirados com o desempenho tecnológico, mas, uma vez mais, apercebemo-nos de que o virtual é o universo dos Marcianos (virtuais e maus), que a Terra são os Estados Unidos (analógicos [o real] e bons, embora muitas vezes ridículos – Jack Nicholson é um presidente ultrapassado!). O virtual, perigoso, destruidor e astuto, não pode ser contrariado, neste caso, a não ser pelos valores completamente arcaicos de uma velha avó senil.

Quanto à publicidade, integra por sua vez algumas «novas imagens» e novos tratamentos da imagem: como a referente ao Peugeot 206, com as suas metamorfoses inscritas no ecrã dos vidros, a dos telemóveis ou o Mundial, a publicidade à água *Perrier* com a animação de pequenas fotografias incrustadas. Todas elas nos desafiam com seres em suspensão ou em perpétua transformação.

O virtual, percetível nesta publicidade, não propõe um universo de antecipação mas um autêntico substituto da realidade, confirmando a ideia de que ele é um agente de desrealização, de perda de si e de identidade.

O visível coloca-se então num estádio ulterior à ordem do não--visível; reencontramos aqui a noção de superação referenciada nos artigos de imprensa estudados. Enquanto estes revelavam uma grande angústia associada ao medo da perda de si mesmo, em muita da publicidade as novas imagens propõem uma nova realidade, apelando à superação de si mesmo mediante a rutura das limitações físicas: escapa-se ao peso mas também à unicidade da sua própria forma, moldável como uma pastilha elástica com grande reforço de *morphing* (*).

Na publicidade, como na ficção, não nos transformamos no outro nem no artigo, mas no próprio desejo proporcionado pelo produto ou pela vida do outro. Figurações de um puro desejo com uma estética particular e abrangida: a câmara lenta na publicidade é a «realidade»

(*) *Morphing* (forma abreviada de *metamorphosing*) é o processo computorizado de transformação gradual de uma imagem noutra, efeito utilizado, por exemplo, no filme *Terminator II* [*Exterminador Implacável II*] ou no teledisco de Michael Jackson "Black and White" (*N. R.*)

espácio-temporal que é posta em causa, como «naturalmente» quando se está no universo das mais recentes tecnologias, enquanto que em *Strange Days* ou nos filmes «assimilados», ainda ligados à temática do olhar, é o plano-sequência e o tempo real que são utilizadas.

Evoquemos um último exemplo, entre tantos outros, uma série de animação para adultos, *Spicy City*: um dos episódios punha em cena, por exemplo, uma rede de prostitutas virtuais. A prostituta «verdadeira» tem menos êxito do que as virtuais, até ao momento em que é finalmente «repersonalizada». Com efeito, neste filme trafica-se as personalidades, que são roubadas e guardadas em CD. Quando se alugam as personalidades roubadas, por intermédio do CD, então o olhar esvazia-se e temos *blank eyes*. É apenas neste estado que a prostituta verdadeira é aceite no mundo das prostitutas virtuais que, aliás, possuem o mesmo aspeto que a «verdadeira», mas têm a faculdade acrescida de aparecer e desaparecer à sua vontade, como fantasmas ou sonhos.

A publicidade, bem como os filmes, parece tomar as coisas como nós as formulávamos em conclusão do nosso trabalho de análise de imprensa, como se tais conclusões estivessem já assimiladas por um «imaginário» coletivo, aceites e interiorizadas, de tal maneira que toda a gente possa entendê-las.

Podemos assim constatar que as formas novas das imagens e as possibilidades oferecidas pelas tecnologias mais recentes afetam o conteúdo e a forma da nova ficção ou da nova publicidade. No entanto, não podemos dizer que elas provoquem um novo pensamento, longe disso: a análise dos artigos do *Le Monde* tinha já mostrado até que ponto o jornalista se transformava mais no espelho de uma suposta opinião pública do que no guia e mediador entre os progressos tecnológicos difíceis de isolar e os seus utilizadores ou espectadores. O facto de publicidade e a ficção retomarem as mesmas impressões (ou medos ou angústias) ao ilustrá-los, ou seja, ao caucioná-los mais do que ao interrogá-los ou contradizê-los, prova que não têm nada a ver com o pensamento, mas com a repetição, o desvio e a amplificação próprios do poder mediático (técnico) mais do que com qualquer atitude intelectual.

Apesar disso, no que respeita à interpretação das imagens e ao seu condicionamento, é certo que podemos ver nestes discursos, informativos e / ou imaginários, como num eco, as suas manifestações, assim como a das expectativas que temos e particularmente a da verdade.

4. Imagem(ns) e verdade(s)

No próximo capítulo, examinaremos com maior precisão o tema do «acreditar na imagem» (36) e os diferentes tipos de adesão fomentados pelos diferentes tipos de imagens. No entanto, como já verificámos acima, a expectativa da «verdade» é uma das expectativas mais repetidas da imagem. É mesmo uma das características simultaneamente mais espetaculares e mais ambíguas, porque o sentimento de verdade pode estar com efeito estreitamente associado tanto ao visível («ver para crer»), como ao invisível («o essencial é invisível para os olhos»).

No entanto, ao analisarmos mais de perto a crítica contemporânea à imagem em geral, interrogámo-nos sobre a novidade aparente deste processo e das suspeitas lançadas sobre a imagem (37). Num regresso aos Antigos, e em primeiro lugar a Platão, pudemos constatar que este questiona imediatamente a imagem pintada como imitação medíocre e inútil (38), que nos afasta três graus da *verdade*. A verdade de que a imagem nos afasta não resulta aqui do visível mas sim do inteligível, de acordo com a divisão que Platão faz do mundo. Só a imagem do matemático, o reflexo ou a sombra (visíveis) (*eíkone*) são suscetíveis de nos conduzirem à verdade.

---

(36) Cf. adiante, capítulos 3 e 4, com base em «Believe (in) the image?» in *Towards a Theory of the Image*, Jan VanEckAkademie ed., Maastricht, Países Baixos, 1996.

(37) In Martine Joly, capítulo 2: «L'image suspectée», in *L'Image et les signes*, Nathan Cinéma / Image, 1994 [*A Imagem e os Signos*, Lisboa, Edições 70, 2005].

(38) In *A República*.

A imagem pintada, em especial, afastar-nos-ia de uma verdade metafísica e transcendente. Aristóteles ([39]), mais tarde, relaciona também a imagem pintada (o visual) com o conhecimento, a educação e a verdade. Filóstrato, por sua vez, declara ([40]) no seu prefácio que «a pintura *é* a verdade» e esta aproximação entre imagem e verdade prossegue ao longo da história da representação visual ocidental.

Atualmente, o que ainda se receia das imagens é que sejam «falsas», que não sejam «verdadeiras», logo, que nos enganem e, no que respeita às imagens virtuais, que provoquem uma real confusão mental, como acabamos de ver.

Ao interrogarmo-nos, então, mais exatamente sobre a natureza desta verdade esperada, pareceu-nos que não se esperava um único tipo de verdade da imagem, mas pelo menos três ([41]):

– a verdade como ela mesma (duplo);
– a verdade como correspondência;
– e a verdade como coerência.

Cada tipo de verdade está ligado a diferentes aspetos da imagem: o seu aspeto de vestígio, o seu aspeto de testemunho e o seu aspeto de género. Reconhece-se aqui a distinção peirciana entre o ícone, o signo que se assemelha, o índice, o signo que «relaciona» e o símbolo, o signo convencionado.

A força da imagem-vestígio (o índice)

Ao tratarmos novamente a proibição bíblica da imagem, depois a dos iconoclastas bizantinos por altura da questão das imagens e do seu contágio islâmico; ao explorar os diferentes significados e funções

---

([39]) Cf. *A Poética.*

([40]) Cf. *Imagens*

([41]) Cf. Pascal Engel: *La Norme du vrai; Philosophie de la logique*, Paris, Gallimard, «Essais», 1989.

da *imago* dos latinos, pudemos ver (42) que se a semelhança (a iconicidade) levantava entre os Antigos o problema da imitação e da sua relação com a educação, o saber e a verdade, a questão do vestígio (o índice) levantava o problema igualmente grave da relação com o sagrado e com a morte.

Com efeito, nestes períodos da nossa História, o problema que se colocava então era o da consubstancialidade entre a imagem e o que ela representa, caução de verdade absoluta, bem mais do que o critério dúbio, pelo contrário, da semelhança.

Supusemos então que toda esta genealogia das representações visuais determinava não só a expectativa que temos da típica imagem--vestígio (índice), que é a fotografia, mas também todas as imagens indiciárias, ditas «analógicas» (!) pelos informáticos, ou seja, obtidas por gravação luminosa, ótica, sonora, calorífica, a infravermelhos, etc. diretamente colhidas no real ou *que se apresentam como tal*.

Com efeito, uma consequência particular deste aspeto de vestígio da imagem é a confiança «cega» que temos nas imagens «indiciárias» que não sabemos ler: ecografias, imagens de satélite, *scanners*, ressonâncias magnéticas, todas aquelas imagens que não se «parecem» com nada, mas em cuja interpretação, feita pelos especialistas, «acreditamos». Desta maneira, mais do que a «semelhança», o que convence então na imagem, é o índice, o vestígio, mais do que o ícone.

Assim, o «valor» (tanto moral como financeiro) que se atribuiria à imagem resultaria do facto de ela ser percebida em primeiro lugar como vestígio: vestígio da «realidade» quando ela é o seu reflexo ou a sua gravação, mas também vestígio do pintor ou do seu criador, sempre que ela é fabricada por eles.

Quanto a nós, propusemos como explicação possível para esta expectativa de verdade da imagem o desejo contagiante de tomar qualquer imagem por um vestígio daquilo que ela representa, qualquer coisa de consubstancial com o que ela representa, mais do que como imitação. Devendo o visual, como «colheita» ou «amostra» do mundo, ser absolutamente credível, ou seja, verdadeiro.

---

(42) Cf. *idem, L'Image et les signes.*

Verdadeiro, verosímil, verdade

No entanto, nem toda a imagem gravada provoca necessariamente e em primeiro lugar uma expectativa de *verdade*; pode, porém, provocar uma expectativa do *verosímil* e jogar assim com o regime da crença.

É o caso do filme de ficção, que remete para um universo imaginário mais do que para a realidade da rodagem que, a maior parte das vezes, se empenha em ocultar por todos os meios. Sabemos que a ficção, efetivamente, tem a ver com o verosímil, que não é o verdadeiro, como já observava Platão, ao passo que o documentário e os seus derivados têm a ver com o verdadeiro como correspondência com a realidade dos factos.

Parece-nos assim que o facto de levar em linha de conta este desejo de uma imagem-vestígio, entre signo e não-signo, sobredetermina ainda mais a expectativa de verdade da imagem, tal como a sua força.

Esta interação ajuda-nos a compreender, por exemplo, o paradoxo que consiste em reconhecer e negar, simultaneamente, a característica de signo da imagem (ela assemelha-se a, portanto, não é), querendo que ela seja «verdadeira», verdadeira como a realidade com a qual se deseja confundi-la. Com efeito, a força do índice não está tanto ligada ao facto de designar o real como referência, mas ao facto de ser uma antecipação sua, uma parte, uma representação, é certo, mas substancial e ontologicamente metonímica.

De tudo isto decorre uma série de consequências, pois é através do subterfúgio do vestígio que se compreende o tipo de imaginário que os diferentes tipos de imagens-vestígios permitem desenvolver:

- um imaginário feiticista como para a fotografia ([43]) ou a obra assinada como vestígio do pintor;
- mas também um imaginário *amalgamado* do direto televisivo, em que a renúncia ao reconhecimento de um discurso, apesar

([43]) Cf. Philippe Dubois, *op. cit.*

de tudo dominante, serve uma ilusão fundamental, a do contacto, do fático, da fusão.

Este subterfúgio permite também compreender o estatuto particular da *imagem mediática* (TV, fotografia de imprensa) e, na nossa opinião, a mudança generalizada de um desejo de *crença* para um desejo de *credibilidade* (e não o inverso), apesar da diversidade das imagens que se sucedem: assiste-se a uma recusa generalizada da ficção, bem como de todo o discurso visual organizado. Através da imagem mediática não é tanto o mundo que se «espectaculariza», mas o espetáculo que se «mundifica», contrariamente às repetições constantes da expressão «sociedade-espetáculo» de Guy Debord ([44]). Ao invés, talvez pudéssemos propor a ideia de uma «reificação do espetáculo» que, transformando-se no «próprio mundo», pretende oferecer-se livremente à interpretação, permitindo a sua força de vestígio e de antecipação ocultar a sua dimensão de *kit*, de pronto-a--pensar.

Desta maneira, se se negar à imagem o seu caráter visual, ou seja, o seu caráter de signo (ela já não é colocada para, ela é parte de) para a reduzir a um puro visível, essa atitude implica negar-lhe também a sua característica de linguagem

Reduzida assim apenas à sua visibilidade, a imagem indiciária faz então função de prova; e a verdade que dela se espera é a dos próprios factos. Mais do que uma evocação «objetiva» ([45]) dos factos, o que esperamos ver aparecer nos nossos pequenos ecrãs são os próprios factos.

Pode ver-se como estas constatações e estas afirmações se verificaram muito recentemente no fenómeno de *Loft Story* [*Big Brother*] e do seu êxito!

Desemboca-se assim numa atitude não menos paradoxal que antes: se a imagem não é linguagem, nada diz, não se interpreta e não deve analisar-se: sente-se, comove, choca; e, no entanto, afirma-se

---

([44]) Cf. a obra de Guy Debord assim intitulada.

([45]) Cf. Habermas; na sua opinião, há três tipos de verdades: objetiva, subjetiva e de uso comum.

que ela é omnipotente, antidemocrática ([46]), que manipula, influencia, dita comportamentos, juízos, substituindo-se à nossa própria apreensão do mundo ([47])!

No entanto, das duas uma: se apreendemos a imagem como apreendemos o próprio mundo, nesse caso em que é que ela nos influenciaria mais do que o próprio mundo? Ou então a imagem é uma organização filtrada dos dados do mundo, uma interpretação, um «discurso acerca do» mundo (que, por todas as razões, desejamos sem dúvida confundir com o próprio mundo) e assim é urgente tomar em conta o seu funcionamento semiótico por aquilo que ele é, nem mais nem menos.

Na nossa opinião, existe a responsabilidade de compreendermos e fazermos compreender que nem todo o visual é uma imagem, que o visível não é o visual, que o visível não se confunde com a verdade, mas que no entanto *desejamos* acima de tudo confundir o real e a realidade, a realidade e a verdade.

Vemos assim que a sensação de verdade que se espera do visual vai de encontro à ideia de que este procura no visível a sua qualidade de prova, substituindo-se-lhe. Com a ajuda da analogia percetiva, o visual obtém então no visível a sua qualidade de referência, de verificação de correspondência ontológica, de redundância até, ligado a uma espécie de isomorfismo estrutural. Mas esta expectativa de verdade relacionada com o caráter indiciário da imagem não está só.

Pode esperar-se da imagem uma verdade não já ligada à sua natureza e ao seu tipo de relação com o mundo, mas à correspondência (esperada) entre esta e, já não o mundo visível, mas os comentários verbais que a constituem e a acompanham.

Os comentários

Um segundo tipo de expectativa de verdade atribuído à imagem já não depende efetivamente nem da sua suposta relação com o real

---

([46]) Cf. o ensaio de Karl Popper *Télévision et démocratie*, Paris, UGE, col., «10/18», 1996.

([47]) Cf. *Le Monde Diplomatique*, agosto de 1995, «Médias et contrôle des esprits».

nem do seu conteúdo visual, mas do comentário verbal que a acompanha, direta ou indiretamente.

O historiador da arte Ernst Gombrich abordou a noção de verdade em pintura, afirmando que uma imagem não pode ser nem verdadeira nem falsa, visto não corresponder nem a uma declaração nem a uma proposição ([48]), mas que, mesmo assim, existe uma verdade em arte que tem mais a ver com a relação esperada entre a pintura e a legenda do que com o conteúdo da própria pintura. O que ele salienta aqui, antecipadamente, é a existência de verdadeiros contratos de comunicação que, mediante as marcas estilísticas e institucionais da mensagem visual, determinam também ali as nossas expectativas, a sua satisfação ou a sua deceção (cf. a lenda de Tivoli ou a tapeçaria de Bayeux). O mesmo processo exerce-se na imagem mediática, cuja expectativa de verdade como coerência entre o discurso verbal e o discurso visual varia segundo a emissão: publicidade, informação, ficção, jogos, etc.; contrato cujas instruções reconhecemos numa fração de segundo, o tempo do *zapping*. Quando se acusa a imagem de «mentir», pode tratar-se também de uma rutura do «contrato» de comunicação, como no caso do jornalista que não verifica as suas fontes ou que «brinca» com a sua informação.

Esta dúvida atribuída à veracidade da imagem, mas que no entanto não lhe é diretamente dirigida, gera uma segunda, mais geral, para com toda a imagem cujo poder manipulador se receia, pois ela seria por natureza mentirosa. Esta dúvida, extremamente generalizada, alimenta com efeito um discurso paranoico e repetido à porfia sobre o poder manipulador das imagens, de cuja crença devemos pois desconfiar mais uma vez. O impressionante é que este discurso, por sua vez muito mediatizado, como nos mostrou a análise de *Le Monde,* ignora os mecanismos elementares de leitura ou de interpretação da imagem e do filme, assim como as pesquisas efetuadas sobre as relações entre imagem, TV, cinema e sociedade. Esta autoflagelação está destinada a frustrar a expectativa de verdade, mas por más razões.

Com efeito, mesmo pondo de lado a história e a teoria da arte, cuja reflexão estética que as acompanha remonta, também ela, à

([48]) Cf. Ernst Gombrich, *L'Art et l'illusion*, Gallimard, 1971.

Antiguidade, sabe-se, por exemplo, que o cinema tem cem anos. Como é que se ignora então – e não se utiliza – a teoria do cinema que acompanhou esta arte desde os seus inícios, e que, portanto, tem também ela cem anos! Uma teoria e pontos de vista ultrapassados para alguns, mas outros que ainda são, ou voltam a ser, de muita atualidade e grande eficácia, para se entender a relação com a imagem e com o filme e os mecanismos da sua interpretação! Por exemplo, o aparecimento da montagem virtual vem dar aos escritos de Eisenstein sobre a montagem e a noção de «fragmento» uma dimensão completamente profética: nenhum profissional da imagem pode deixar de ter em consideração estes trabalhos. Também os trabalhos de Epstein, nos anos vinte, sobre a «quarta dimensão do cinema» podem ajudar a compreender melhor determinados aspetos da imagem contemporânea, dita «virtual».

Quanto aos trabalhos mais recentes, datando de há cerca de quarenta anos ([49]), demonstraram, apesar de tudo, um determinado número de mecanismos na leitura da imagem e do filme, particularmente a sua dimensão projetiva, incluindo em grande parte «a intenção do espectador»! Dimensão projetiva que inclui não só a dimensão individual da receção, mas também a sua dimensão social e coletiva, de que depende a própria sobrevivência do estereótipo, por exemplo.

A receção do filme e da imagem tem sido incessantemente descrita como a atividade orientada de um grande Manipulador para um pequeno Manipulado. No entanto, determinados resultados de inquérito sobre a audiência das telenovelas e das séries de televisão confirmam esta dimensão projetiva da leitura da imagem, o que explica o êxito mundial de séries como *Dallas*, ou, mais recentemente, de séries consideradas estúpidas e fúteis, tais como as *family stories* para adolescentes: estas séries teriam, com efeito, tanto maior êxito quanto mais fúteis fossem e permitiriam aos jovens preencher os vazios das suas próprias preocupações ([50]). Muitos dos resultados sobre a influência da televisão na sociedade, incluindo os mais

---

([49]) Filmologia, sociologia, semiologia, etc.

([50]) Cf. Lorenzo Vilches, *La télévision dans la vie quotidienne, États des savoirs,* Apogée, 1995.

recentes, desmentem as afirmações constantemente divulgadas sobre a imagem, o filme ou a televisão: assim, *nunca* pôde ser demonstrada qualquer relação de *causalidade* entre a violência televisiva ou fílmica e a violência social ou individual: conseguiu-se estabelecer elos de correlação, nunca de causalidade. Pelo contrário, demonstrou-se uma relação causal entre o clima de violência social nos Estados Unidos, o mais elevado do mundo na década de 60, a frequência das emissões violentas na televisão e os estudos oficiais encomendados sobre o assunto! A resposta foi que uma sociedade violenta causa uma televisão violenta (e não o contrário) e que um estudo sobre a sua interação teria a tendência e a função de fazer da TV e dos *media* um cómodo bode expiatório.

Este discurso denunciador do suposto poder manipulador da imagem revela com efeito uma expectativa de verdade constantemente defraudada por uma imagem que precisa de ser verdadeira, porque necessariamente «objetiva». É o preconceito mais difundido, o qual, apesar disso, não diz respeito tanto à mensagem visual no seu conjunto quanto unicamente à sua dimensão linguística, ignorando que já há mais de sessenta nos um tal Belà Balàzs escrevia ([51]): «nada menos objetivo do que um objetivo». Este caráter impossível de veracidade da imagem é, aliás, no momento presente, muitas vezes compensado por processos bastante difundidos na televisão, tais como os disfarces, o ocultamento, a distorção das vozes: quanto mais a imagem é ilegível mais ela é sentida como verdadeira, pois é captada, roubada até (sobretudo) imperfeitamente ao real. Nada mais convincente do que a imagem alterada do rosto desta ou daquela testemunha «ouvida» na televisão!

Quanto a nós, julgamos que «recear» ou «acreditar» no poder da imagem resulta de uma e mesma atitude, que nega a nossa participação pessoal no seu próprio modo de vida. No fim de contas, advertir para o perigo da «imagem» não é nem mais nem menos do que a expressão, na melhor das hipóteses, de um pensamento mágico e infantil; na pior, de um pensamento totalitário ([52])

([51]) Cf. *L'Esprit du cinéma*, Paris, Payot, 1977.

([52]) Cf. o nosso artigo «Crier au loup devant l'image» in *Technikart*, n.º 2, Paris, Dez.-Jan. de 1995-1996.

Seja como for, a expectativa de verdade já não está associada nem ao visível nem ao visual, mas à relação entre o que se mostra e o que se diz a acompanhá-lo ou a criticá-lo, em suma, à interpretação, ao sentido produzido pelo choque entre o visual e o verbal.

A verdade que aqui deixaria de ser respeitada seria assim a verdade como «correspondência aos factos». O aspeto indiciário das imagens, acentuado pela semelhança, faz com que elas apareçam como se fossem o próprio mundo, e conduz-nos à teoria de correspondência da verdade, que exige que esta, formulada por intermédio da linguagem, «corresponda ao que existe no mundo», neste caso, às imagens.

Como esta correspondência é impossível, uma vez que as imagens são elas próprias um discurso acerca do mundo, só podemos exprimir frustração, mas esta não resulta tanto do facto de as imagens serem enganadoras, como do facto de a expectativa que delas alimentamos não ser adequada. Se admitíssemos que a imagem *não é a* realidade, mas *uma* realidade, ou seja, uma representação visual, culturalmente filtrada, do real, articulada com um outro tipo de representação, esta verbal, então a expectativa de verdade, relativizada, poderia justificar-se tornando-se a expectativa de uma verdade-coerência e não já de uma correspondência.

Montagem e contexto da comunicação

As críticas feitas às imagens, e à imagem mediática em particular, revelam finalmente ainda outro tipo de expectativa da verdade: o de uma verdade-coerência. expectativa da coerência interna do discurso, por um lado, coerência entre o discurso visual e o seu contexto de comunicação, por outro.

Há, com efeito, outra conceção da verdade, desta vez lógica (já não metafísica nem de correspondência), que é a conceção da verdade como coerência: é, por exemplo, a verdade matemática, que avança dos postulados para as conclusões respeitando as regras de não-contradição.

Este tipo de verdade corresponde à única exatidão que uma imagem pode propor-nos: um discurso articulado sobre o mundo, cujo sentido produzido pelas imagens não está nelas, mas é produzido por elas, invisível mas interpretável e compreensível. A expectativa dessa verdade não deveria ser frustrada; deveríamos adaptar-nos a esta coerência, adotá-la ou rejeitá-la como uma verdade relativa, com a qual podemos construir a nossa própria «visão» do mundo.

Vimos que Gombrich negava a uma imagem fixa a capacidade de ser «verdadeira ou falsa» em si mesma, da mesma forma que uma declaração «não pode ser azul ou verde», mas que era necessário, para satisfazer a sensação de verdade, que a expectativa do espectador ficasse satisfeita quando confrontada com outro tipo de declaração (a legenda) ([53]). Demonstrou-se depois a capacidade discursiva de qualquer imagem que proponha um discurso, uma escolha representativa deste ou daquele aspeto da realidade. Já Roland Barthes tinha defendido que não podia existir imagem «adâmica» e que, quando muito, não podia deixar de ser tautológica (=eu sou eu) ([54]).

Contudo, é evidente que a imagem em sequência, mais explicitamente discursiva, corresponde a uma verdade-coerência. Reconhece-se nesta proposição os elementos de base da teoria da montagem designada «expressiva» ou «produtiva» ([55]).

Teorizada principalmente pelos cineastas da escola de Moscovo nos anos vinte, esta teoria da montagem reivindica a sua força discursiva demonstrando que o facto de associar dois planos produz um sentido que não se encontra nem num nem noutro, quando tomados separadamente. É conhecida a célebre experiência Koulechov, fundadora de tal teoria. Desconfiando da visão «espontânea», considerada simultaneamente demasiado pobre, demasiado fraca e demasiado rica em pressupostos culturais e ideológicos, esta teoria vê na força do cinema e da montagem a possibilidade extraordinária de propor um discurso novo sobre o mundo. «Os homens aperfeiçoaram

---

([53]) Trabalhos recentes continuam a interessar-se por esta questão, cf. Leo H. Hoek: *Titres, toiles et critique d'art. Déterminants institutionnels du discours sur l'art au XIX siècle en France*, Rodopi, Amesterdão, Holanda.

([54]) Cf. acima, capítulo 2.4, «Imagem(ns) e verdade(s)», pág. 129.

([55]) Cf. adiante, capítulo 4.3, «A montagem expressiva selvagem», pág. 236.

a câmara para penetrar mais profundamente no mundo visível», declara Vertov. Ou ainda: «Que fazer da minha câmara? Qual é o meu papel na *ofensiva* que lanço *contra* o mundo visível?» e, para terminar, o célebre «Não copiem pelos olhos!»

Ao dissociar o visual do visível, estes preceitos reivindicam a possibilidade de um discurso «exato», para não dizer «verdadeiro; de um compromisso «fiável», para não dizer «crível».

Durante muito tempo, opôs-se a teoria da montagem avançada pelos adeptos da «montagem-rainha» à dos partidários da montagem denominada «da transparência», representada por Bazin ou Rossellini, que afirmavam: «o real aí está, porquê manipulá-lo?»

No entanto, seja qual for a montagem escolhida, de tipo narrativo-representativo, ou seja, «transparente», ou resolutamente produtivo, ela é sempre «expressiva», isto é, nunca se entende unicamente aquilo que se vê mas aquilo que o visual nos manda interpretar (uma história, uma informação, etc.), numa estratégia discursiva em que participamos plenamente.

Por mais bela que seja a fórmula «Não copiem pelos olhos», ela não corresponde a nenhuma realidade do discurso visual: não se pode copiar pelos olhos, da mesma forma que a imagem não é por essência naturalista, como pretendia Eisenstein, para se atribuir, por causa disso mesmo, a missão de fulminar, de maltratar o seu realismo constitutivo.

Qualquer discurso visual tem a sua própria coerência, instigadora de uma interpretação que construímos a partir de ordens visuais e sonoras, obviamente, mas que não se reduz apenas a elas. A verdade produzida não pode ser outra que não a da coerência do discurso proposto, seja ela voluntária ou involuntária. A montagem é sempre expressiva, controlada por vezes, frequentemente «selvagem». As «reportagens» que acompanham o telejornal são disso um exemplo quotidiano, pois reúnem com urgência imagens atuais ou de arquivo, sendo-lhes o sentido conferido mediante o comentário verbal sem lograr consegui-lo ([56]).

([56]) Cf. adiante capítulo 3.

Esta coerência intrínseca, que vai ao encontro do que outros denominaram «o efeito-género» ([57]) é muitas vezes negada em proveito do desejo, descrito mais acima, de aviltar de certa maneira o visual no visível. Ela é, no entanto, implicitamente reconhecida quando se receia a «mentira» da imagem.

Com efeito, a coerência do discurso visual não se reduz, como já vimos, ao seu conteúdo estrito, mas articula-se também com o contrato implícito de comunicação no seio do qual é produzido: é quando esta coerência é conseguida, a bem ou a mal, que se grita «mentira» (de que se acusa injustamente a imagem). Se determinado jornalista não respeita a deontologia da sua profissão, não verifica as suas fontes, nos «diz» não importa o quê a propósito de uma imagem, há rutura de contrato e a «verdade» que se espera do jornalista não é respeitada.

De igual modo, as nossas expectativas não serão as mesmas para um discurso de ficção ou publicitário. Isto significa que sabemos qual a coerência discursiva que corresponde a determinada coerência de comunicação e que a discordância entre as duas é considerada um logro, um abuso de confiança, uma manipulação, o que será de facto o caso nessas circunstâncias.

Verdade(s) e interpretação

A crítica contemporânea da imagem e os medos de manipulação que ela suscita revelam uma expectativa de verdade incessantemente frustrada. Vimos que o tipo de verdade esperada está ligado a vários fatores, simultaneamente distintos e misturados:

- a força indiciária da imagem, impelindo a desejar confundir o visível e o visual e a procurar um caráter de consubstancialidade que remete para uma verdade metafísica;
- a confusão entre o conteúdo da imagem e o dos discursos verbais que o acompanham (constitutivamente ou de forma

([57]) Cf. *L'Esthétique du film*, Paris, Nathan Cinéma, 2.ª ed. 1994.

diferida) atribui um caráter de verificação ao discurso verbal; ao passo que

– a crítica de não cumprimento dos contratos de comunicação sublinha o reconhecimento implícito de uma coerência discursiva da imagem.

Vamos terminar esta análise dos diferentes tipos de expectativa de verdades esperadas. Percebe-se que elas não podem deixar de resultar numa frustração, porque não são adequadas, apesar de muito enriquecidas por um passado tanto filosófico como religioso ou mágico.

Vemos que as verdades esperadas são em todos os casos uma metalinguagem, cujas referências são simultaneamente instáveis e amalgamadas: transcendental, no caso de uma verdade metafísica; de verificação, no caso de uma verdade de correspondência; e, finalmente, semiótica no caso da verdade-coerência.

Assim, esta expectativa de verdade(s), tão antiga como as próprias imagens, orienta a sua interpretação na medida em que se coloca quase espontaneamente num universo axiológico de apreciação, que afasta outros tipos de interpretações que, para existirem, exigem um esforço de «distinção», como, por exemplo, os da estética ou da semântica.

A imagem, tal como a linguagem, vem encarnar a separação. A este propósito, «é importante evocar o espelho (...) O espelho indica ao homem a inacessibilidade da sua imagem, por conseguinte a ordem da divisão que está na base da relação com o outro, com a alteridade do seu princípio (...) É a questão do espelho, porque só há imagem se houver espelho, ou qualquer outro equivalente simbólico, se houver um terceiro que nos separe para sempre de nós mesmos.» ([58])

Sem dúvida, é preciso então ler nos diferentes discursos evocados acerca das imagens a manifestação de uma forma de resistência a esta especificidade da imagem e da representação em geral, e a manifestação de uma forma de recusa à manifestação da divisão e da separação numa arte mimética, cuja «falsidade» intrínseca lamentaríamos!

([58]) Cf. Pierre Legendre, *ibid.*

Poder-se-ia imaginar que o próprio desenvolvimento das novas tecnologias viesse esclarecer um pouco toda esta confusão. Com efeito, o aparecimento das novas tecnologias e das célebres novas imagens virtuais, das quais tememos que nos façam confundir o real com o virtual, a digitalização da imagem, de que receamos que nos façam tomar o «falso» pelo «verdadeiro», são outros tantos desenvolvimentos tecnológicos que poderiam corrigir a expectativa de verdade metafísica ou de correspondência que ainda temos da verdade: uma vez que já não temos a certeza de nada, nem sequer na imagem aparentemente mais fiel, desenvolvamos então um ceticismo, mais adaptado à receção da imagem do que a crítica, que partilha, na nossa opinião, de uma crença um pouco arcaica no seu poder.

Conclusão

Ceticismo, portanto, que tem como consequência – podemos sempre sonhá-lo – a interrogação da nossa própria prática da imagem, sobre aquilo que dela fazemos, mais do que aquilo que ela supostamente nos faz suportar. Mais do que o perigo suplementar de amálgama entre o visível e o visual, vejamos nestas novas tecnologias o fermento possível de uma nova dúvida, desta vez salutar, que, dissociando o visível do visual, permitirá então devolver a este a sua potencialidade discursiva, logo de verdade relativa, a julgar por si mesma antes de a adotar ou de a rejeitar.

Não há dúvida, porém, de que se trata por enquanto de piedosos votos, a tal ponto a receção e a interpretação das imagens se enfeudam melhor no regime da crença do que no da responsabilidade.

É exatamente o que vamos analisar de modo mais detalhado no capítulo seguinte, em volta da questão constantemente levantada da distinção entre ficção e documentário e, portanto, entre a interpretação de um filme como ficção ou como documentário. Já foram estudados, como vamos rever, determinados aspetos daquilo que preside a estas opções interpretativas, mas talvez possamos acrescentar às explicações conhecidas outras afirmações mais recentes e pessoais.

CAPÍTULO 3

ACREDITAR: ENTRE O DOCUMENTÁRIO E A FICÇÃO

Neste capítulo, vamos fixar as nossas reflexões na interpretação das imagens, já não apenas nos seus textos periféricos, sejam eles jornalísticos, literários, teóricos ou preparatórios, mas também, de forma complementar, em algumas obras e em tudo aquilo que as suas respetivas «intenções» nos ensinam sobre elas, especialmente no que diz respeito à forma como nos induzem a interpretá-las: ficção ou documentário? O que está em jogo na nossa obediência às instruções de leitura? O que retemos prioritariamente e porquê? Será possível descobrir algumas regras interpretativas? Vejamos o que nos diz a análise de algumas obras audiovisuais ou cinematográficas.

Nos dois capítulos precedentes, colocámo-nos deliberadamente do lado da *intentio lectoris*, a partir do estudo de diversas manifestações desta intenção, tal como ela podia aparecer nos textos ou nas narrativas que denominámos «periféricas», mas que, mesmo assim, entram em interação umas com as outras e com as nossas próprias intenções interpretativas. Interrogaremos aqui a *intentio auctoris*, as suas manifestações na *intentio operis* e a forma como, conjugadas, podem agir sobre a interpretação.

1. Intenção / interpretação

Não há dúvida de que podemos também adotar um ponto de vista hermenêutico, ao pensarmos que a interpretação tem como finalidade tentar saber aquilo que o autor quer realmente dizer. Sabemos, porém, que esta pesquisa ultrapassa largamente a própria obra: depende do acesso possível ao trabalho preparatório ou que acompanha a obra

– notas, fichas, correspondência, rascunhos, manuscritos, etc. –, trabalho não só difícil de realizar e de consultar, como está também sempre incompleto, tanto na sua forma concreta como intelectual e criativa.

Mesmo assim, podemos tentar confrontar as intenções do autor, tal como elas se revelam através dos seus projetos e da sua evolução, com as da própria obra, para enfim refletirmos nas modalidades interpretativas inferidas.

Da receção à interpretação, ou antes, da interpretação como uma das etapas da receção (visão, perceção, interpretação), eis o que pretendemos confrontar aqui com alguns vestígios das intenções que presidiram a um filme documentário e que podemos descobrir nas diferentes etapas do seu dossiê preparatório. Procurámos utilizar em profundidade este meio assaz precioso e raro de acesso a um aspeto da *intentio auctoris*, de forma a avaliar se a falta generalizada de acesso às intenções do autor bloqueia realmente uma interpretação «correta» da obra.

As ciências cognitivas interessam-se atualmente pelas diferentes localizações e interações dos neurónios nas etapas da receção, deixando um pouco na sombra, a partir de agora, as preocupações de ordem sociológica ou quando muito ligadas ao determinismo social e cultural, sendo este privilegiado, nestes últimos anos, pela fenomenologia e seus derivados.

Quando os espectadores ou os críticos se autorizam a julgar ou a interpretar uma obra, é efetivamente, a maior parte das vezes, com uma espécie de complexo, ou pelo menos com uma espécie de restrição mental e verbal, justificando por um lado a liberdade absoluta da interpretação ilimitada e, ao mesmo tempo, a ideia de que uma interpretação só é «boa» quando adere perfeitamente às intenções do autor.

Mesmo na crítica, são conhecidas as simplificações excessivas e as justificações ligadas às intenções do autor, as quais, se fossem ignoradas, impediriam que interpretássemos uma obra, que a compreendêssemos, que refletíssemos sobre ela e que fôssemos por ela influenciados. Na nossa opinião, neste duplo movimento de desejo positivista de prova relativa à correção de um exercício intelectual mínimo e de recurso à legitimidade de pensar, vemos as marcas da sociedade de consumo e do pronto-a-pensar, entregue juntamente com o pronto-a-vestir ou, porque não?, com o pronto-a-cozinhar. Em suma, um sinal dos nossos tempos.

Sabemos, todavia, que as obras vivem e nós com elas, através delas, graças a elas e graças a um abandono autoral, que, numa primeira fase, nos liberta e simultaneamente nos impele a recorrermos aos recursos da própria obra, da sua interação connosco, a encontrar neles as respostas às perguntas que lhes fazemos.

Mas a necessidade de nos referirmos ao «autor» no momento da interpretação revela talvez de preferência uma fuga para fora de si mesmo, um recuo perante o esforço da avaliação, uma cessação das suas próprias capacidades de apreciação, uma recusa de fazer viver plenamente a obra e, em definitivo, uma demissão intelectual.

É por isso que desejamos abordar novamente a questão da interpretação do documentário em particular, pois este coloca questões muito específicas à própria atividade interpretativa (1)

Documentário e interpretação

Com efeito, se se invoca muitas vezes a intenção do realizador para julgar ou falar de um filme de ficção, o fenómeno é diferente quando se trata de um documentário, pois é o próprio facto de se construir mentalmente um narrador real, um «autor», cuja realidade cauciona a do próprio filme (2), que leva o espectador a considerar que está a lidar com um documentário e não com uma ficção.

Sabemos também que este tipo de mecanismos determina tipos específicos de adesão que não situaremos entre o *acreditar* (para a ficção) e o *saber* (para o documentário), mas *entre acreditar e acreditar.*

(1) Comunicação apresentada no Colóquio de Cerisy: «Le Documentaire: les frères Lumière et après...», agosto de 1997.

(2) Cf. as afirmações de Roger Odin sobre este tema.

O facto de se acreditar tem ele próprio, efetivamente, as suas próprias cambiantes, variando entre a crença ficcional, mas também religiosa ou espiritual, e a credibilidade, informativa ou documentária em sentido lato. Outros considerarão que a crença se opõe à convicção; preferimos opor a crença à credibilidade, «acreditar em» a «acreditar» simplesmente. Interessa-nos especialmente esta ideia, que vai ser desenvolvida no fim do capítulo (3).

Tendo, pois, oportunidade de ver um documentário e conhecendo a realizadora, pudemos ter acesso ao projeto nas suas diferentes versões, desde a primeira sinopse até à que permitiu obter o subsídio do CNC (4), passando pelas diferentes etapas mais pormenorizadas do projeto. Com efeito, tivemos ocasião de confrontar as três intenções manifestadas: a do «autor» no dossiê, a da obra no filme, e a do espectador na nossa própria interpretação. Podíamos, assim, tentar compreender melhor alguns aspetos da especificidade do documentário, bem como a da sua interpretação.

A propósito de **Dermantzi, um outono na Bulgária***, filme de Malina Detcheva (52 minutos, 1994)*

O exemplo escolhido é o de um filme realizado pela realizadora búlgara Malina Detcheva, coproduzido pelas sociedades BIGZIGA e UTBF e difundido no canal Arte. Trata-se de uma aldeia búlgara, Dermantzi, onde a realizadora, trabalhando então em França, foi educada.

A atitude adotada para efetuar este estudo foi a seguinte:

- identificar os conceitos-chave expressos no dossiê, confrontá-los com os conceitos concretizados nas diferentes sequências do filme e no filme no seu conjunto,
- a partir daí, procurar o que «resiste», o que «escora» o documentário na sua especificidade de cinema do «real» e que, no fim de contas, implica a adesão do espectador.

---

(3) Cf. adiante, parte 4: «Acreditar (n) a imagem?», pág. 200.

(4) Centre National du Cinéma.

A hipótese, a verificar, é que o real e o inconsciente estão necessariamente na base dos acasos das concretizações (ou variantes) possíveis da filmagem, que elas mesmas designam o filme documentário como um vazio, um viveiro, uma reserva de representações possíveis, por oposição ao filme de ficção, que se afirma pela sua plenitude e pela sua conclusão.

O dossiê preparatório

Compreende seis partes:

Um primeiro texto de duas páginas, nascido a partir de um artigo da realizadora escrito para o jornal *Libération*.

Intitulado *L'Origine,* o texto evoca a morte, num hospital degradado de Sófia e devido a uma gripe banal, da avó que criou sozinha a realizadora.

Fica imediatamente no ar um sentimento de culpabilidade: «quem foi o culpado pela sua morte?»

- a *mãe* da realizadora (filha da avó), por falta de assistência à doente?
- a própria *realizadora*, por causa da sua partida (vergonhosa e traiçoeira, segundo a tradição búlgara) para França, onde agora trabalha?

Estas perguntas provocam na realizadora *ressentimento* contra os seus companheiros de viagem; a obesidade das mulheres, o seu desleixo, bem como as condições materiais de transporte revoltam-na e recordam-lhe, *a contrario*, a coragem e a energia desta avó, frágil e trabalhadora, submissa, sem questionar a perenidade aparente da ditadura comunista. Entre a partida da realizadora e a morte da avó, ocorreu *a queda do comunismo*: qual será o futuro deste país, destas pessoas pertencentes a diferentes gerações, que viveram o comunismo de maneiras diferentes?

Verifica-se que o que domina estas duas primeiras páginas é um sistema de oposições a propósito de um «romance das origens», confrontando:

- a avó boa *versus* a má mãe;
- a ternura *versus* o ressentimento;
- a boa aldeia *versus* o mau país;
- o desgosto *versus* a revolta;
- a morte *versus* a vida.

«Após a definição dos exteriores», um texto de dezoito páginas, apresentando oito capítulos intitulados sucessivamente:

- «a história» (3 páginas), evocando principalmente o trajeto entre o aeroporto e a aldeia de Dermantzi.
- «Chegada a Dermantzi» (2 páginas). Mais breve, este capítulo é essencialmente consagrado ao esboço de retratos das pessoas que vão encontrando, depois de passarem o bairro cigano (a tia velha, o tio, a prima, etc.).
- «A casa dos meus avós» (página e meia), dedicado à evocação dos ritos de anúncios fúnebres.
- «A visita a Vassil» (2 páginas): constitui um texto um pouco mais longo. Vassil, tio da realizadora, é manifestamente uma personagem-chave, algo emblemática da história da família, da aldeia e de todo o país.
- «Os vizinhos» (2 páginas), apresentando uma galeria de retratos de personagens representativas da aldeia.
- «Dia de festa» (página e meia). Uma página é dedicada à descrição do dia mais importante na vida da aldeia: a festa do borrego, na primavera, que tradicionalmente reúne toda a aldeia.
- «Uma visita» (página e meia). Durante a festa, ocorre a visita do antigo *aparachik*, ex-responsável do Partido Comunista na região.
- «A festa» (4 páginas e meia). É o fragmento mais longo e, na hierarquia das informações e dos argumentos, o ponto culminante do projeto. Mistura as descrições da ornamentação e das práticas tradicionais (o terreno vago, as carroças, as almôndegas fumegantes, as tabernas) e as reflexões acerca do aspeto agora valorizado e vazio de sentido, hipócrita até, desta festa.

Uma nota sobre o filme, texto de duas páginas e meia, escritas após a definição dos exteriores. Neste texto, são apresentadas brevemente as motivações profundas que presidem ao filme: de que forma a morte da avó, «elo íntimo» entre a realizadora e o seu país, provoca um olhar agora distanciado, uma interrogação, tanto sobre as origens como sobre o futuro pessoal, familiar e nacional.

Propõe-se, então, tanto a abordagem como o conteúdo preciso do futuro filme. Sobressaem três elementos importantes destas declarações de intenções e da sua consequência sobre o filme a rodar:

– a escolha do «ponto de vista» do «Ocidente»;
– a autoencenação;
– a festa do borrego como símbolo;

Dermantzi – a aldeia. São quatro páginas e meia, redigidas também elas após a definição de exteriores, que descrevem «objetivamente» a aldeia: a sua história, a sua geografia, a sua população, etc.

Acrescentam-se duas páginas de reflexão acerca do funcionamento social e económico da aldeia, durante e após 45 anos de comunismo:

– as crianças são confiadas aos avós, enquanto os pais vão trabalhar na cidade (é o caso da realizadora);
– os avós detêm direito de vigilância sobre os jovens casais, que ajudam desta forma, e que mais tarde deverão ajudá-los a eles, aquando da sua velhice;
– a barafunda material dos abastecimentos diários, as filas diversas, as ocasiões em que passam os artesãos ou dos reparadores de toda a espécie, o desembaraço;
– o renascimento da aldeia, após um inverno rigoroso, na altura da festa do borrego;
– a festa e os seus corolários, a evocação dos mortos, o recolhimento e o ritual, apesar da ausência de igreja;
– o logro das gerações que partiram para a cidade (em 50-60) para construírem o socialismo, velha juventude amontoada nos bairros sociais, inseguros e degradados dos arredores;

– o regresso semanal e salutar ao campo; o regresso a Dermantzi, o local de nascimento, como um refúgio e um possível renascimento.

Nove páginas destinadas ao CNC, intituladas Dermantzi. Retomam de forma sintética muitos dos elementos do dossiê precedente.

O filme é assim apresentado como «a crónica de uma família de uma aldeia dos Balcãs, uma família do Leste...». Compreende a apresentação física, geográfica e histórica da aldeia.

Em conclusão, Dermantzi «será a narrativa de uma tentativa, a de aproximar, de compreender, de conhecer a sua própria família, que se tornou para o Ocidente "as pessoas de Leste"...»

Por último, **uma página de sinopse**, a definir o futuro filme, *Dermantzi*, como a «crónica de uma família dos Balcãs», «de Leste»; Dermantzi, aldeia da infância até à adolescência, seguida da emigração da realizadora; depois ocorreu a queda do comunismo, a morte da avó, todo o tipo de transformações sociais e humanas, a esperança, os novos dirigentes, o desespero...

Viagem através do «quotidiano da memória» de uma família, e de um dos seus membros, a realizadora.

O filme

O filme, com a duração de 52 minutos, compreende trinta sequências bastante curtas, que passamos a apresentar rapidamente, de maneira a podermos avaliar a diferença entre o projeto e a sua realização:

1) O mel; 2) o avião, leitura da carta em voz *off*, Malina *in*; 3) o aeroporto, o pai e a mãe, Malina *in*, o carro, voz *off*, nostalgia; 4) chegada à aldeia, recordações, regressos precedentes, Malina *in*; 5) Yordana, Malina *in*; 6) o avô Nino, Malina *in*; 7) o cemitério, a campa da avó, Malina *in*, inciso sobre o regresso dos campos; 8) a cozinha do avô, Malina *in*; 9) a aldeia de noite; 10) o avô em viagem, a fila do pão,

a distribuição da reforma; 11) o anúncio da redistribuição das terras, a análise dos velhos mapas cadastrais; 12) Vassil nos seus entrepostos, «o novo homem forte»; 13) entrevista de Vassil no seu camião, voz fora-de-campo; 14) a redistribuição das terras, os camponeses, os mapas, os projetos, as medidas, a música; é a sequência mais longa desde o início, a mais lírica também, com música; 15) o kolkhoze desabitado, apresentado por Vassil, voz fora-de-campo; 16) o café na casa do avô com Yordana e a mãe, a distribuição de roupa, evocação do passado, partida para França, etc. O enquadramento da mãe separada, Malina *in*; 17) Vassil no seu estaleiro, os projetos, o armazém, os ciganos no telhado, voz fora-de-campo; 18) o café, entrevista de Ilona e do namorado (inciso: o camião de Vassil), Malina *in*; 19) a vizinha Guena, a roupa branca, a mãe cega, a entrevista, voz fora-de-campo, o jovem Petar, a canção proibida, o jantar na casa de Guena; 20) voz *off*, interrogação acerca do filme, o regresso, o passado, vistas da aldeia, o avô a fazer a barba debaixo da parreira ensolarada, o mel, as cores, a música, a doçura do mel: «trazer o passado à superfície?»; 21) Lalo Ninov, a demagogia, o discurso feito, em frente às fábricas; em casa, o «discurso político», os mortos da ordem, a recuperação; 22) o pai (Detcho, não nomeado), silêncio, mal-estar, voz *off* do pai por cima de imagens do kolkhoze abandonado; 23) a mãe (Milka), as velhas fotografias, as palavras não ditas, as perguntas fora-de-campo, (inciso de Vassil no camião, falando da prima), regresso a casa: recordações com justificações e com queixas; 24) a visita à casa de Vassil, «a cabeça debaixo de água», «contente e até um pouco feliz...»; 25) a festa da partida para o serviço militar, tradição e pessimismo; 26) o pai, o avô, a mãe e Malina, os ajustes de contas: silêncio dos homens, críticas da mãe; 27) plano fixo e final dos pais e do avô silenciosos, virados para a câmara, retrato de Vassil sozinho, plano fixo dos velhos, silêncio; 28) grande plano, panorâmica horizontal e lenta sobe os Balcãs, numa leve bruma, música, genérico final.

Podemos então perguntar o que resta do projeto, qual é a relação existente entre o projeto e o filme. De «Dermantzi», nome de uma aldeia búlgara para *Dermantzi*, título de um filme sobre uma aldeia búlgara. Por intermédio de um projeto que vai maturando, de um desejo que se modifica, o que resta no fim de contas? O que se oferece ao nosso olhar e ao nosso ouvido que nos convença, se não de uma verdade, pelo menos de uma autenticidade aceitável e crível?

Da intenção à obra

À primeira vista, poucas coisas correspondem ao filme tal como um produtor, lendo o dossiê, teria podido imaginá-lo, para decidir apoiá-lo ou, pelo contrário, recusá-lo.

No entanto, uma vez ultrapassada a surpresa da aparência do filme, o espírito inicial do projeto é respeitado mais do que as sucessivas versões do dossiê deixam supor: com efeito, encontramos quase intactas a revolta, a indignação, a culpabilidade e a ternura, presentes nas primeiras notas de intenção.

No meio de tudo isso, podemos perguntar-nos o que resiste que confere ao filme o seu caráter indiscutível de «documentário», ou seja, de filme crível, que nos permita aumentar os nossos conhecimentos sobre «os países do Leste», fornecendo-nos informações, reduzindo a incerteza ou a ignorância em que estamos face à história antiga e mais contemporânea destes países.

Do projeto, falaríamos de um mil-folhas em que a pulsão inicial do desejo do filme se foi progressivamente ocultando, reenquadrando, reajustando, em função dos diversos interlocutores, produtores, financeiros, instituições.

Mas da *passagem* do projeto *ao* filme, da intenção do autor à da obra como suporte de interpretação, alguns elementos permanecem, uns desaparecem, outros aparecem; graças a esse facto, nesta dialética de aparecimento e desaparecimento, neste jogo entre o visto e o não visto, entre o dito e o não dito, entre o ouvido e o não ouvido, neste *vazio reversível do percebido,* é aí que, na nossa opinião, radica a força de convicção do documentário. Vejamos alguns exemplos deste ocultar-revelar os lugares, os factos e as pessoas.

– **Os lugares.** O que resta da intenção do projeto, com o seu potencial descritível, a localização, os materiais, o estilo, é o aspeto físico de certos sítios do aeroporto à aldeia, a praça, as ruas, o antigo kolkhoze, algumas casas: a dos avós, dos vizinhos, do tio; o café e os seus néons; o salão de festas, determinada casa isolada ao crepúsculo... O campo também aparece, a redistribuição das terras, o regresso dos rebanhos, o rio onde se banham, o perfil da cordilheira dos Balcãs...

O que há *a menos* é a irritação, a hostilidade expressa no aeroporto, depois na estação de camionagem (desaparecida), o pessimismo na evocação dos campos poluídos e saqueados pela industrialização incoerente e totalitária;

O que há *a mais* é o visível e o audível, aquela casa e não outra, aquela voz e não outra, o visível, o audível e o que eles suprem ou completam. São também as surpresas devidas à montagem, produzindo um sentido que a realizadora, tarde demais, recusa, como «não desejado»: é o caso da sequência 24, de que mais adiante voltaremos a falar, consagrada à «visita à casa de Vassil», no interior da qual o inciso do banho no rio, visto do salão, mostra Ilona, com a cabeça debaixo da água e à deriva, dando um caráter terrivelmente cínico ao comentário final do pai: «estou contente» e «até um pouco feliz» ([5]).

– **Os retratos**. Estão presentes certos retratos anunciados: Yordana, o avô Nino, Vassil, depois várias vezes mas rapidamente, Ilona, Guena, o filho Petar, Lalo Ninov, o pai, a mãe;

Os retratos desaparecidos: Nicolas, Petar pai, ambos falecidos.

Há um retrato suplementar: o namorado de Ilona.

No entanto, a omnipresença do tio é menos denunciadora do que no projeto. O que há a mais é a presença do homem que consegue ser simpático, apesar do seu cinismo, apesar de ou por causa do que esconde, mais uma vez.

O retrato do pai, por muito tempo ausente do projeto, transtorna também ele, mediante a palavra não proferida diretamente, a palavra impossível; a mãe, pouco poupada e que se erige, por fim, em juiz, revela na sua diatribe final a sua própria impotência, disfarçada na conversa inicial, espelhando assim o rancor indizível da filha. Também esta última sequência será declarada como «não desejada», mas ter-se-ia imposto por si própria como desfecho de uma rodagem afinal de contas agitada e reveladora de profundas tensões.

– **Os acontecimentos**. É aqui que reside a maior surpresa. Anunciada, detalhada, reivindicada como símbolo da vida coletiva da

([5]) Cf. adiante, pág. 200: «Acreditar (na) imagem?»

aldeia, das suas reuniões felizes e rituais, a festa do borrego não aparece no filme.

É substituída, poderíamos dizer, por dois momentos coletivos: o da redistribuição das terras e a festa tradicional da partida para o serviço militar.

Tanto quanto uma surge como espécie de reparação simultaneamente irrisória, alegre e lírica de um passado injusto, assim a outra se apresenta como momento repetido e triste, apesar da tradição.

Uma vez mais, parece, a fixação do documentário faz-se por intermédio de um eco vazio do que se pode mostrar e do que não se mostra, do dizível e do indizível, sem o que o visível perderia o seu sentido e a sua autenticidade.

Uma forma deve ser aberta ou fechada

Assim, a análise deste exemplo mostra obviamente que a interpretação do documentário enquanto tal, o reconhecimento que fazemos das suas instruções de leitura que nos impelem a documentar a nossa leitura, provêm em parte, como já por diversas vezes afirmámos, das marcas institucionais e das marcas estilísticas conjugadas.

Por aqui vemos, no entanto, que não é tanto a encenação efetiva de um narrador real (na ocorrência, a realizadora) que impele radicalmente a interpretação para o reconhecimento de uma palavra provada; são antes todos os vazios que sustentam o discurso audiovisual: vazio do real incontornável das estações do ano, da morte, vazio do indizível inconsciente, matriz ausente das representações ([6]).

É efetivamente pela força da ausência e pelo peso do real e do inconsciente, *designados como indemonstráveis e inexprimíveis*, que o documentário «resiste» à ficcionalização e «se escora» na realidade. No caso, a morte de certas pessoas que não se pode filmar, o ciclo

---

([6]) Este fenómeno já nos tinha aparecido, no estudo da ausência e da elipse, em filmes de Depardon, como *Urgences* (in *La Licorne*, n.º 17, Universidade de Poitiers. 1990) ou *Faits Divers* (in «Ellipses, Blancs, silences», CICADA, PUP, 1992) cf. adiante, pág. 179 e pág. 185.

das estações durante as quais não se pôde filmar, indicam-nos pela sua própria ausência o real em que o filme se escora. Quando é outono (facto de que nos apercebemos no filme), não é primavera (referida mas ausente, tal como a festa do borrego). Quando se está de luto, não se canta. Quanto à culpabilidade mais ou menos consciente, disfarça-se de julgamento e o desencanto disfarça-se de ternura.

Verifica-se assim que estamos perante um espetáculo oposto ao que a ficção propõe, a qual se impõe como tal pela sua plenitude, o seu equilíbrio, as suas opções óbvias; na ficção, nada se passa que não seja mostrado ou sugerido pelo próprio filme; ela está saturada até nos seus vazios, até nos seus aspetos mais aleatórios.

A ficção abre-se e fecha-se sobre si própria, fora dela nada existe, ao passo que, pelo contrário, o documentário impõe-se como tal pelas suas falhas e pelos seus vazios, por um real designado como reserva de uma realidade simultaneamente única e, portanto, assinalada e apropriada, mas potencialmente múltipla, inacessível e inesgotável.

É disso que dão testemunho os planos filmados, por exemplo, que podemos então considerar como variantes, possíveis atualizações de um real mais vasto do que aquilo que está manifesto no filme mas evocado no projeto.

O documentário surge assim como uma forma vazia e aberta, por oposição à ficção, que, por seu lado, se impõe como forma plena e fechada. É o que se pretende provar com a análise comparada do dossiê, do filme e da nossa expectativa. Não vimos o filme que imaginávamos a partir do dossiê e, mesmo assim, se não duvidamos da sua autenticidade nem da sua credibilidade, é porque não só respeita profundamente as intenções apresentadas, mas também porque lhes escapa devido às suas surpresas e aos sobressaltos alimentados pela ausência.

Poderemos generalizar a afirmação segundo a qual a força do documentário se alimenta das suas falhas? Poderemos, em particular, encontrar o mesmo tipo de funcionamento nos filmes de arquivo institucionais, «históricos» e aceites como referência, se não como prova? Foi a pergunta que nos colocámos acerca de um outro exemplo, o filme *Memory of the Camps*, do inglês Sydney Bernstein.

2. O cinema de arquivo: prova da História?

Com efeito, se a fixação do documentário à realidade se faz pelos seus vazios, as suas falhas e os seus ecos, como acabamos de propor, que é feito da representação institucional de acontecimentos históricos, da sua utilização e da função dos «arquivos» visuais ou audiovisuais nestas representações? O cinema dito «de arquivo» funcionará da mesma maneira e, assim sendo, poderá servir de «prova» dos factos históricos evocados? (7)

A gravação cinematográfica, depois videográfica de determinados acontecimentos históricos, tal como as fotografias de imprensa, tem muitas vezes por função testemunhar a realidade destes acontecimentos, servindo assim como prova de factos históricos ou da atualidade. Embora juridicamente a condição de prova de tais documentos não seja sustentável, o uso pretende que o que se gravou seja sentido como verdadeiro, como vimos mais acima, porque captado sobre o real. Conhecemos o exemplo dramático dos vídeos ou das fotografias de reféns, servindo de «prova» da sua vida ou da sua morte, jogando a gravação em pleno com a força «indiciária» da imagem, ao mesmo tempo vestígio e amostra daquilo que representa.

Que se passa quando um cineasta, consciente do aspeto contestável da gravação – tudo o que é «pró-fílme» pode ser resultado de uma encenação – quer provar, por sua vez, que tudo o que filmou «estava mesmo diante dele»?

Podemos observar um exemplo desta interrogação relativamente ao tratamento da imagem, proposto por Hitchcock no filme de Sydney Bernstein, *Memory of the Camps*. Bernstein foi o oficial britânico que, na altura da descoberta do campo de concentração de Belsen pelo seu exército, tinha declarado: «Pedi que filmassem tudo o que pudesse servir de prova de que aquilo tinha realmente acontecido».

Esta problemática inscreve-se em toda uma série de oposições: filme de horror *versus* filme verdadeiro, como os recentes atentados

---

(7) Cf. o nosso trabalho in *Les Institutions de l'image*, EHESS, 2001.

de Nova Iorque vêm ainda provar tragicamente ([8]); documentário *versus* ficção; aberto *versus* fechado; *Memory of the Camps versus A Lista de Schindler*; os arquivos oficiais *versus* filmes de amadores; as «histórias verdadeiras» *versus* filmes históricos. Todas estas oposições colocam a questão da credibilidade do filme.

Mas veremos sobretudo de que maneira uma interrogação científica sobre a questão conduz necessariamente a uma interrogação ética sobre a pesquisa, o ensino e o dever de consciência.

Apresentação

Memory of the Camps é um filme encomendado pelo governo britânico. O primeiro objetivo era recordar ao próprio povo alemão que era «responsável pelo advento do regime nazi» e mostrar-lhe as atrocidades a que tal regime tinha conduzido.

Vejamos em primeiro lugar o descritivo das sequências do filme referente ao assunto:

Ibid. Os cadáveres são cada vez mais numerosos. *Ibid.* Os enquadramentos são progressivamente mais apertados, os cadáveres assemelham-se cada vez mais a baixos-relevos esculpidos, em pedra.	O ruído do vento que sopra acompanha a sequência. Voz *off*: «O filme a que vão assistir foi rodado há mais de 40 anos. É um testemunho incontestável que ninguém poderá recusar.» Outra voz *off*: «Em abril de 1945, o exército britânico penetrava no campo de Belsen: eis o que descobriu». Silêncio.
Plano fixo sobre um militar, plano americano, frente à câmara.	Voz *over*, cobrindo a do militar, *in*: «Hoje é o dia 24 de abril. Sou o artilheiro X e moro no Sushire (?).

([8]) Com efeito, muitos telespectadores começaram por tomar a transmissão «em direto» dos ataques ao World Trade Center como sequência de um filme de catástrofe...

<table>
<tr><td>Vistas de cadáveres de homens e de mulheres.
Novamente o militar.</td><td>Neste momento, no campo de Belsen, estou encarregado de guardar os prisioneiros SS. Aquilo que vemos desafia toda a descrição.</td></tr>
<tr><td>Amontoado de cadáveres.</td><td>Quando virem estas coisas, saberão porque combatem. É impossível dar conta de tudo isto com fotografias.</td></tr>
<tr><td>Grupo de soldados ingleses, efeito de zoom sobre um deles.</td><td>O que eles fizeram, ninguém poderia imaginar que um ser humano pudesse fazê-lo.</td></tr>
<tr><td>Plano fixo aproximado sobre Bernstein, nos nossos dias, 3/4 frente à câmara.</td><td>Sabemos agora o que se passou nos campos e eu pessoalmente sei porque combato» Silêncio.</td></tr>
<tr><td>Sucessão de planos, mostrando o transporte de cadáveres nus, que são lançados em valas.</td><td>Voz off:
«Sydney Bernstein, chefe da secção de cinema da divisão de ação psicológica dos exércitos aliados, foi um dos primeiros a descobrir estes horrores»</td></tr>
<tr><td>Plano aproximado de Bernstein.</td><td>Voz in, coberta por uma tradução francesa:</td></tr>
<tr><td>Planos de cadáveres por terra.
Início do «filme»:
Bandeira nazi
A águia
Desfile de Hitler filmado em picado</td><td>«Era simplesmente horroroso. Esta gente parecia-se mais com animais do que com seres humanos. Cadáveres por todo o lado, e um cheiro, um cheiro fétido, que se fazia sentir a quilómetros de distância, quando nos aproximávamos dos campos»</td></tr>
<tr><td>O trajeto de multidões exaltadas fazendo a saudação fascista.</td><td>Comentário off:
«Sydney Bernstein estava decidido a forçar os Alemães a contemplar o que ele tinha visto. Projetar-lhes as imagens da atualidade parecia-lhe insuficiente. Desejava reunir provas esmagadoras da existência dos campos de concentração nazis e gravá-las em filme para sempre, para que tais atrocidades não pudessem ser negadas.
A guerra continuava. Bernstein conseguiu convencer os Russos e os Americanos a juntar os seus testemunhos filmados aos rodados pelos Ingleses em Belsen. Uma vez che-</td></tr>
</table>

	gado a Londres, o conteúdo de todo este material pareceu tão importante que Sydney Bernstein teve de se rodear por uma equipa de jornalistas e de conselheiros para o assistirem.» Voz *in*, coberta pela tradução: «Pedi que filmassem tudo o que um dia pudesse servir de prova de que aquilo tinha realmente acontecido». Seria igualmente uma lição destinada a toda a humanidade e particularmente aos Alemães, a quem desejávamos projetar estes filmes. Com efeito, a maioria deles alegava nada saber acerca dos campos. Estes filmes deviam ser a prova que desejávamos mostrar-lhes.» Comentário *off*: «Mas o filme de Bernstein nunca foi exibido. No início, o governo encorajou-o, mas depois teve de o deter. Estas imagens dormem há quarenta anos no fundo dos arquivos. Esta é a história deste filme e dos motivos por que nunca foi projetado, mas é também a história dos campos. Ouviremos da própria boca dos sobreviventes o que se passou antes da nossa chegada...» Comentário *off*: «A rodagem começou quando a Europa se encontrava ainda em guerra. Os seus produtores estavam empenhados em demonstrar que o povo alemão era responsável pelo advento do regime nazi. Hitler estava no auge da sua popularidade, etc.»

O filme prossegue, mostrando o aspeto inicial dos campos, com planos de pessoas mais ou menos válidas, depois prisioneiros esgotados, ainda meio vestidos, posteriormente a descoberta da sujidade, da magreza, da doença, dos mortos incontáveis. Sucedem-se os testemunhos: uma antiga deportada, Anita Lasker, o operador de câmara Bill Lawrie. As imagens mostram o transporte dos cadáveres pelas SS, sob o olhar dos notáveis civis ali trazidos, os cuidados ministrados aos sobreviventes: limpeza, oferta de roupas, alimentos, cuidados com as crianças, desinfeção dos barracões. Segue-se uma sequência sobre outros campos descobertos na mesma época: Dachau, Buchenwald, Mathausen, Leipzig, Gardalegen, com comentários explicativos.

Intervém de novo um comentário sobre os materiais reunidos por Bernstein e sobre as suas intenções: «O problema que Bernstein teve de resolver consistia em realizar um filme coerente a partir de elementos diversos. Pediu aos jornalistas Wheels e Crossmann que escrevessem o argumento e o comentário. Em seguida, juntou-se-lhes um realizador famoso de Hollywood».

Bernstein explica assim este contributo: «Alfred Hitchcock era um cineasta eminente e considerei que estaria à altura de nos ajudar a montar o filme, o que efetivamente fez».

O comentário retoma: «Steward Mac Allistair e Peter Tanner fizeram a montagem em cinco meses. Peter Tanner recorda que Hitchcock receava que os Alemães alegassem que o filme estava *falsificado*.»

Peter Tanner: «O contributo essencial de Hitchcock foi tornar o filme tão *autêntico* quanto possível. Era importante sobretudo que os espectadores, e entre eles os próprios Alemães, acreditassem que aqueles horrores tinham realmente acontecido. Estou a vê-lo, percorrendo a todo o comprimento a sua suite no hotel Claridge, e a dizer: "Temos de tornar tudo muito *convincente*!"».

Aparece então no filme um plano de conjunto panorâmico, da esquerda para a direita, partindo de uma vala repleta de cadáveres, sem interrupção, até parar junto dos notáveis civis e religiosos, postados à beira da vala. Entretanto, ouve-se Tanner dizer: «Tentámos montar planos tão longos quanto possível, utilizando os movimentos da câmara. Assim, não havia qualquer possibilidade de fazer batota. Filmando em panorâmica um grupo de notáveis e de eclesiásticos sobre os cadáveres, sabíamos que ninguém poderia afirmar que o filme estava falsificado.

«Alguém sugeriu que inseríssemos na montagem objetos que tivessem pertencido às vítimas. Era realmente patético.»

Segue-se uma sequência comentada de planos representando os objetos em questão: montes de óculos, de cabelos, de dentes, de maletas, de sapatos, etc.

Depois, sobre imagens campestres e das margens do lago, ouve-se o seguinte comentário: «Hitchcock aconselhou também a mostrar imagens pacíficas dos campos alemães, em contraste com os horrores dos campos de concentração».

Bernstein, por seu lado, declara: «A ideia consistia em apresentar os arredores de cada campo e mostrar que, fora, as pessoas viviam uma vida normal: os jovens namoravam, os camponeses ceifavam, remavam no lago, ignorando completamente o que se passava perto (...) Queríamos saber se os Alemães que viviam em volta do campo tinham conhecimento de alguma coisa. Hitchcock traçou num mapa, em volta do campo, círculos de dois a trinta quilómetros. A questão era saber quem habitava naquelas zonas e até que ponto estavam ao corrente. Isto devia ser inserido no filme e mostrado a essas pessoas, dizendo-lhes: "É ali que vocês moram"».

Vemos em seguida imagens de grupos de pessoas caminhando em direção ao campo. Podem ver-se os rostos sorridentes e felizes de algumas mulheres. Comentário: «Grupos de habitantes são levados ao campo. Estes também precisavam de ver: ver por que tinham lutado e ver contra o que nós lutámos. Chegavam de bom humor, como curiosos em visita à câmara dos horrores. Mas ali viam-se realmente autênticos horrores».

Alguns planos mostram mulheres, de lenço no nariz, a desmaiarem ou com dificuldades de caminharem. Retoma-se o processo da panorâmica, descendo desde o olhar até à coisa vista, sem cortes: tatuagens de prisioneiros transformadas em pergaminho de abajures, cabeças reduzidas, etc. O comentário acrescenta: «O espetáculo parecia não causar grande impressão a alguns visitantes: estavam ao corrente do que se passava e tinham utilizado a mão de obra barata, durante muito tempo fornecida pelo campo.»

A segunda parte do filme, essa é consagrada aos campos de extermínio, evocados mais pelos testemunhos verbais de sobreviventes do que pelas imagens, menos abundantes, visto que muitas coisas tinham sido destruídas à chegada dos Aliados.

A concluir o filme, um jornalista interroga Bernstein (em 1985), que surge sozinho no ecrã: «Há pessoas que afirmam que os campos não existiram. Acha que este filme fornece a prova da sua existência?»

Resposta de Bernstein: «*Acho que sim,* mas se não for o caso falhámos miseravelmente, é muito triste. Mas, se reunir todas estas pessoas numa sala e lhes projetar o filme, talvez seja eficaz».

O filme termina com as declarações de Anita Lasker, dizendo no ecrã: «Foi terrível! Por isso é importante mostrá-lo e torná-lo a mostrar. Não deveria ser necessário insistir mais, mas de tempos a tempos é necessário refrescar a memória das pessoas. Ainda há muitas pessoas vivas que viveram esta situação...»

O ecrã surge todo negro, seguido por um quadro que apresenta a estimativa do número de mortos nos campos de concentração nazis.

Por fim o genérico final, sobre fundo negro, acompanhado pelo sopro do vento.

A interrogação científica

Impõe-se uma interrogação sobre o poder de convicção de um filme deste género, pois, à semelhança de outros filmes de arquivo, ele apresenta-se como um exemplo de filme que pretende ser simultaneamente memória e testemunho, facto de arquivo e de narrativas verbais contemporâneas ou diferidas, em que a apresentação e a demonstração ultrapassam largamente o problema da credibilidade do documentário e da reportagem e / ou o da autenticidade dos arquivos, para levantar o da *irrefutabilidade.*

O problema é colocado, desde logo, em toda a sua ambição: «impedir que semelhantes atrocidades possam ser *negadas*», «*provar* que aquelas coisas aconteceram realmente».

Tratando-se de um filme encomendado, o projeto não foi confiado a um qualquer operador de câmara, mas a Sydney Bernstein, oficial responsável pela «secção de cinema da divisão de ação psicológica do exército», que foi também «um dos primeiros a descobrirem estes horrores». Ou seja, alguém que acredita no poder de convicção das imagens, cuja profissão é exatamente fazer filmes considerados «eficazes», capazes de convencer os espectadores. Trata-se de alguém que tem imediata consciência de estar para além do crível, do apresentável, bem como do dizível. Vai, pois, ser necessário «forçar» as coisas, «forçar» os Alemães a contemplar o horror, tratado de forma diferente das banais «atualidades».

É sobre este «forçar», esta «imposição», que podemos interrogar-nos acerca do *trabalho* deste filme, tal como se nos apresenta e tal como no-lo apresentam.

Com efeito, olhando mais de perto, as coisas complicam-se, pois este documento, transmitido no Canal Plus em 1996, é um documento realizado em 1985, que mistura imagens do filme original (rodado em 1945, montado em 1948), com intervenções e explicações contemporâneas sobre o próprio filme:

– «O filme que vão ver foi rodado há mais de quarenta anos...»
– «Hoje é o dia 24 de abril e eu sou o artilheiro Fulano de tal...»
– «Esta é a história deste filme e dos motivos por que nunca foi exibido...»

Além das imagens rodadas em 1945 e montadas entre 1945 e 1948, há, portanto, imagens e explicações dadas por Bernstein, por um comentador, pelo técnico da montagem e por alguns sobreviventes, em 1985. Entre essas explicações está a da intervenção de Hitchcock e das suas opções na preparação deste filme.

As estratégias de convicção

Visto que a primeira intenção dos autores (o governo britânico, Bernstein, Hitchcock e os restantes) era convencer a todo o custo, estes vão considerar um determinado número de processos, que iremos enumerar e questionar: gravar, acumular, fazer falar, montar e opor.

Gravar

Para o autor deste filme, trata-se de:

- acumular registos de todas as origens (de Soviéticos, Ingleses e Americanos) de acordo com a instrução de «gravar em filme uma vez por todas» a fim de
- reunir «provas esmagadoras».

Embora o soldado-testemunha de 1945 declare, em frente à câmara: «É impossível dar conta de tudo isto com fotografias», vemos, pelo contrário, que Bernstein conta com a tomada de vistas como «prova». A gravação é, pois, considerada em toda a sua força de recolha a partir de um real incontestável. Trata-se de imprimir, «de uma vez por todas», os vestígios desta realidade atroz:

Conta assim com a força do vestígio, força que, como já mostrámos, é determinante de um certo tipo de adesão à imagem ([9])

Se, face à imagem, seja ela qual for, temos uma expectativa de verdade ([10]) (que não temos, por exemplo, da linguagem), é porque, como vimos, a natureza da imagem está não só associada, desde a Antiguidade, à noção de verdade, mas também à sua capacidade de estar fisicamente ligada ao que ela representa, como a sombra, o reflexo no espelho, o ídolo, o ícone, a fotografia, e assim por diante... Propusemos, pois, como explicação possível desta expectativa de verdade, o desejo contagiante de tomar qualquer imagem por um vestígio do que ela representa, algo *consubstancial* ao que ela representa, mais do que como imitação, devendo o visível, enquanto «recolha» ou «amostra do mundo», ser crível, ou seja, verdadeiro.

Trata-se, neste caso, da função de «gravar de uma vez por todas», quer dizer, produzir uma imagem que se entregue com toda a força do seu «imediatismo».

([9]) Cf. acima, capítulo 2: «A força da imagem-vestígio», pág. 130 e capítulo 3, «Acreditar (na) imagem?», pág. 200.

([10]) Cf. acima, capítulo 2: «Imagem(ns) e verdade(s)», pág. 129.

Acumular

Aos olhos de Bernstein, porém, o caráter de prova do vestígio em si não é suficiente para convencer em absoluto; é necessário ainda organizá-lo.

A opção *retórica* feita em primeiro lugar é, assim, a do procedimento da acumulação. O efeito é duplo: não só permite variar os testemunhos, mas também permite compreender que a sua própria multiplicidade não esgota o real. Com efeito, ao mesmo tempo que mostra tudo o que gravou, o filme aponta para tudo o que não pôde ser captado: compreende-se assim que é impossível reproduzir os horrores daquela altura na sua multiplicidade, especialmente os horrores subtraídos a toda a visão pela morte ou pela destruição pura e simples.

Portanto, a acumulação funciona aqui como figura da falta, que será ela mesma ampliada pela montagem.

Verifica-se neste processo de acumulação uma especificidade do documentário ([11]): «o suporte documental faz-se por intermédio de um *eco* no vazio daquilo que se mostra e daquilo que não se mostra, do dizível e do indizível, sem o que o visível perde o seu sentido e a sua autenticidade.» Não significa isto que o documentário convença porque não mostra, mas sim porque aquilo que mostra revela também aquilo que não pode mostrar na totalidade: a natureza e as estações, a vida e a morte, o inconsciente.

Falar / Fazer falar

Quanto à palavra, Bernstein apela para terceiros: testemunho verbal dos sobreviventes, cuja palavra é gravada *in*.

Mas o que aqui é mais notável é o recurso conjunto a ajudas exteriores para escrever o argumento e o comentário: recurso a jornalistas, na medida em que são profissionais da informação.

([11]) Cf. acima, capítulo 3 «Acreditar: entre o documentário e a ficção», pág. 145.

A propósito das formas da palavra, contentemo-nos em assinalá-las sem as analisar, mas notando que a credibilidade do testemunho oral e direto das pessoas implicadas é tal que o próprio Spielberg lançou uma vasta operação de recolha de testemunhos de todos os sobreviventes da Shoa como complemento indispensável do filme *A Lista de Schindler*, «história verdadeira» mas por si só insuficiente para convencer.

Montar

O quarto processo inevitável é, evidentemente, a montagem.

Para a montagem, Bernstein recorre também a uma terceira pessoa, mas não se trata de uma pessoa qualquer: recorre a Hitchcock, «realizador eminente». O que pode surpreender é tratar-se de um realizador de ficção e principalmente de filmes ditos «de terror».

Mas o horror real choca de tal maneira Hitchcock que levanta o problema da «autenticidade» do filme e da sua possibilidade de «convencer», ou seja, um verdadeiro problema de retórica. Reencontramos aqui mesmo a afirmação feita por Christian Delage citando Paul Ricoeur ([12]): «O que está em jogo não é a descoberta de uma nova fonte, mas a forma como a reflexão acerca da escrita cinematográfica, na sua proximidade com a História, nos leva a regressar às próprias condições de trabalho do historiador. É caracterizando o modo explicativo da História que se determina de maneira exata o papel da prova documental; e é refletindo acerca da escrita que se mede o impacto da retórica sobre os instrumentos de prova em História.»

Esta afirmação aproxima-se de outra, mais antiga, de Wolfgang Iser ([13]) citada mais acima a propósito da especificidade da ficção. Na sua opinião, «o argumento ontológico deve ser substituído por

---

([12]) Pág. 15: «Cinéma, Histoire: la réappropriation des écrits» Paul Ricoeur «Philosophies de l'histoire: recherche, explication, écriture», G. Floistad (dir.), *Philosophical Problems Today*, Kluwer Academic Publishers, vol. 1, 1994, pág. 140, *Vertigo*, n.º 16, «Le cinéma face à l'histoire», Jean-Michel Place, Janeiro-Março de 1997.

([13]) In «La fiction en effet», *Poétique*, 39, Paris, Seuil, 1974.

um argumento funcionalista; entre ficção e realidade, a relação já não é de ser, mas de comunicação», isto é, de uma formalização apropriada. As formas de enunciação são deste modo consideradas instruções de leitura, ao passo que as soluções retóricas complementares aqui sugeridas são:

- privilegiar a panorâmica e os planos sem cortes;
- produzir contraste, oposição.

O plano sequência é assim considerado como uma caução de não «falsificação», o contrário de «trapaça».

Em que é que o plano-sequência, utilizado com mestria por Hitchcock na ficção (por exemplo, em *A Corda*, na mesma época, em 1948) pode aqui ser considerado como não falsificação?

Como é evidente, é tempo real, espaço não fragmentado, mas evitará isso uma encenação possível do pró-fílmico? Será que Hitchcock o ignora? Certamente que não.

O que esta sugestão nos revela não é que Hitchcock ignore o que seja a encenação, até de um plano-sequência, mas que *não evocando sequer* a encenação, ou seja, *não pensando sequer* na encenação, ele considere, indique e manifeste que este pró-fílmico é impossível de encenar, por ser precisamente inimaginável, *inconcebível*.

Diz-nos que este real é necessariamente dado, porque absolutamente obsceno. A própria ausência da evocação de uma encenação diz até que ponto se trata do real, mas de um real para lá de toda a manipulação: esta ausência de evocação, de imaginação até, de encenação é, do nosso ponto de vista, é muito mais do que a ausência de corte desejada e anunciada, a marca da fixação no real, bruto e brutal no filme.

A análise deste exemplo mostra evidentemente que a interpretação do documentário como tal, o reconhecimento que fazemos das suas instruções de leitura, que nos levam a documentar a nossa leitura, provêm em parte, como foi muitas vezes demonstrado, das marcas institucionais («Esta é a história de um filme...») e das marcas estilísticas conjugadas (imagens tremidas, panorâmica). Recordamos que a leitura documentarizante consiste em construir um Narrador real, um Eu-origem do filme, ao contrário da leitura ficcional. Como sugeriu Roger Odin ([14]), para destrinçar a ficção do documentário pode ser útil partir do espectador e já não essencialmente do filme nem da instituição. Estas afirmações parecem sempre eficazes, pois mostram de que maneira o estilo, mais o suporte, mais a instituição (o texto, o contexto e o cotexto da comunicação audiovisual) enviam ao espectador instruções de leitura dominantes: tanto uma leitura ficcionista como uma leitura documentarizante, não estando nenhuma delas bloqueada e podendo a todo o instante passar de uma para outra e inversamente. Sendo característica essencial de cada modo de leitura que, quando se está na construção ficcional, se recuse (algum tempo) a construção de um «Eu-origem», para acreditar num pseudomundo, na leitura documentarizante, contudo, o espectador constrói um «Narrador-real» pressuposto, para acreditar no mundo representado como real.

Neste exemplo, porém, vê-se que não é tanto a construção efetiva de um Narrador real (no caso, Bernstein e os seus operadores) que obriga radicalmente a interpretação para o reconhecimento de uma palavra comprovada. Efetivamente, há que voltar a situarmo-nos no contexto do momento, acerca do qual Marc Ferro ([15]) escreve, a propósito do anonimato dos operadores de guerra ou de atualidades e das imagens não assinadas: «Órfã, sem fé nem lei, a imagem era necessariamente agressiva; ela não podia ter uma opinião, era politicamente neutra».

Também aqui, apesar do testemunho de Bernstein (acrescentado em 1985), a imagem do filme de 1948 permanece anónima e não contribui para construir um narrador real; entrega-se ao próprio mundo, sem intermediário, e nomeia o próprio espectador como testemunha, confundindo manifestamente (e não implicitamente, como é habitual) o seu olhar com o da câmara. O espectador é assim nomeado a própria origem da imagem, o que provoca o horror e a recusa de ver, a censura e o silêncio de que adiante falaremos.

([14]) In «Film documentaire, lecture documentarisante», *Cinémas et réalités*, Saint Étienne, CERTIEC, 1972.

([15]) *Cinéma et Histoire*, Paris, Denoël, 1977.

Mais uma vez, são todos os vazios que estão na base do discurso audiovisual que o validam: vazios do real indemonstrável na sua totalidade, vazios do inimaginável, vazios da morte e da destruição, vazios do indizível e, no fim de contas, do inconsciente, matriz ausente também ela das representações. É devido à força da ausência e ao peso do real e do inconsciente, indemonstráveis e inexprimíveis, que o documentário «resiste» aqui, mais do que nunca, à ficcionalização, e se «atém» à realidade: no caso, a morte de todas as pessoas que não puderam ser mostradas, todos os anos durante os quais não se pôde filmar. Pela sua ausência indicada: a primavera de 1945, de que nos apercebemos no filme, «assinala a ausência e a realidade dos anos e das estações precedentes; quanto à culpabilidade mais ou menos consciente, disfarça-se de julgamento, recusa de saber, vergonha...» ([16]).

Como em *Dermantzi*, temos ali um espetáculo em oposição ao normalmente proposto pela ficção, caracterizada, essa, pelos seus plenos, pelo seu equilíbrio, pelas opções claras; a ficção «em que nada existe fora dela»; aqui também o real documentário «se impõe pelas suas falhas e pelos seus vazios, por um real designado como *reserva*» de uma realidade simultaneamente única e portanto necessariamente apropriada, mas potencialmente múltipla e inesgotável. Não veremos o filme que não conseguimos imaginar (pôr em imagens) a partir do filme que nos é apresentado e, mesmo assim, se não podemos «duvidar da sua autenticidade nem da sua credibilidade», é porque respeita e ultrapassa ao mesmo tempo as intenções manifestas do seu propósito.

Como sublinha uma vez mais Christian Delage, na peugada de Krzysztof Pomian em *Vertigo*, n.º 16, a narrativa histórica inclui «elementos, signos ou fórmulas que supostamente conduzem o leitor para fora do seu próprio texto» e que convém «designar com o nome de *marcas de historicidade*» ([17]).

([16]) Cf. acima capítulo 3, «Intenção / interpretação», página 145.
([17]) In «Histoire et fiction», *Le Débat*, 54, Março-Abril de 1989.

Opor

É evidente que a oposição ou o simples contraste como figura de retórica, aos olhos de Hitchcock seria apenas mera astúcia. Para evitá-lo, o realizador visa a oposição *verdadeira* entre a vida «banal» e a dos campos de concentração. Desta maneira, o que ele irá procurar são precisamente *verificações* sistemáticas a partir dos mapas, outro meio de representação do real. Em volta dos campos, traçam-se círculos (de 2 a 30 quilómetros) e passa-se ao inquérito: quem vive ali? Vai-se à procura de pessoas reais para lhes mostrar a realidade. E mostram-nos que se lhes mostra.

O contraste versus *a verificação*

Que a distinção teórica entre documentário e ficção é quase insolúvel, já o recordámos suficientemente: as marcas estilísticas são insuficientes, visto que tudo se imita: as marcas institucionais são, também elas, flutuantes, mesmo se geralmente as condições de produção e de emissão de um filme influenciem fortemente o seu modo de receção.

Vimos que, em 1985, Bernstein se coloca como narrador real ou seu delegado; porque a forma de considerar a imagem se tinha alterado desde o fim da guerra. Esta, anónima, transformava-nos em verdadeiras testemunhas das cenas representadas. Reconhecemos ali a crença num mecanismo coerente com o projeto do filme inicial: mostrar e, ao proceder desta maneira, transformar o espectador, e particularmente o espectador alemão, em Narrador-testemunha real, portanto, num «Eu-origem» destes horrores, verdadeira caução de um mundo *verificável.*

Com efeito, também aqui podemos reter a afirmação já invocada de Karlheinz Sierle ([18]), segundo o qual «a característica essencial de um texto de ficção é ser uma asserção não verificável».

([18]) in «Réception et fiction», *Poétique*, 39, *ibid.*

Ora, sabemos que a única realidade verificável (e disfarçada), de que dá conta a imagem do filme de ficção é a do *plateau* de rodagem, assimilação ignorada por Hitchcock, como vimos. Pelo contrário, a realidade gravada e reivindicada como tal pela imagem do documentário ou da reportagem, é em princípio, verificável. Confunde-se, no entanto, a verificação de existência com a verificação de sentido. No fim de contas, quer a gravação de uma qualquer realidade seja organizada como afirmação de ficção ou como afirmação de documentário, é sempre organizada num discurso que induz modos de interpretação específicos.

Verificação versus *Comunicação*

«Se quisermos submeter estes vestígios cinematográficos (os "arquivos") ao problema do estatuto da verdade num regime de conhecimento, trata-se menos de revelar a parte de ilusão ou de manipulação que contêm do que apreciar os modos narrativos. (...) A interrogação sobre as condições em que somos confrontados com esta memória singular é tanto mais complexa quanto, com o passar do tempo, é cada vez mais difícil separar a "realidade" da sua "representação" audiovisual, a memória culta da memória pública. A perspetiva pode no entanto alterar-se, se optarmos por analisar imagens cuja memória foi mantida desde a sua difusão, e cuja função não era substituir-se ao acontecimento relatado, mas acompanhar a sua *realização*», escrevem Christian Delage e Vincent Guigueno, em «Montoire, une mémoire en représentations» ([19]).

E Pierre Nora afirma como num eco: «Para haver acontecimento, ele tem de ser conhecido» ([20])

Assim, o contraste, apesar de se fundamentar aqui na verificação, não só funciona como figura de comunicação mas também como figura de *conclusão*. Certamente não é por acaso que encontramos o

---

([19]) In *Vertigo*, n.º 16, Paris, Jean-Michel Place, 1997.

([20]) In «Retour de l'évenement», *Faire de l'histoire*, *1, Nouveaux problèmes*, Paris, Gallimard 74, pág. 212, citado in *Vertigo*, n.º 16.

mesmo processo no texto de Jean Cayrol que, em 1956, acompanhava a abertura do filme de Alain Resnais, *Nuit et Brouillard*: «Até mesmo uma paisagem tranquila, até um prado com bandos de corvos a esvoaçar, searas e queimadas, até uma estrada por onde circulam carros, camponeses e casais, até uma aldeia para férias com a sua feira e o seu campanário, tudo isso pode simplesmente conduzir a um campo de concentração.» Retomando a ideia de Hitchcock, Bernstein declara: «A ideia consistia em apresentar os arredores de cada campo e mostrar que as pessoas levavam fora dali uma vida normal: os jovens namoravam, os camponeses ceifavam, remavam no lago, ignorando completamente o que se passava nas proximidades».

Na imagem, a oposição entre a expressão das pessoas levadas a visitar o campo e a sua atitude lá dentro perante «autênticos horrores», é, deste ponto de vista, espetacular e representativo desse contraste: privilegiar o olhar mais do que a coisa vista, opor o sorriso ao horror num processo de montagem, ou seja, um processo de fragmentação, no seio do qual, tal como aquando da acumulação, se localiza o sítio do sentido. O corte, mais do que o plano-sequência, evoca e pede a colagem; e é a sutura que ela implica que estamos prestes a fazer, porque neste ponto somos conduzidos até ao impensável, que nos projeta para fora de nós mesmos, num autêntico êxtase (*ex-tasis*).

Enfim, este regresso a Cayrol pelo atalho do contraste reconduz-nos à história destes filmes e dos problemas que, em consequência, eles implicam: a censura, o silêncio e a negação.

Consciência, investigação e ensino

A censura exerceu-se tanto sobre o filme de Bernstein como o de Resnais.

Quanto ao primeiro, terminado em 1948, não será projetado ao povo alemão, conforme estava previsto. O argumento aduzido foi que com este filme correr-se-ia o risco de comprometer o esforço de reconstrução iniciado na Alemanha. Quanto ao segundo, apesar de ter sido também ele encomendado pela Comissão de História da Segunda Guerra Mundial, no 10.° aniversário da libertação dos campos de concentração, só obteve autorização para comercialização à custa da censura do quépi de um polícia francês no campo de Pithiviers, onde se encontravam reunidos os deportados, ao mesmo tempo que o filme, selecionado para o Festival de Cannes, foi retirado do concurso na sequência de uma diligência da embaixada alemã junto do governo de Guy Mollet. Jean Cayrol escreveu na altura no *Le Monde*: «A França recusa assim ser a França da verdade, pois o pior massacre de todos os tempos, só o aceita na clandestinidade da memória... Rasga bruscamente da História as páginas que não lhe agradam, retira a palavra às testemunhas, torna-se cúmplice deste horror...» ([21]). Com dez anos de intervalo, esta censura seguia-se à do governo britânico.

Esta atitude paradoxal – encomenda e depois retratação – pode assim parecer, para além dos argumentos políticos, um processo de recalcamento opondo-se a este impulso para o inconfessável. Recalcamento que, com a ajuda da censura, pode resultar no silêncio.

O *Le Monde* de 6 de setembro de 1996 consagrava um «debate» ao silêncio dos intelectuais e muito particularmente dos universitários alemães, após a guerra. Entrevistado por Maurice Olender, Hans Robert Jauss, figura de proa da escola de Constança, tão importante cientificamente (em particular devido à sua teoria do «horizonte de expectativas», referida e utilizada nesta obra e que, por ter sido aqui decididamente ridicularizada, explica o mutismo evocado), ele próprio antigo oficial da Waffen-SS, declara: «A singularidade radical da barbárie nazi paralisou uma geração de intelectuais» e Karlhein Stierle (nascido em 1936), citado mais acima, denuncia o silêncio dos seus mestres (entre eles Jauss) da universidade de Heidelberg, silêncio que «se tornou uma divisa da ciência moderna» e «objetiva», apesar dos escritos, por exemplo, de Hanna Arendt, em 1948, dos quais ele afirma que a reflexão ficou sem eco, salvo exatamente «o eco do silêncio».

«Não há normalidade possível em sítios onde o silêncio nunca pôde tornar-se palavra pública», exclama Stierle. Ou seja, está a denunciar o perigo do processo de uma doença psíquica, já não individual mas coletiva e social. Para combater o recalcamento coletivo da barbárie e o silêncio que ele implica, Stierle reclama claramente uma palavra, mas uma palavra *pública*.

([21]) Cf. Jean-Luc Douin, in *Le Monde*, 10 de janeiro de 1997.

É precisamente contra esta tentativa de cura que se batem os revisionistas, exaltando a negação. Podemos duvidar, como eles fazem, a palavra das testemunhas, como podemos duvidar de qualquer palavra, seja ela qual for. Mas neste caso a negação não diz justamente respeito a «uma qualquer palavra». Em toda a História, é a única que é negada tão redondamente. Ora, há provas concordantes que permitem opor-se a tal recusa. Determinadas coisas são, com efeito, mais difíceis de refutar, como, por exemplo, as tatuagens, os edifícios, o que resta dos fornos, em suma, os *vestígios* dos campos. Nem toda a gente irá fazer a viagem para os ver, mas a realidade destes vestígios não pode realmente ser contestada, como o não podem as conclusões do processo de Nuremberga.

Vimos como os problemas que se levantaram aos cineastas, as elipses e até a sua própria retórica funcionam como caução do horror, utilizando a «forma vazia» do documentário. Mas devemos aqui acrescentar a força das próprias imagens, que nenhuma narrativa pode substituir na evocação do suplício. Há narrativas mais horríveis, sem dúvida; mas será possível deixar de reter a visão destes corpos nus e torturados como o cúmulo da infâmia mais absoluta? Nenhum de nós sabe o que é aquela morte nem o que dizem, para além de toda a negação, estas imagens acumuladas. É por isso que os revisionistas nem sequer se apercebem de que a sua própria negação se transforma numa prova. Se é unicamente o facto histórico que ousam negar com tal amplitude e com tal encarniçamento, é exatamente porque reconhecem nele – ao mesmo tempo que o recusam – a barbárie «radical». A própria «violência» da negação cauciona na realidade a «violência» da (de)monstração.

Filhos do horror, temos por isso mesmo a obrigação de combater o silêncio e a cegueira.

O cinema de arquivo, prova da História?

Damo-nos agora conta de que a pergunta está mal feita, uma vez que contém a sua resposta.

De facto, a prova, seja ela material, intelectual ou científica, tem sempre a ver, também ela, com a verdade, mesmo relativa, como vimos mais acima. Assim, apenas podemos eliminar da nossa demonstração as mensagens falsificadas e considerar que o filme de arquivo, quando é fabricado e utilizado com as precauções (verificações) necessárias e com sinceridade, pode servir a verdade da mesma forma que o discurso histórico ou jornalístico.

Mais do que uma prova, o filme de arquivo pode ser «autêntico» e «convincente», com as suas limitações e a sua especificidade.

As limitações do cinema de arquivo prendem-se, evidentemente, com a retórica e a dramatização. Mas a sua especificidade é o modo de funcionamento do documentário aqui recordado, e cujo exemplo escolhido representa um caso extremo, pois a realidade a construir a partir daquilo que se vê é a própria barbárie. É isso mesmo que explica o silêncio, a vergonha, a negação.

É por isso que nos empenhamos com a nossa responsabilidade de espectador e de intermediário. Todo o discurso, incluindo o audiovisual, é uma forma de palavra, quer dizer, a imagem e a sua organização não são nem neutras nem o reflexo exato (e impossível) da realidade, ela mesma multiforme. Pode, no entanto, ser autêntico e produzir uma verdade correspondente a uma certa realidade dos factos.

Assim, neste filme, a dramatização não está ausente, em particular através da ventania que se ouve no genérico do início e do fim. Mas, por outro lado, percebe-se bem de que maneira as imagens funcionam como apelos entre os plenos e os vazios, estando o vazio à medida do pleno. Quando o eco não pode deixar de ser a barbárie absoluta, como neste caso, já não se pode duvidar mais do caráter indispensável de tais arquivos e de tais filmes; não se pode duvidar da sua autenticidade nem da sua necessidade, a não ser para se tornar cúmplice não só de um futuro semelhante, mas também, se ainda não fôssemos nascidos, de um passado que nos gerou.

Deste modo, o que se apodera de nós ao nível da interpretação, abrangendo o sentido particular de cada plano ou de cada sequência, é a *angústia*, o contrário de uma conclusão, a necessidade de vigilância, aqui exigida, às portas de um inferno de que, queiramos ou não, somos herdeiros.

3. Do documentário à ficção: passagens

O confronto entre a intenção do autor e a intenção da obra permitiu-nos ver de que maneira a sua interferência, concordante *e* discordante, estimula a exatidão da interpretação de uma obra, indo além da de cada uma delas, tomada separadamente. É o próprio cruzamento das intenções respetivas do autor e da obra que estimula a imaginação e a reflexão do espectador. A interrogação sobre a fiabilidade do cinema de arquivo confirma esta posição, ao mostrar que, se tudo for sempre uma questão de retórica, também a responsabilidade do espectador está comprometida na interpretação. Conhecendo as intenções preexistentes sobre determinado fundo de expectativas, a do espectador nem por isso provém daí simplesmente, mas compromete-a profundamente. Não aceita de forma alguma afirmações que lhe sejam estranhas, mas tem de se comprometer assumindo opções interpretativas não neutras e reconhecendo as suas próprias perguntas na resposta que encontra na obra.

Dois novos exemplos concretos deveriam permitir-nos observar estes mecanismos interpretativos: por um lado, com a passagem à ficção do documentarista Raymond Depardon e, por outro, através da transformação de «dados» documentais em elementos de ficção, pela realizadora Randa Chahal Sabbagh, ao serviço de uma verdade desta vez mais geral e universal do que particular.

Depardon ou a coerência pela ausência

A inteligibilidade de um filme, a possibilidade de o espectador a ele aderir de uma forma ou de outra, dependem sem sombra de dúvida da sua coerência, ou seja, da compatibilidade dos seus elementos constitutivos entre si e com a expectativa do espectador. Compatibilidade, pois, entre os elementos formais, por um lado, sejam eles de expressão ou de conteúdo, e os elementos institucionais, por outro, do domínio do contexto da comunicação. Sabemos que esta compatibilidade, donde decorre a coerência, é largamente convencional e obedece mais às leis da representação do que às da perceção do mundo, ainda que a própria apreensão da imagem, particularmente do filme, se preste facilmente à sua confusão. Basta ver de que maneira a montagem do filme mais «transparente» que seja nos habituou a considerar como coerente a associação de enquadramentos de diferentes tamanhos, ao mesmo tempo que nos dá a ilusão de termos uma visão «natural» dos acontecimentos. Ou ainda de que maneira lemos de forma «documentarizante» reportagens que foram retirar muitas das suas marcas estilísticas aos filmes de ficção, publicitários até. Quer isto dizer que a leitura e a interpretação que fazemos de um documento e o tipo de adesão que adotamos resiste a determinado número de incoerências que nós «recuperamos» em proveito deste ou daquele tipo de compreensão. Podem as instruções de leitura cruzar-se, sobrepor-se ou amalgamar-se (ficcionizante ou documentarizante) ([22]), uma ou outra dominará e regulará a nossa compreensão. E, conforme os casos, modificaremos a impressão de termos aumentado o nosso saber (acreditamos) ([23]) ou o prazer fugidio da crença (sabemos que acreditamos) Tomaremos, então, o objeto da apresentação quer por um mundo comprovado, quer por um mundo possível ([24]). Mostrámos que o tipo de leitura adotada dependia em grande parte da articulação entre o contexto institucional de produção, de realização e de difusão do filme, com as suas marcas estilísticas internas e a cooperação do intérprete ([25]).

Nestas condições, parece interessante observar o caso de Raymond Depardon, cujos filmes produzidos, realizados e distribuídos no mesmo quadro institucional são, no entanto, interpretados de maneira diferente: um deles, *Urgences*, é considerado um

([22]) Roger Odin: «Film documentarisante, lecture documentarisante» in *Cinémas et réalités*, *op. cit.*

([23]) Cf. adiante, capítulo 3: «Acreditar (na) imagem?» pág. 200.

([24]) Cf. Michel Colin, «Le statut logique du film documentaire» in *Cinémas et réalités*, *op. cit.*

([25]) Problemática estudada em particular por Roger Odin em «Du spectateur fictionnalisant au nouveau spectateur. Approche sémio-pragmatique» Iris n.° 8, *Cinéma et narration* vol. 2, Paris, Corlet, 1989, retomado parcialmente in *De la fiction*, Bruxelas, De Boeck, 2000.

documentário; o outro, *Une femme en Afrique*, uma ficção. Um e outro, contudo, transgridem um determinado número de regras de coerência, às quais estas duas grandes famílias de filmes nos habituaram. Na medida em que a adesão do espectador não é, por isso, suspensa, podemos pensar que Depardon dá provas de invenção e de criação e que pode ser instrutivo ver precisamente que tipo de coerência estes filmes nos propõem.

Urgences surpreende, em primeiro lugar, por ser anunciado como um filme documentário, produzido e distribuído como um filme de ficção (Produção: Double Copyright Films e CNC; distribuição UGC). A realização é assinada, o que é sempre o caso nos filmes de ficção, mas nem sempre nos filmes ditos «documentários»; Depardon, porém, é conhecido por ser um documentarista à maneira de um Wiseman. Seguidamente, as primeiras imagens dão o tom: apenas a montagem serve para articular várias cenas, aparentemente filmadas ao vivo: câmara fixa (excetuando uma ou duas panorâmicas, acompanhando uma personagem que se passeia ou revelando a operadora de som, à qual um doente se dirige); som direto; nem música nem comentários; não há mudança de enquadramento no decurso de uma mesma cena.

Após um segmento introdutório, destinado a situar o hospital da Misericórdia, em Paris, e depois o serviço de urgências no mesmo hospital, o filme começa por uma sequência que foi suprimida na versão *vídeo* do filme. Esta forma de censura provém, sem dúvida, do facto de a cena em falta ser particularmente frustrante para o espectador: era nela percetível, mais do que visível, um homem ainda novo, na sombra de um corredor, instalado a uma secretária, recusando-se a responder às perguntas que lhe faziam e preenchendo impressos, para voltar a desaparecer, furioso...

Começa em seguida o que vai constituir o corpo do filme: uma série de entrevistas entre pessoas levadas à urgência psiquiátrica e um psiquiatra. O mesmo processo será retomado alguns anos mais tarde por Depardon, em *Délits flagrants* (1997). Aqui, a primeira entrevista é a do senhor Oukoukou, bem representativa do «género» do filme no seu conjunto. Um plano fixo, médio, enquadra um negro, sentado numa cadeira, em frente da câmara, com um ar adormecido, e a cabeça apoiada numa das mãos (fotograma 2). Uma voz feminina, fora-de-campo, dirige-se-lhe, o que o sobressalta: «Então, senhor Oukoukou, está a dormir?» O senhor Oukoukou levanta a cabeça, olha obliquamente na direção da voz e responde: «Não... não... não estou a dormir...». Segue-se uma conversa bastante longa (a sequência dura cerca de cinco minutos) entre o senhor Oukoukou e a voz que o interroga, da qual nos apercebemos ser a da médica psiquiatra, que mais tarde aparecerá no campo. Esta conversa, como todas as que vão seguir-se, aborda uma série de situações enunciativas e

2

narrativas concêntricas: do «lar (26)» origem do filme, à psiquiatra ausente da imagem e «parteira» de uma narrativa que o senhor Oukoukou deve fazer acerca de um passado recente que o levou ao hospital. Uma narrativa «perfetiva», lacunar e de revelação ao mesmo tempo (27). Se hierarquizarmos o saber dos diferentes narradores uns em relação aos outros, veremos que o Narrador-origem, tal como a Narradora, sabe menos do que a médica, que, por sua vez, sabe menos do que o seu paciente. No entanto, a duração das entrevistas e das narrativas a que dão origem não depende do seu conteúdo, mas da duração habitual de um filme de ficção, o que paradoxalmente

---

(26) Cf. Christian Metz» *L'Énonciation impersonnelle ou le site du film*, Paris, Méridiens Klincksieck, 1991 e Francesco Casetti, *D'un regard à l'autre, le film et son spectateur*, Lyon, PUL, 1990.

(27) Cf. François Jost: «Propositions pour une narratologie comparée», in Manheim, *Mana*, julho de 1987. *Texte et médialité.*

concorre para conferir à narrativa fílmica no seu conjunto o caráter imperfetivo da reportagem [28] e, portanto, para «realizar» o Narrador-origem, colocando-o numa situação comparável à do «homem da rua», cuja duração de observação dos espetáculos quotidianos disponíveis depende de restrições exteriores à própria natureza do espetáculo.

Assim, não se opera a dissociação entre perspetiva narrativa e perspetiva percetiva e interpretativa, própria do filme de ficção. E vai ocorrer tanto menos que, por diversas vezes no filme, os pacientes vão dirigir-se diretamente à câmara, ou melhor, ao operador de câmara, pondo-o como copresente num universo pró-fílmico testemunhado e não já apenas possível. Todavia, a atestação desta copresença será ainda mais forte quando o operador, que no entanto nunca veremos, der resposta ao seu «interpelador»: o facto de ouvirmos o operador sem o vermos, torna-se o garante da realidade da rodagem e das suas limitações, a prova de que estamos a lidar com um Narrador real.

Podemos, pois, numa primeira fase, constatar que a copresença criada por Depardon e que nos leva a interpretar o seu filme como um documentário é uma coerência construída pela ausência, o não ver e o não saber. Mais do que por marcas institucionais que, como vimos, são contraditórias, mais do que por marcas estilísticas particulares, é pela frustração do olhar e do saber que Depardon dá ao filme o seu caráter de real. E é isso que a censura da versão vídeo sublinha em abstrato: a cena em falta negava intensamente, logo de imediato, a função de apresentação do filme que, supostamente, designava um mundo comprovado ou possível. Ora, é sobre a não apresentação, sobre as suas falhas e as suas incertezas, os seus lapsos e as suas lacunas, em suma, sobre uma estética da ausência, uma vez mais, que o filme de Depardon fundamenta a sua coerência e a sua inteligibilidade, ao mesmo tempo que se apresenta como certificação do mundo real.

E quanto a *Une femme en Afrique*, filme anunciado como um filme de ficção e produzido, realizado e distribuído nas mesmas condições que *Urgences*? Na realidade, embora as marcas institucionais sejam as mesmas de *Urgences*, apercebemo-nos de que muitas das

---

([28]) *Ibid.*

marcas estilísticas são também comuns aos dois filmes: câmara fixa (os únicos movimentos da câmara estão ligados às deslocações de comboio ou de automóvel), som aparentemente direto, ausência de música «extradiegética». À primeira vista, a diferença essencial tem a ver com a utilização de um narrador-comentador: o filme abre com um plano fixo muito longo do conjunto da praça de uma cidade, à noite; durante cerca de um minuto ouve-se o ruído da cidade (motores de carros ou de motorizadas, vozes) e o canto longínquo de um almuadem, deixando entender que se trata de uma cidade muçulmana, provavelmente num país quente. Depois, sempre sobre a mesma imagem, faz-se ouvir uma voz de homem em *over* (29): «Estamos no mês de dezembro; aguardo o momento de partir para outro país. Encontro-me nas margens do mar Vermelho, em Djibuti.» A voz cala-se sobre uma fusão a negro, de dois segundos; a seguir surge o segundo plano, representando uma perspetiva de corredores muito iluminados. O campo está vazio e a voz do narrador retoma: «Esta manhã, encontrei no átrio do hotel uma mulher; ela descera para ver se havia correio para si, anda em viagem há muito tempo, como eu... Estávamos ambos bastante intimidados. Percebi que estava à espera de uma carta de alguém que deveria vir ter com ela. Apercebi-me de que estava com algumas dificuldades. Fiz-lhe a proposta de partilhar o meu quarto, que é bastante grande. Ela aceitou. Agora, estou à espera dela...» Novamente, silêncio sobre o mesmo campo vazio. Segue-se o terceiro plano, fixo também, que enquadra em plano médio uma mulher jovem, movimentando-se em frente de uma janela. Temos assim, à primeira vista, uma situação um pouco contraditória: um narrador «diegético», pertencente ao mundo imaginário do filme, conta a sua história, mas no presente, e no modo imperfetivo da reportagem: «Agora, estou à espera dela».

Tudo o que vai seguir-se a este «agora» deverá, portanto, ser considerado como uma descoberta comum ao narrador e ao espectador. Por outro lado, este aspeto de descoberta vai ser acentuado não só pelos olhares que a jovem frequentemente dirige à câmara, mas

(29) Cf. Jean Châteauvert, *Des mots à l'image, la voix over au cinéma*, Paris, Méridiens Klincksieck, 1996.

sobretudo pelo facto de que estes olhares são acompanhados por confidências ou perguntas, dirigidas também à câmara, como se, tal como em *Urgences*, a mulher se dirigisse diretamente ao narrador-operador, copresente e observador. Quer dizer, o facto de dirigir as suas palavras à câmara impede que o olhar que as acompanha seja entendido como um olhar dirigido ao espectador, levando-nos a aguardar um contracampo que nos mostre o narrador, ou pelo menos uma resposta da sua parte. Ora, em momento algum o narrador aparece no campo nem fala diretamente para a mulher, que, no entanto, continua a dirigir-se à câmara, como se ele ali estivesse e partilhasse efetivamente a sua aventura «aqui e agora». À voz *in* da mulher opõe-se regularmente a voz *over* do narrador, à maneira de relato; ao olhar da mulher vai responder o da câmara, confundindo-se com o do narrador presente e ausente ao mesmo tempo: presente pelo olhar e ausente pela voz. Temos aqui, ainda, uma mistura de procedimentos e de instruções de leitura, tanto institucionais como internas, que poderiam culminar para o espectador no sentimento de uma certa incoerência, desmotivando-o. Ora, a dimensão ficcional do filme e o efeito de crença que lhe está associado permanecem: trata-se de uma história possível e não real, permitindo a identificação pelo espectador. E, uma vez mais, a chave deste efeito de ficção ([30]) está sem dúvida na ausência, não a ausência de imagem do narrador, mas a ausência de voz «*in*». Ausência surpreendente que o desrealiza ainda melhor do que se se tivesse apresentado como um protagonista presente na narrativa. Procedendo desta forma, o olhar e as frases dirigidas à câmara bastam ao operador para conferir uma marca de realidade ao quadro da ação: uma história possível, portanto, num mundo comprovado, África, Veneza.

Espera-se ver e não se vê, espera-se saber e não se sabe, espera-se ouvir e não se ouve: é sobre esta fronteira perigosa entre a presença e a ausência, ou melhor, entre a expectativa e a frustração, que, parece-nos, Depardon constrói a coerência e a persuasão dos seus filmes. Entre credibilidade e crença, entre saber e imaginário, o que a liberdade de Depardon exibe é o vazio, em que vem anichar-se a confiança (cega?) do espectador.

([30]) Cf. Roger Odin, *De la fiction*, Bruxelas, De Boeck Université, 2000.

Elipse, realidade e realismo em **Faits Divers**

Depardon, fotógrafo e realizador, como vimos mais acima, parece organizar o regime de leitura e de interpretação das suas obras em torno da gestão, da exibição até, de determinados tipos de ausências. Exibir uma ausência é sem dúvida uma formulação excessivamente contraditória: com efeito, como mostrar ostensivamente (é a definição de exibição) algo que não está lá? Pormenorizando, digamos que Depardon mostra que algo ou alguém poderia estar ali (visto ou ouvido) mas não está. Trata-se de uma ausência assinalada mais do que mostrada, permitindo ao espectador regular o seu regime de leitura «documentarizante», no caso de *Urgences*, «ficcionizante», no caso de *Une femme en Afrique*. Vimos que a sinalização se fazia em ambos os casos pelo mesmo processo do olhar e de as personagens se dirigirem verbalmente à câmara, revelando num caso a copresença do operador, presente pela voz, mas ausente do campo visual, e no outro a ausência de um narrador tão mudo quanto invisível. Esta breve recapitulação mostra que nos dois casos precisos Raymond Depardon utiliza um aspeto da elipse retórica, a elipse como ausência, como ponto de fixação de um regime de leitura.

Parece-nos que Depardon utilizou, em outro dos seus filmes, *Faits Divers,* de forma mais radical ainda, aquilo a que poderíamos chamar uma estética da elipse. Desta vez, trata-se de uma outra forma de elipse retórica, a da falta. Efetivamente, «ausência» e «falta» são os sinónimos que habitualmente se dão à elipse. Ora, a ausência não é a falta. Quanto à ausência, já vimos, talvez no cinema do subentendido (em todos os sentidos do termo) ou do «subvisto», que, tal como na retórica clássica, em vez de prejudicar a legibilidade ou a compreensão da mensagem, as favorece e dinamiza ([31]). Quanto à falta, é uma forma de ausência particular que implica a privação, a lacuna, a insuficiência que deverá ser preenchida; em resumo, um apelo que entra em linha de conta com o desejo.

([31]) Cf. Pierre Fontanier, *Les Figures du discours*, Paris, Flammarion, «Champs», 1977.

Inicialmente previsto para ser um filme sobre a polícia de Paris, *Faits Divers* é um filme que Depardon rodou sozinho (quer dizer, sem equipa técnica) e para o qual passou dois meses no comissariado principal do quinto *arrondissement* de Paris, «para observar os pequenos acontecimentos, surgidos de pequenos desentendimentos de um casal, detenções por delitos menores, pequenas coisas anódinas» ([32])

Depardon afirmou a propósito deste filme: «Tentei fazer um filme em que houvesse o maior número possível de tempos fracos, aproximar-me o mais possível de algo que não seria evidentemente a realidade, porque não é isso que me interessa, mas de coisas que habitualmente não são mostradas ou que se abordam muito mal na ficção, e que se deformam ou que estão "em desacordo" (...) Uma forma de "cinema direto", ou seja, em que deixo as coisas acontecerem por si mesmas» ([33]).

Examinemos a última sequência deste filme em particular: que podemos observar? Em primeiro lugar, obviamente, um dos agentes dirige-se ao operador: «Suba, suba, suba....», acompanhando as palavras com um olhar dirigido à câmara (fotograma 3). Este tipo de interpelação, que se manifesta por várias vezes no filme, ainda que discretamente, prende o filme à realidade (como em *Urgences*), revelando a copresença do operador, embora ausente do campo visual.

3

([32]) Raymond Depardon «Paroles de documentariste» in *Cinémas et réalités*, CIEREC, Universidade de Saint Étienne, 1984.

([33]) *Ibid.*

Examinemos seguidamente a montagem, que ordena uma cronologia bem como uma lógica da situação: chegada ao local – prisão do rapaz – acidente da rapariga – trajeto – chegada ao hospital, ou então: a rua, o trajeto, a chegada. Temos uma mini-narração, que entendemos globalmente. Será que basta isso para se tratar de uma sequência «realista»?

Se entendermos o termo «realista» como procedimento ideológico de representação, podemos responder imediatamente que não. Vemos especialmente que esta sequência nada tem a ver com um determinado número de características do verosímil: não está conforme à opinião pública sobre a polícia, não existe construção de uma coerência psicológica de personagens que constituiriam a história, os acontecimentos não caminham para a sua elucidação (nem por um processo explicativo, nem por um processo implicativo), não há etapas preparando a lógica necessária à aceitação do espectador. Pode mesmo dizer-se que a ausência dos principais procedimentos realistas de representação reforça a característica de documentário do filme, jogando não com o registo da crença, mais uma vez, mas com o da credibilidade ([34]), colocando a impressão de realidade ao serviço da impressão de saber ([35]). Se a organização da narrativa não é realista, serão «realistas» a imagem ou o som? Também aqui existe um grande debate acerca do «realismo» ou do «naturalismo» da imagem fotográfica e fílmica. Recordamos, por exemplo, que para Yuri Lotman ([36]), bem como para a escola soviética no seu conjunto, o grande risco do cinema e da fotografia entre as artes visuais é o do realismo. Efetivamente, o caráter analógico da imagem, a perceção real do movimento e dos sons e a impressão de realidade que daí derivam, em resumo, a «naturalidade» das imagens «não marcadas»

([34]) Acerca do deslizamento entre crença e credibilidade no seio de um filme de arquivo como *Mourir à Madrid*, de Frédéric Rossif, cf. Martine Joly «Consignes de lecture internes et institutionnelles d'un film» in *Communiquer par l'audiovisuel*, Boletim do CIRCAV, n.º 9, Universidade de Lille 3, 1987.

([35]) Capítulo 3: «Acreditar (na) imagem?».

([36]) Cf. Yuri Lotman, *Esthétique et sémiotique du cinéma*, Paris, ES Ouvertures, 1977.

ligada à ideologia da transparência, assim como à aparente naturalidade do universo diegético (tomado ao vivo ou reconstruído), todos estes elementos, entre outros, só podem afastar o cinema da arte, ou seja, para Lotman (mas não só), impedi-lo de fornecer mais informações do que as veiculadas pela simples analogia. Desconfiança que encontramos por toda a parte, sustentada pelo postulado implícito de que a «naturalidade» da imagem é ser natural, legível e reconhecível por todos.

É evidente que este debate, que tem alimentado toda a teoria do cinema desde os seus inícios, em particular no que diz respeito à montagem, evoluiu, enriqueceu-se e diferenciou-se. Mas parece que, mesmo na célebre fórmula de Godard *Ce n'est pas une image juste, c'est juste une image* [Não é uma imagem exata, é apenas uma imagem], que coloca no devido lugar a confusão possível entre o real e a sua representação icónica, não se põe radicalmente em causa o facto de a imagem se assemelhar ao que ela representa, visto que pode ser facilmente confundida com o seu referente. De forma implícita, compreende-se que, para ser verdadeiramente artística ou didática, a imagem deve resultar ainda e sempre de uma «naturalidade» incómoda e constitutiva, mimando uma perceção límpida do mundo. Implícito que, se já não está muito em curso na teoria do cinema, está ainda muito vigoroso em todos os discursos e tomadas de posição sobre os *media* e a informação televisiva em particular.

É como um contraexemplo radical a este tipo de implícito que o filme de Depardon *Faits Divers* nos interessa. Contraexemplo que podemos encontrar também noutros realizadores como Andy Warhol, Alain Resnais ou ainda Chantal Ackerman, por exemplo. Veremos como, um pouco mais adiante.

Voltando a *Faits Divers*, o que podemos ver? Um realizador que se esforça, mais do que qualquer outro, por «deixar que as coisas aconteçam por si mesmas», por estar simplesmente ali, sem equipa técnica, e gravar o que se passa à sua frente, sem encenações especiais, «em direto», como ele diz. Não se pode negar, evidentemente, que, mesmo assim, trata-se de opções estéticas a serem completadas pela montagem, que irá dar ao filme uma duração «calibrada», correspondente a critérios de exibição e de aceitabilidade pelo espectador.

No entanto, pode dizer-se que temos uma imagem e um som que procuram, mais do que em qualquer outro filme, aproximar-se de uma perceção «bruta» dos factos. Uma estética que procura assemelhar-se o mais possível a uma perceção que nos é familiar, quotidiana. Uma estética que reivindica a analogia em vez de a recusar. De certa forma, é o mesmo trabalho que conseguiram fazer sobre a duração Andy Warhol ou Chantal Ackerman – em *L'Empire State Building*, por exemplo, no que respeita ao primeiro, ou, para a segunda, *Jeanne Dielman*. Há ainda o mesmo tipo de trabalho, parece-nos, em Alain Resnais, quando trabalha os mecanismos da recordação em *Je t'aime, je t'aime*, ou ainda os mecanismos do sonho, em *Providence*. Filmes deliberadamente analógicos, num ou noutro ponto: perceção do espaço, das formas e dos sons, perceção do tempo, mecanismos da memória ou do sonho. Filmes que trabalham a semelhança, precisamente porque os seus realizadores têm consciência de que a imagem não é «naturalmente» semelhante. Estes filmes deliberadamente analógicos, pelo menos num ponto, serão assim, como teríamos o direito de esperar, mais legíveis, mais compreensíveis, mais claros, mais aceitáveis, mais «realistas» do que os outros? Evidentemente que não; pelo contrário, são todos menos legíveis, menos compreensíveis, menos claros, menos aceitáveis, menos «realistas» do que os outros.

Tentemos compreender porquê, partindo desta pequena sequência de *Faits Divers*. A nossa proposta é que este tipo de filmes, em vez de provocar, como os outros (ficção ou documentário) este «efeito de real», que nos leva a acreditar na existência das coisas representadas ([37]), provoca um efeito de «hiper-real» fundamentado; e voltamos aos motivos da nossa opção, sobre a elipse como falta.

Efeito «de hiper-real», visto que o trabalho sobre a semelhança e sobre a analogia, aumenta (em vez de atenuar) a diferença entre o referente e a sua representação, alimentando, ao mesmo tempo, uma espécie de vertigem, de inquietação fundamental sobre as relações entre real-realidade-representação. Com efeito, neste caso acreditamos

---

([37]) Cf. Jean-Pierre Oudart: «*L'Effet de réel*» in Cahiers du cinéma, n.º 228, 1971.

que o operador-Narrador é real ([38]), que assistiu realmente ao que nos mostra e, para mais, que, se estivéssemos no seu lugar teríamos visto e ouvido exatamente as mesmas coisas que ele.

Mas, precisamente, que coisas são estas? Nada, ou quase nada. Com efeito, temos imagens e sons perceptivamente saturados, imagens obstruídas, atafulhadas, negras, entupidas, obscuras e até opacas, quase invisíveis. Chocam contra dorsos, contra silhuetas, contra o escuro, onde temos dificuldades em reconstituir uma realidade reconhecível. Ao mesmo tempo, estas imagens obtusas são animadas, habitadas por gritos, esboços de diálogos, de altercações, de uma espécie de agitação e de alarme, saídos também eles de um fora-de--campo invisível. Este tipo de imagem e de som conjugados solicitam um fortíssimo desejo de sutura, de soldadura, de coerência, que, no entanto, não conseguimos operar. Em *Urgences* e *Une femme en Afrique,* as elipses-ausências conferiam a sua coerência ao filme. Aqui, as elipses-faltas provocam a incoerência, uma espécie de caos, cuja organização nos é recusada pela estética do filme. Não se vê, ou vê-se mal; não se ouve, ou ouve-se mal; não se compreende, ou compreende-se mal; elipse do ver, do ouvir e do saber. É um filme «sobre coisas que nos escapam», tinha declarado Depardon. De facto, é um filme que nos escapa, e aí é que está o acréscimo de analogia: é um filme que nos escapa, tal como as coisas nos escapam na própria vida. É um filme a demonstrar que aquilo que reconhecemos nas representações realistas (de ficção ou documentários) é precisamente a representação, ao passo que, quando tentamos aproximar-nos de uma representação «bruta», familiar, vulgar até, não se reconhece quase nada. Mediante estas faltas, que não conseguimos suprir, mediante uma estética da elipse ou mais ainda da inquietação, Depardon deixa-nos perturbados, mostrando-nos que não vemos nada, que não ouvimos nada, que não entendemos nada do mundo que nos rodeia. Propõe-nos uma imagem parcelar e centrípeta, limitada e tacanha, no sentido geométrico dos termos, que nos diz que nós próprios somos limitados e tacanhos.

([38]) Cf. Roger Odin: «Film documentaire, lecture documentarisante», *op. cit.*.

Estes termos levam-nos a uma conclusão que, de uma maneira bastante artificial sem dúvida, será um esboço de resposta a uma pergunta que podemos colocar: o que há de comum etimologicamente entre a elipse retórica (do grego *elleipsis* = ausência, falha, de *en* = dentro, no sítio e *leipo* = eu deixo) e a elipse geométrica? Arrisquemos uma definição de analogia que podemos ver precisamente no trabalho de Depardon em *Faits Divers*: as elipses em geometria são exatamente as interseções demarcadas de um plano e de um cone de secção circular. Com efeito, quando esse cone é cortado por um plano, só há dois tipos de secções: as que têm pontos até ao infinito são as secções hiperbólicas, e as que são limitadas, que não têm pontos até ao infinito, são as secções elípticas.

Vemos assim de que maneira o exemplo do trabalho de Depardon, pelos tipos de passagem que nos propõe entre documentário e ficção, estigmatiza as induções interpretativas dos seus filmes.

Vejamos agora outro tipo de passagem do documentário à ficção e interroguemo-nos novamente sobre as propostas de interpretação que implica.

Beirute, Líbano?

Este estudo parte da interrogação sobre os novos modos de perceção e de habitação das cidades ou do que atualmente se prefere designar por territórios urbanos. Ora, sabemos tragicamente que existem cidades onde de preferência não se habita: há cidades onde se luta. Cidades que se tornam campos de batalha. Cidades em guerra, como foi Beirute e todo o Líbano, durante vinte anos.

Numerosos testemunhos documentários ou de ficção quiseram evocar este período doloroso da história do Líbano. Entre eles, o trabalho original da realizadora Randa Chahal Sabbagh combinou os dois tipos de abordagem destes acontecimentos: documentário e ficção.

Com efeito, ao longo destes vinte anos, ela «filmou Beirute a tempo inteiro», sem conseguir parar: «Foi a guerra que me ensinou o cinema», declara ela, «o facto de filmar, fimar, filmar... Na escola, tinha aprendido a manejar uma câmara, mas uma vez nas ruas de Beirute, esqueci tudo (...). Agora, consigo circular em Beirute sem demasiadas feridas, sem lamentos, sem a angústia de ter de filmar antes de cair tudo em ruínas» ([39]).

A partir destas tomadas de vistas, gravadas durante os vinte anos que a guerra durou, a realizadora realizou um «documentário» sobre a guerra em Beirute, intitulado *Nos guerres imprudentes* (1995, documentário de 52 minutos, coproduzido e emitido pelo canal Arte). Mais tarde, Randa Chahal Sabbagh realiza sobre o mesmo tema uma ficção de 97 minutos, *Civilisées* ([40]), filme apresentado no Festival de Veneza em 1999. Para tal, a realizadora reutilizou determinadas tomadas de vistas do documentário precedente. Em que se transformam então, na ficção, estes fragmentos de origem documentária, estes «arquivos»? Como somos levados a interpretá-los? Qual a função que desempenham na ficção, que uma reconstituição ou um simples cenário não pudesse ter desempenhado? Tratar-se-á de uma solução de facilidade ou encontra-se aí o estímulo de uma força interpretativa especial?

A inserção de imagens «de arquivo» em filmes de ficção não é uma novidade: basta recordar um único exemplo, *Profissão: repórter*, de Antonioni (título em inglês: precisamente *The Passenger*, 1974). Este filme, de que um dos temas principais é a morte, ou a vida no «além», representa mortes verdadeiras na ficção, mas falsas na vida, particularmente a do protagonista, o jornalista inglês David Locke, interpretado por Jack Nicholson. No entanto, quando na ficção se rebuscam os arquivos da personagem principal, descobrem-se fragmentos de filmes acerca de África, onde ele tinha ido fazer pesquisas e, entre esses fragmentos, a gravação de uma execução autêntica (na vida real), sem dúvida de algum líder revolucionário ou tomado por tal. Estas imagens «de arquivo», indiretas e racionais, dando conta da pseudo-realidade da diegese (do mundo imaginário criado pelo filme), são, mesmo assim, facilmente referenciadas, pela sua

---

([39]) Entrevistas, «Goutte d'or distribution», Paris, 1998.

([40]) Uma coprodução de Produções Euripide, Produções Leil, Arte France cinéma, Estúdio Canal +, Havas Images, Cinémanufacture, Vega films.

elaboração e pelo seu conteúdo, remetendo para a realidade do próprio mundo. À primeira vista, são bastante chocantes em tal contexto, pois a sua utilização parece ao mesmo tempo perturbadora e ambígua: perturbadora porque esta evocação brutal das atrocidades do próprio mundo e o espetáculo, assaz raro, de uma execução não podem deixar de nos perturbar, sendo testemunho da barbárie e representação do irrepresentável ([41]); ambígua, porque esta utilização de imagens «verdadeiras» numa ficção parece deslocada, malsã, complacente até e mais destinada a credibilizar a ficção do que a despertar a consciência política do espectador.

Recordemos as afirmações feitas sobre o problema da distinção entre documentário e ficção, em que defendemos a ideia de que o documentário se apresenta para ser lido como uma forma aberta, propondo apenas um aspeto do real, ficando de reserva todos os outros aspetos possíveis: o documentário entendido como variante de um real inesgotável (há outras ruas, ausentes da nossa perceção, mas existentes algures; poderíamos ter-nos voltado para outras estações do ano, mostrar outras pessoas, etc.). Vimos também como a acumulação, num documentário, diz tanto mais da infinidade das possíveis ausências oferecidas pela realidade. No oposto de tudo isso, a ficção permite ver um universo fechado e balizado: esta estação e não outra, estas pessoas e não outras, e assim por diante.

Voltando ao documentário de Randa Chahal Sabbagh, também ele se oferece como forma aberta da cidade em guerra, com uma acumulação de gravações mostrando as ruas devastadas, ruínas evocando todas as ruínas ausentes, e é interessante ver o que acontece a estes fragmentos abertos e deslocados para a forma fechada de uma narrativa de ficção. Em primeiro lugar, notemos a diferença principal relativamente ao filme de Antonioni: este apresenta-se como testemunha, ao passo que Randa Chahal Sabbagh situa-se como protagonista no documentário e, portanto, outorga-se um direito de propriedade e de uso naturalmente mais livre e mais pessoal, que não se

([41]) Cf. Marc Vernet, *Les Figures de l'absence*, Paris, *Cahiers du cinéma*, 1988 e *Vertigo*, n.° 11 / 12, Paris, Jean-Michel Place, 1994, «La disparition», «champ», «Figures de l'invisible».

reconhece necessariamente a Antonioni. Mais do que citar-se a si própria, a realizadora reutiliza as suas próprias «notas» audiovisuais num outro contexto. Da mesma maneira que o realizador Pasolini, filmando em África com vista a uma adaptação cinematográfica da *Oresteia*, apresentou e intitulou este filme preparatório *Notas para uma Oresteia Africana* (1975).

Empréstimos

Interessaram-nos particularmente quatro figuras transferidas de um filme para outro: *travellings*, um plano fixo, um retrato e uma panorâmica vertical.

– Primeira figura: os *travellings* quase introdutórios de *Nos guerres imprudentes*, o «documentário», mostram ruas da cidade destruída. A sua função é, em primeiro lugar, informativa e descritiva, mas também de apropriação; e, ao proceder desta forma, de preservação; «...filmar, antes de cair tudo em ruínas». A câmara, como o olhar, «abarca» tudo o que pode da cidade ferida e, ao fazê-lo, diz-nos que não consegue «gravar» tudo (fotograma 4).

Em *Civilisées*, o filme de «ficção», idênticos *travellings* mudam de função, tornando-se a narrativa de um *trajeto*. Este, fundador de um dos nós da intriga, conduz a rapariga cristã, Bernadette, ao encontro do jovem muçulmano, Moustapha, a quem vai amar. Encontro fortuito, mas cujo trajeto descreve um espaço «tenso» entre os protagonistas: *tensão* produzida pelo movimento da câmara e pela ideia absolutamente ausente do documentário de um percurso entre um ponto de partida e um ponto de chegada, percurso metafórico de uma *utopia* que, se pudesse existir, aniquilaria a própria ideia daquela guerra. Um *trajeto utópico*, que nega o próprio espaço bélico. Pode ver-se aí um desses «passeios-limites» evocados por Pierre Sansot no estudo que faz dos trajetos nas cidades ([42]).

([42]) Cf. Pierre Sansot, «Du côté des trajets» in *Poétique de la ville*, Paris, Méridiens Klincksieck, 1994.

4   5

6

– A segunda figura é muito mais agressiva: trata-se, no documentário, do plano fixo que mostra o *no man's land* [terra de ninguém] imenso, situado no coração da cidade e da guerra, a separar as duas zonas do território bélico: o leste e o oeste de Beirute. Em *Nos guerres imprudentes*, o *no man's land* é mostrado, primeiro, repleto de uma multidão compacta de libaneses festejando o fim da guerra, multidão que desaparece gradualmente num encadeamento, para deixar ver a praça vazia. Esta montagem é evidentemente surpreendente, colhendo em falso «a expectativa» dos espectadores que nós somos, e fala-nos claramente de um sentimento de amargura e de derrota que o fim desta guerra criou em alguns. O *no man's land* como espaço vazio, em plena cidade, uma brancura que serve de fronteira (não como o muro de Berlim, estreito limite cuja travessia era mortal), mas à maneira de uma orla, de uma faixa, cujas margens aparentemente calmas e silenciosas são as fachadas de pelo menos dois universos absolutamente opostos, repletos de raiva e de ódio (fotograma 5).

Em *Civilisées*, este espaço, o mesmo espaço, é o espaço da morte, já não da morte maciça nem coletiva do combate ou da batalha, mas de uma morte única, que se torna crime gratuito, perpetrado por um franco-atirador. (fotograma 8). Esta cena recorda a última cena «alucinante» ([43]) de *Full Metal Jacket* [*Nascido para Matar*], de Stanley Kubrick, que se passa também num *no man's land* urbano, em que um atirador vietcongue emboscado (uma rapariga) dispara e aterroriza um grupo de soldados norte-americanos. «O espaço transforma-se então», como aqui, «num nada que se tornou vazio de qualquer sentido, ou seja, o império de uma morte aberrante e perfeitamente desconcertante». Neste caso, torna-se o espaço da execução na areia branca do *no man's land*, também por ação de um franco-atirador, de Bernadette, a jovem heroína cristã, que corre ao encontro de Moustapha, o seu apaixonado muçulmano. O *no man's land* torna-se o espaço do assassínio gratuito de uma jovem (com todo o seu potencial de vida) em terreno aberto, como numa arena, mas também limitado, como ela, pelo círculo do rito e do sacrifício. Este imenso espaço vazio é então coberto por uma vaga de *emoção*, que vai caracterizar todo o seguimento do filme (fotograma 6).

– A terceira figura é a de um *retrato* no documentário, que se torna *personagem* na ficção. Trata-se do retrato do irmão, também ele combatente e que se interroga acerca do absurdo, das motivações, das formas (a guerra de bairro) desta guerra, que qualifica de «guerra-suja», «*trash war*» (fotograma 7).

Ao retrato deste «irmão mais novo» combatente, o filme vai pedir emprestado o aspeto maciço e ameaçador, para o transformar num franco-atirador louco que, mesmo durante o cessar-fogo, dispara sempre que lhe apetece. Uma personagem «perturbada», que escolhe a loucura, ainda que assassina, para escapar ao horror do quotidiano. Desta maneira, a cidade, que ele domina do alto do seu poiso, torna-se o seu território, o seu terreno de caça; com o franco-atirador, toda a lei desaparece, até as mais microscópicas instalações nos bairros.

([43]) Segundo Alain Mons que o evoca in «Le silence de la photographie, la brûlure de l'image», in *Voix et média* MEI, n.º 9, 1999, dir. Michel Chion.

Ficamos na situação da ave de rapina, à distância e como omnipotente. No documentário, o olhar da câmara desvia-se da ficção para mergulhar no espaço da cidade no seu conjunto, vasculhando a fachada dos prédios. *Voyeur*, fora e dentro ao mesmo tempo, o franco-atirador adota o olhar do demiurgo, de *Deus omnipotente*. «A cidade torna-se, assim, um imenso espaço de ressonância, em que as palavras se repercutem em pensamento, em mortes, em sonhos, em incitação à ação» ([44]) (fotograma 8).

8

– Por último, a quarta figura, que analisaremos em *Nos guerres imprudentes*, mostra-nos, numa série de panorâmicas verticais, uma cena de rua muito típica do Sul, na qual uma mãe (a mãe), debruçada na varanda, é interpelada da rua por alguém (um dos seus filhos, adulto, grita: «Mamã!») que ela não consegue distinguir. A câmara varre então a fachada de cima para baixo e de baixo para cima, tentando descortinar, com a mãe, o seu interlocutor (fotograma 9).

E é com esta circulação da voz e da palavra, na rua, na fachada do prédio, de andar em andar, da prostituta à criada, da criada ao *squatter* ([*]), uma palavra trivial, provocadora, racista e cúmplice ao mesmo tempo, que dá início ao filme, em pré-genérico. Descobre-se aí o «grão da voz», «como materialidade do corpo falando a sua

---

([44]) In «L'appropriation révolutionnaire», Pierre Sansot, *ibid.*

([*]) Termo inglês que designa alguém que ocupa ilegalmente uma habitação devoluta (*N. R.*)

língua materna... O sopro, o pneuma, a alma que se dilata... sem o esmagamento da técnica» ([45]). Todas vozes de mulheres. Este excerto do apelo da mãe a estas vozes e a estas palavras de mulheres de todas as condições designa a origem da feminilidade guerreira do próprio título do filme, reivindicador: *Civilisées, un film d'amazones* (fotograma 10).

9

10

Estes processos de transferência de motivos do documentário para a ficção, de *Nos guerres imprudentes* para *Civilisées*, ultrapassam largamente a questão do arquivo ou de acréscimo da credibilidade da ficção. Em primeiro lugar, estes processos não intervêm como simples citações audiovisuais, surgindo em apoio de um desígnio. Vê-se bem como, evoluindo do aberto para o fechado, estes motivos ganham finalmente e paradoxalmente em universalidade. Estes excertos «têm o mérito de evidenciar até que ponto o imaginário purifica e torna inteligível o real» ([46]).

A cidade, território de guerra

Com efeito, a encenação de uma utopia mediante um trajeto construído a partir de um *travelling* descritivo; a criação de uma emoção

([45]) Cf. Roland Barthes: «Le grain de la voix» in *L'Obvie et l'obtus*, *Essais critiques III*, Paris, Seuil, 1982 [*O Óbvio e o Obtuso*, Lisboa, Edições 70, 2.ª edição, 2015].

([46]) Pierre Sansot, *ibid.*

poderosa e devastadora animando o vazio da cena na areia do *no man's land*, mediante uma morte única, símbolo de tantas outras, múltiplas; a transformação em demiurgo louco de um combatente que cresceu no meio de uma guerra absurda; a conversão de um espaço de palavra familiar e íntimo, o da rua e da fachada do prédio, no de um exército de amazonas, tão descoordenadas como solidárias; todas estas formas de passagem conduzem-nos com efeito, em primeiro lugar, do universo *aberto* e infinitamente irrepresentável da cidade real de Beirute em guerra ao universo mais *circunscrito* da ficção fílmica, tomada entre as casas das colinas, o prédio ocupado e os trajetos da jovem.

Procedendo desta forma, a passagem do aberto ao fechado modifica a verdade de cada uma das obras: quando o documentário propõe a sua verdade de correspondência ([47]) apresenta-nos ao mesmo tempo as suas próprias limitações, que são as de nos falar apenas de Beirute e da guerra no Líbano. Quando estas figuras abertas se fecham, para se adaptarem à completude da ficção, contribuem paradoxalmente para a construção da verdade mais universal de uma obra que trata imaginariamente não já apenas da guerra em Beirute, nem mesmo da guerra no Líbano, mas «da guerra» em geral, da qual até o próprio nome de «Beirute» (nome de cidade), personagem simbólica, se torna um sinónimo que «deslocaliza» estas imagens e as transforma em paradigmas guerreiros, propriamente falando, exemplos de uma realidade mais vasta e mais universal.

Ao inserir segmentos do documentário *Nos guerres imprudentes*, realizado a partir das imagens rodadas durante a guerra e das entrevistas com os familiares, no filme de ficção *Civilisées*, rodado em 1999, Randa Chahal Sabbagh consegue universalizar o seu propósito sobre a guerra em Beirute, em proveito do imaginário de parte nenhuma ou de toda a parte, fazendo da cidade em guerra uma personagem a tempo inteiro. Foi com esta energia e com as imagens realizadas que, em nossa opinião, Randa Chahal Sabbagh não só captou Beirute de muito perto mas também universalizou o tema da guerra urbana. Foi com esta energia que ela se apropriou e nos

---

([47]) Cf. acima, cap. 2, «Imagem(ns) e verdade(s), pág. 129.

devolveu uma guerra vivida não só nas suas atrocidades, mas também como modo de vida normal até nos seus momentos de regozijo.

4. Acreditar (n)a imagem?

A evocação de todos estes filmes do ponto de vista das intenções comparadas do autor e da obra (*Dermantzi*), do ponto de vista da responsabilidade que a intenção do espectador implica (*Memory of the Camps*) ou das induções interpretativas associadas às formas (*Urgences, Une femme en Afrique, Faits Divers, Nos guerres imprudentes, Civilisées),* aponta para a implicação do espectador aquando da interpretação das obras, assim como para algumas das suas formas.

Estes estudos mostram também que, seja qual for o modo de leitura, documentarizante ou ficcionizante, o espectador navega *entre acreditar* e *acreditar*, e não entre acreditar e saber, como demasiadas vezes se tem afirmado.

Gostaríamos agora de refletir sobre os diferentes tipos de formas de acreditar.

Para tal, temos de regressar a algumas das especificidades da receção da imagem cinematográfica e televisiva.

Fluxo / Recordação / Análise

Recorde-se que o cinema é um espetáculo fugidio, precisando de todo um dispositivo particular de projeção, do qual numerosos testemunhos, como vimos mais acima com o estudo da crítica ou de alguns romances, rejeitam a especificidade antes mesmo do conteúdo das imagens.

Sabemos que a televisão é um meio de fluxo, uma «torneira de imagens», que propõe a trouxe-mouxe filmes de ficção, «informações», espetáculos de variedades, publicidade, documentários, transmissões de debates, *reality-shows*, séries, telenovelas, emissões culturais. etc.

Sejam eles quais forem, estes diferentes espetáculos sucedem-se, dissimulam-se uns aos outros, passando a viver apenas na recordação que deles guardamos e nos discursos que sobre eles debitamos. Esta ideia, para nós essencial ([48]), segundo a qual a vida das imagens passa pelos discursos verbais que produzimos acerca deles, foi desenvolvida também por outros ([49]), particularmente, como já assinalámos, por Louis Marin na sua última obra *Pouvoirs de l'image, Gloses* ([50]).

Mas a recordação da imagem será também tanto mais duradoura quanto a mensagem visual tiver sido repetida: com efeito, a repetição e a ritualização sozinhas compensam a impossível contemplação da imagem animada e em sequência, seja ela cinematográfica ou, mais particularmente, televisiva. Se esta constatação coloca assim o problema da análise do filme, levanta também o dos processos de interpretação e o da sua eventual eficácia para compreender os processos das significações fílmicas.

A análise do filme, objeto daquilo a que chamámos a primeira semiologia, revelou-se, no fim de contas, extremamente eficaz para revelar com rigor as intenções da obra, apesar das suas próprias limitações. Com efeito, quando ela se exerce, quer numa mesa de montagem, quer num monitor, plano a plano, esta não dá conta, como sabemos, da realidade do filme, visto que ao proceder desta forma o destrói e sublinha a sua qualidade de «texto impossível de descobrir», segundo a célebre expressão de Raymond Bellour ([51]). Ao falar de «texto impossível de descobrir» porque é «texto não citável» ([52]), Raymond Bellour evoca assim a especificidade da análise fílmica «submetida a uma fatalidade que nenhuma outra conhece»: «ela não pode, com uma espécie de desespero de princípio, deixar de procurar uma concorrência desenfreada com o objeto que procura

([48]) Cf. acima, cap. 1.

([49]) Cf. acima, cap. 1 Brunetta, Prieur, pág. 19.

([50]) Paris, Seuil, 1993.

([51]) Raymond Bellour: «Le texte introuvable» in *L'Analyse des films*, Paris, Albatros, 1980.

([52]) Ao contrário do texto literário, da pintura, da fotografia «reproduzível» (cf. W. Benjamin) ou ainda da partitura musical...

compreender (...) Especulando com um objeto ausente (...), ela é por excelência o tonel das Danaides».

Mas por «perversas» que sejam estas paragens analíticas, demonstraram há muito tempo a sua utilidade ([53]) como regresso indispensável à obra e muralha contra os desvios de interpretação.

Apesar de se saber, portanto, que uma análise é por essência infinita ([54]) e indefinida, voltaremos, para cada exemplo escolhido, a alguns aspetos particularmente exemplificativos, na nossa opinião, dos modos interpretativos. Em particular, a forma com que os diferentes tipos de discursos visuais influenciam as interpretações, inserindo-as neste ou naquele tipo de «acreditar».

Discursos visuais

Em primeiro lugar, a noção de sequência diz respeito aos nossos exemplos. Com efeito, quando se deseja isolar um excerto significativo de um filme para o analisar, torna-se evidente que ele não funciona plano a plano, mas por conjuntos de planos. Recorde-se que se trata de uma solidariedade de significado bastante subtil, pois diz respeito simultaneamente a grandes unidades narrativas, cinematográficas ([55]) e / ou televisivas.

Compreender-se-á imediatamente que a primeira sequência em que nos vamos demorar de forma absolutamente arbitrária é uma sequência de um filme de ficção, a tal ponto interiorizámos os códigos de representação narrativo-representativa no cinema. Trata-se de uma sequência de *Mulheres à Beira de um Ataque de Nervos*, de Pedro Almodóvar (1985), que propõe uma montagem alternada sobre o tema da troca de situações, da deslocação e da pausa.

Quanto à segunda sequência, entendida como sequência de documentário, foi extraída de um filme já estudado acima, *Dermantzi, um*

([53]) Cf. Jacques Aumont, Michel Marie, *L'Analyse des films*, Paris, Nathan Cinéma, 1988, reed. 1999.

([54]) Do tema ao motivo, do motivo ao *pixel* ou ao pigmento, etc.

([55]) Cf. Christian Metz: *Essais sur la signification au cinéma*, tomos I e II, Paris, Klincksieck, 1970.

outono na Bulgária, de Malina Detcheva. Nele, Detcheva põe um exemplo de montagem, «expressiva» sobre o tema aparentemente descritivo da «visita à casa de Vassil».

Mulheres à Beira de um Ataque de Nervos, de **Pedro Almodóvar** *(1985)*

Abrindo com um *travelling* lateral a acompanhar o trajeto de uma mulher na rua, a sequência termina num plano fixo, no interior do qual se vê um táxi a arrancar. Entre o movimento e a paragem da câmara, um cuidado trabalho de escrita apresenta-nos exatamente a metáfora visual de um trajeto não só físico, mas também mental ou psicológico: a evolução de uma personagem entre a circulação e a pausa.

Para observarmos este aspeto, detenhamo-nos no aspeto retórico da representação, embora algumas considerações de ordem plástica, figurativa, linguística ou ainda narrativa possam também apoiar este ângulo de ataque.

A primeira parte da sequência propõe-nos uma autêntico quiasmo visual: o *cruzamento* entre uma mulher jovem e uma mulher mais velha, deixando-nos perceber que ambas estão dominadas pela obsessão de perseguirem o mesmo homem: cruzam-se (horizontalmente) no patamar, depois são os planos que se cruzam obliquamente, de cima abaixo, em seguida de baixo para cima, mostrando uma e outra como se estivessem numa jaula, por detrás da rampa da escada, cada uma delas observada do ponto de vista da outra. Após a focagem da mais jovem, sozinha, junto à porta do apartamento, as duas mulheres cruzam-se novamente em sentido inverso ao precedente (uma fica no lugar da outra); desta vez são filmadas de um ponto de vista tal que ambas ficam atrás do gradeamento da escada. Segue-se então uma nova cena simétrica de *substituição* de uma mulher pela outra (da mais nova pela mais velha) junto da porta, o que provoca a perseguição entre as duas mulheres.

Após a designação *irónica* dos táxis (o velho táxi do tempo do franquismo concorrendo para aumentar o ridículo do vestuário da mulher mais velha, e o táxi «moderno» para a jovem) e a alusão do motorista do táxi às perseguições do «cinema», Almodóvar troça com o tema da perseguição por meio de uma nova figura, que poderíamos denominar um *oxímoro*, pois esta parte da sequência apresenta-se bruscamente como a *contradição* de uma *pausa móvel* ou como uma *perseguição imóvel*: o movimento só aparece por intermédio dos reenquadramentos dos vidros do retrovisor ou do pára-brisas, enquanto a atenção se concentra particularmente no interior-refúgio do táxi, que descobrimos pelos olhos da mulher jovem, e na personalidade do motorista, passante cúmplice, *kitsch* e irónico, figura de um *desprendimento* e de uma *cumplicidade* (mais uma vez o oxímoro) misturados, que poderíamos qualificar de «pós-modernos» (fotogramas 11 e 12).

11 

 12

Por fim, no campo do último plano fixo da sequência, dois táxis (metafóricos dos universos de referência das duas mulheres) cruzam-se, mais uma vez: o «moderno» dirigindo-se para a esquerda, «o antigo» para a direita...

O que é particularmente interessante nesta sequência é que ela mostra verdadeiramente até que ponto o cinema é uma linguagem e, por conseguinte, até que ponto vai beber os seus recursos expressivos simultaneamente à sua especificidade – a sequência, o visual, o sonoro e as suas interações – mas também a mecanismos próprios de qualquer linguagem, como os da retórica.

Assim, compreendemos que a nossa interpretação lança as suas raízes muito além do simples visível ou audível, construindo aqui as noções de rivalidade, de obsessão, de humor, mediante uma participação consentida e ativa na estratégia discursiva do filme; ali, o apaziguar das personagens e das situações.

Dermantzi, um outono na Bulgária, de Malina Detcheva *(1994)*

Recordemos ([56]) que a realizadora vive em França e regressa à sua aldeia natal, Dermantzi, após a morte da avó que a criou e após a queda do comunismo. Ali, reencontra e interroga as pessoas que marcaram a sua juventude. Poderíamos intitular esta sequência: «a visita à casa de Vassil».

A visita propriamente dita faz-se mediante um plano-sequência, que mostra Vassil apresentando as diferentes divisões da casa em construção, acompanhado por perguntas-respostas trocadas com a realizadora, fora de campo, depois um grande plano final apresentando Vassil em frente de sua casa. Estes dois planos enquadram uma cena de brincadeira no rio, que Vassil afirma ver de sua casa: é a «vista panorâmica» que se tem a partir do salão. Esta breve sequência inserida mostra, sobre um fundo sonoro dos risos de Ilona, uma das filhas de Vassil a tomar banho no rio, acompanhada por alguém que já tinha «aparecido» como sendo o seu noivo. Atiram água ao rosto um do outro, até que, a dada altura, Ilona, tapando o nariz, mete a cabeça debaixo de água e deixa-se ir à deriva: apenas se veem as costas da sua *t-shirt* enfunada, flutuando à superfície da água; a sequência é interrompida para regressarmos a casa de Vassil, a quem a realizadora, fora-de-campo, pergunta se está «contente» e ele responde: «contente e até um pouco feliz»...

O *visível* aqui toma o valor de verdade de correspondência, de prova do aspeto físico dos lugares e das pessoas da aldeia.

E, no entanto, a força da sequência, a sua duração, o seu cinismo até, vêm-lhe da *montagem* e do que esta nos diz: Vassil, no seu projeto

---

([56]) Cf. acima, capítulo 3, pág. 148.

de dominação material e patriarcal, sufoca a família: o futuro que aguarda a filha é realmente ser mantida «com a cabeça debaixo de água», numa espécie de deriva consentida e mórbida, o que deixa Vassil «contente» e até «um pouco feliz»... (fotogramas 13 e 14)

13

14

Por aqui se vê de que maneira a montagem, em particular, à semelhança do «cinema-verdade» (*kino-pravda*), como o definia Vertov ([57]) contesta a representação visual do mundo dada pelos olhos e propõe o seu próprio «eu vejo». Vamos reencontrar aqui aplicada a célebre afirmação «Não copiem pelos olhos!» ([58])

Estes elementos de análise mostram, no nossa opinião, até que ponto esta se pode revelar útil não só para melhor compreender as mensagens visuais, mas também para usufruir delas e para as conceber: o treino para a observação minuciosa e repetida, aguçando o olhar, aumenta o prazer da receção espontânea e também a inteligência da interpretação, as referências e as competências necessárias para fabricar novas mensagens.

Ajudando a ver melhor e a melhor compreender, a atitude analítica aumenta o prazer da receção e a qualidade da interpretação, da mesma forma que Hans Robert Jauss a descreveu a propósito do prazer estético como forma interpretativa provocada pela literatura:

([57]) Cf. adiante, capítulo 4 «A montagem expressiva agressiva», pág. 236.

([58]) Cf. Jacques Aumont in «Vertov et la vue», *Cinémas et réalités*, CIEREC, Universidade de Saint Étienne, 1984.

«A comunicação literária só conserva em todas as suas relações funcionais a característica de uma experiência estética, enquanto a atividade *poiética, estética e catártica* (59) não renunciar a uma atitude de prazer. Este equilíbrio entre o puro prazer sensual e a simples reflexão nunca foi certamente descrito de forma tão espantosa como num aforismo de Goethe, pelo qual o autor – muito próximo aqui da moderna teoria da arte – antecipava já a inversão poiética da *aisthesis*: "Há três tipos de leitores (60): o primeiro frui sem julgar, o terceiro julga sem fruir, o do meio julga fruindo e frui julgando; é este último quem recria a obra de arte propriamente dita"» (61).

Acreditar ou acreditar?

Este subtítulo algo provocatório na realidade não o é. Pretende apenas recordar que se opusermos naturalmente o «acreditar» ao «saber», continuamos na realidade a estar no regime do «acreditar», mesmo se este tiver modos diferentes, resultando quer da crença, quer da credibilidade. É o que vamos agora tentar entender, a partir dos exemplos anteriormente referidos.

Ficção / documentário

Com efeito, por que motivo interpretamos sem hesitar o primeiro exemplo (Almodóvar) como um extrato de um filme de ficção e o segundo (Detcheva) como o de um documentário? Quais são os laços entre estas interpretações, o tipo de receção adotada e a satisfação das nossas expectativas (62)?

---

(59) *o fazer, o sentir, o sublimar.*

(60) ... e de espectadores.

(61) Carta a J. F. Rochlitz, de 1 de junho de 1819, *Weimarer Ausgabe*, IV, vol. XXXI, pág. 178, referida por Hans Robert Jauss in «La jouissance esthétique. Les expériences fondamentales de la poiesis, de l'aesthesis et de la catharsis», *Poétique*, n.° 39, setembro de 1979, Paris, Seuil: «Théorie de la réception en Allemagne».

(62) Noção retirada também ela de H. R. Jauss in *Pour une esthétique de la réception*, Paris, Gallimard, 1978.

Já recordámos a proposta feita pelo investigador Roger Odin ([63]) de, para destrinçar tudo isso, partirmos do espectador, do seu modo de leitura e não apenas do filme nem da instituição. Esta proposta parece-nos que continua a ser eficaz, pois mostra que o estilo + o suporte + a instituição, ou seja, o texto, o cotexto e o contexto da comunicação visual enviam ao espectador, em conjunto e em interação, instruções de leitura dominantes: tanto uma leitura ficcionizante, como uma leitura documentarizante, nenhuma delas bloqueada e podendo a todo o instante resvalar de uma para outra e vice-versa.

Recordámos também que a característica essencial de cada modo de leitura é que, quando estamos na construção ficcionante, recusamos (algum tempo) construir um «eu-origem» para acreditar num pseudomundo, ao passo que na leitura documentarizante o espectador constrói um Narrador-real pressuposto, caução de um mundo verificável

Analisemos novamente os dois exemplos apresentados:

À primeira vista, o que nos leva a ler a sequência de *Mulheres à Beira de um Ataque de Nervos* como uma ficção é a escrita relativamente clássica do ponto de vista cinematográfico: montagem fluida, não olhar para a câmara, cenografia rigorosa, gradação do tamanho dos planos adaptada ao crescendo dramático, ângulos significativos de tomada de vistas, etc.; e sobretudo a escolha evidente dos elementos visíveis como elementos dramáticos, jogando com o saber e a ignorância do espectador e induzindo assim a sua participação ativa; mostrámos como a retórica da sequência era brilhante, mas a escrita cinematográfica mantém-se «clássica» e designa-se por isso a si mesma como pertencente ao campo da ficção cinematográfica.

Da mesma forma, a sequência de *Dermantzi* apresenta-se a si mesma como originando do documentário, pois propõe-nos um conjunto de figuras estilísticas-tipo: movimento hesitante da câmara, som específico diferente do som direto, estruturas linguísticas da palavra viva, o facto de se dirigir ao operador de câmara (neste caso a realizadora). Estas figuras estilísticas são mesmo a tal ponto

---

([63]) Em «Film documentaire, lecture documentarisante», *Cinémas et réalités, ibid.*

significativas que são sistematicamente retomadas pelos filmes de ficção que desejam reproduzir a ilusão de um filme de reportagem ou de documentário.

No caso, são, pois, marcas estilísticas internas que influenciam o nosso modo de leitura, porque somos relativamente dóceis e ativos; mas é claro que estas instruções por si sós são insuficientes para termos a certeza daquilo que vemos e para regularmos o nosso modo de leitura de forma rígida: assim, nada nos impede de acompanhar a nossa leitura ficcionizante de *Mulheres à Beira de um Ataque de Nervos* com uma leitura documentarizante do filme, como testemunho de uma estética representativa da «Movida madrilena» e da renovação intelectual e artística pós-franquista em Espanha.

Inversamente, a cena das ovelhas e do rio em *Dermantzi*, graças à música e ao tratamento do som, pode tomar a dimensão ficcionizante da evocação de uma Bulgária imaginária.

Todavia, a convergência das instruções textuais e das instruções institucionais teriam sem dúvida consolidado a regulação dos nossos mecanismos de leitura. No que diz respeito ao cinema bem como à televisão, a hora da projeção ou da programação, o tipo de anúncio, a indicação das condições de produção e de emissão ou de distribuição, ter-nos-iam sem dúvida impelido, por um lado, a acreditar no mundo pseudo-real da história de *Mulheres à Beira de um Ataque de Nervos*, esquecendo Almodóvar e a Espanha, pelo menos o tempo da sua projeção, na cumplicidade consentida da ilusão de realidade criada pelo filme; ao passo que, por outro lado, teríamos acreditado não só na sinceridade do testemunho de Malina Detcheva sobre a sua aldeia e o seu país, mas teríamos também acreditado na sua proposta, a ponto de nos apropriarmos dela como um conhecimento novo da Bulgária.

Efetivamente, se a ficção, tal como o documentário, participam de um modo de leitura é, certamente, porque participam de um modo de escrita, mas também de comunicação, como recordávamos mais acima com Wolfgang Iser: «O argumento ontológico tem de ser substituído por um argumento funcionalista: entre ficção e realidade, a relação já não é de ser mas de comunicar» ([64])

([64]) In «La fiction en effet», *Poétique*, n.º 39, *op. cit.*

No fim de contas, quer a gravação ou a simulação de uma qualquer realidade estejam organizadas como proposta de ficção ou como proposta de documentário, estão organizadas em discurso, como vimos, e este discurso induz modos específicos de interpretação.

Para mais, adaptamos o nosso tipo de leitura de acordo com a natureza do contrato implícito de comunicação em que participamos, (e que reconhecemos no fluxo televisivo, à velocidade do *zapping*, o tempo da pressão de um dedo sobre um botão).

Diremos que determinadas imagens nos são dadas para serem cruas, enquanto outras nos são veículadas para aprendermos ou para sabermos mais sobre elas.

Acreditar ou saber? É a oposição clássica que se atribui aos diferentes tipos de imagens, apesar de, em ambos os casos de imagem, estarmos no campo do acreditar: é necessário acreditar para sonhar, é necessário acreditar para aprender.

Os dois exemplos apresentados podem corroborar este tipo de afirmação: estamos dispostos a *acreditar no* mundo imaginário de *Mulheres à Beira de um Ataque de Nervos*, ao passo que pensamos aprender alguma coisa, como *acreditamos*, a propósito da Bulgária contemporânea, a partir de *Dermantzi*. A nossa análise mostra que, de facto, estamos sempre ao nível do «acreditar», mas que existem diferentes maneiras de acreditar e que podemos distinguir de um lado a *crença* e do outro a *credibilidade*.

Crença / credibilidade

O facto de *ver* diz respeito ao visível e às representações visuais do outro. O facto de *acreditar* pode exercer-se pelo menos segundo duas formas: a da crença que resulta da impressão de verosimilhança (e portanto do verosímil) e a da credibilidade, com base no sentimento de verdade (e, portanto, da noção de verdadeiro). São estas impressões de *verdade* ou de *verosimilhança* que, na nossa opinião, estabelecem a *relação* entre ver e acreditar ([65]).

([65]) Cf. acima, capítulo 2: «Imagem(ns) e verdade(s)», pág. 129

Acredita-se no supostamente não-verificável da ficção com a crença própria do espetáculo ([66]); mas *acredita-se* no supostamente verificável do documentário, das «informações», da reportagem, do filme pedagógico, com a confiança própria da aprendizagem. Continuamos no acreditar, que não implica unicamente a crença mas também o desejo de credibilidade.

Nas duas sequências (ficção / documentário) que estudámos, as marcas estilísticas e institucionais da mensagem visual interagiram com as nossas expectativas e produziram instruções de leitura específicas, de acordo com as quais regulámos o nosso próprio regime de leitura e a nossa própria interpretação.

Os dois grandes tipos de adesão assim induzidos articulam:

- ficção / verosímil/*ilusão de realidade* (consentida) e *crença*
- documentário / verdadeiro/*ilusão de saber* (suportada?) e *credibilidade*,

na medida em que a ficção tem de facto a ver com o verosímil (que não é o verdadeiro), ao passo que o documentário (e os seus derivados) têm a ver com o verdadeiro.

Mas face à imagem mediática contemporânea, na imprensa ou na televisão, verificamos uma espécie de renúncia aos contratos de crença de ficção como ligação necessária entre a experiência pessoal e a experiência estética. Como deixámos de acreditar contratualmente e de forma limitada no tempo no imaginário do espetáculo, temos a tendência para generalizar a expectativa de credibilidade da imagem. Desejamos acreditar na imagem do mundo e não acreditar numa representação do mundo. Ao mudar da crença para a credibilidade, muda-se:

- do *acreditar em* para o *acreditar*;
- do *intransitivo* para o *transitivo*;
- do *indireto* para o *direto* (*live* , em inglês!).

([66]) Que Octave Mannoni, por seu lado, aproxima mais da alucinação em «Je sais bien... mais quand même», *Clefs pour l'imaginaire ou l'autre scène*, Paris, Seuil, 1969.

A tendência contemporânea inclina-se a negar a própria mediatização dos *media* e a considerar a imagem mediática como as «informações gerais», cuja especificidade se estenderia às ficções: a predileção pelos *making of*, os filmes sobre o filme, os «documentários-drama» e outros *reality shows* são as manifestações deste processo.

A função anunciada e esperada da imagem mediática já não é assim imitar (função icónica), nem mesmo fazer-se passar (função semiótica) pelo mundo, mas *Ser* o próprio mundo, sempre, em toda a parte. Um mundo não já (in)crível, mas credível, graças à imagem ubíqua e simultânea do «direto», palavra mestra da televisão, assegurando-nos a economia, a «poupança», como Freud a denomina ([67]), da verificação que se delega no jornalista ou no especialista, a economia da contradição, a economia da reflexão. Pode sem dúvida explicar-se em parte o êxito de emissões como *Loft Story* [*Big Brother*] pelo fantasma do que se pode misturar, alimentado pelo do direto.

Neste deslizamento, o desejo de contrato implícito e contagiante já não é o da desrealização convencionada e temporária de um espetáculo que, como qualquer outra representação, se apresenta como sendo a realidade (sabemos disso e brincamos com isso), mas o seu contrário, o de uma reificação permanente e generalizada do conteúdo da imagem, amalgamando uma vez por todas o visível, o visual e a verdade. É precisamente por a imagem virtual contrariar este processo que ela é descrita na imprensa como um universo de «visível dereístico», como vimos anteriormente, um universo que põe em causa o caráter concreto do mundo, que a imagem deveria apresentar e não apenas representar.

Talvez se possa também ver ali não só o prazer regressivo do retorno ao que se pode misturar e à amálgama confusa, reativado pelo «mito» do direto, mas também o do regresso ao estádio primeiro da genealogia das nossas próprias imagens ([68]): e se o desejo de credibilidade fosse também a nossa maneira de *verificar* que a imagem

---

([67]) In *L'Interprétation des rêves*, Paris, PUF, 1967 [*A Interpretação dos Sonhos*].

([68]) Cf. B. Darras e A. Kindler: *Généalogie des images*.

mediática, no fim de contas, é na realidade o *nosso próprio vestígio* e não o do mundo? Prazer do reconhecimento da relação entre o (meu) gesto e o seu vestígio, para cuja procura o *estereótipo* (opinião que partilho), torna-se então primordial ([69]), como mais adiante veremos ([70]).

Vamos então refletir sobre a alternativa proposta pela imagem: das duas, uma, ou vemos a imagem como vemos o próprio mundo e, nesse caso, em que é que ela nos influenciaria mais do que o próprio mundo? Ou ela é uma organização filtrada dos dados do mundo, uma interpretação, um «discurso acerca do» mundo (que nós desejamos sem dúvida confundir com o próprio mundo, por toda a espécie de motivos) e, nesse caso, é urgente tomar consciência do seu funcionamento semiótico e dos seus modos interpretativos!

Há uma responsabilidade, parece-nos, em compreender e fazer compreender que nem todo o visual é imagem, que o visível não é o visual, que o visível não se confunde com a verdade, mas que, no entanto, desejamos intensamente esta confusão.

A noção de imagem é um poço sem fundo, onde cabem tanto as artes visuais como a imagética mediática, científica, informática, as célebres autoestradas da informação, e assim por diante. Cabe-nos destrinçar o tipo de expectativa que temos dos diferentes tipos de imagens, as induções interpretativas ligadas ao seu contexto institucional (a sua legitimidade), bem como aos seus materiais e às suas linguagens específicas.

Esta interrogação permite talvez resistir ao cliché da «sociedade--espetáculo» ([71]), propondo uma interpretação diferente da evolução dos *media,* sustentando o contágio da crença para com o credível (e não o inverso) mediante a riqueza e a força de vestígio da imagem.

Ao cultivar, face à imagem e, particularmente, face à imagem mediática, uma atitude cética, mais do que crítica ([72]), ganhar-se-á

([69]) Cf. Ruth Amossy e Elisheva Rosen, *Les Discours du cliché*, Paris, Sedes, 1982 e também adiante capítulo 4.

([70]) Cf. adiante, cap. 4.

([71]) Segundo a expressão sistematicamente retomada a Guy Debord.

([72]) Atitude que não é mais do que a réplica negativa da crença totalitária no «poder» das imagens...

sem dúvida em liberdade de juízo e em autonomia. Mais do que crítica, porque em nossa opinião é indubitavelmente necessário «pôr a imagem no seu lugar» ([73]) e deixar em definitivo de recear aquilo que dela esperamos mais do que aquilo que ela na realidade nos oferece.

5. Conclusão

Tomemos, pois, a imagem como aquilo que ela é, nem mais nem menos, nem divina nem satânica, mas como um conjunto de signos, substituto elaborado, construído, semiotizado, deslocado, relativo e contextualizado, seja ele gravado ou não. E interroguemo-nos acerca das nossas expectativas, do nosso prazer ou das nossas resistências, de maneira a participarmos ativamente na vida da obra, seja ela qual for. A imagem é uma realidade em si, cabe-nos a nós levá-la em linha de conta e não confundir tudo, o credível e o verosímil, o verificável e o inverificável.

O facto de tomarmos também consciência das nossas expectativas e do seu peso acerca das nossas interpretações permite sem dúvida adaptá-las ao único tipo de regime mental que lhes preside: o de acreditar. No entanto, também não devemos esquecer o facto de que acreditar ou não (n) a imagem também não se enxerta em terreno virgem, mas num terriço de recordações das imagens precedentes, agindo também ele sobre a interpretação do momento. Temos, pois, agora de examinar a natureza, a importância e a função desta memória, na nossa atividade interpretativa. É isso que o último capítulo desta obra se propõe explorar, abordando, como complemento das abordagens precedentes, a questão da interpretação da imagem mediática e muito particularmente televisiva.

([73]) Alusão à expressão «ponhamos as palavras no seu lugar» de Rudolf Arnheim in *La Pensée visuelle*, Paris, Flammarion, 1976.

CAPÍTULO 4

A INTERPRETAÇÃO DAS IMAGENS ENTRE MEMÓRIA, ESTEREÓTIPO, SEDUÇÃO

Vimos até agora de que maneira a interpretação das mensagens visuais está condicionada pelas nossas expectativas e pelos nossos desejos, e procurámos refletir em alguns destes condicionamentos, tal como nos são revelados por determinados textos e determinadas obras. Para além destes vestígios, é claro que a memória intervém como lugar de armazenamento das instigações colhidas aqui e ali, nas leituras, nos visionamentos e / ou nas contemplações. Atribui-se às recordações de imagens um poder de manipulação que convém agora tomar em linha de conta e reconsiderar. Da mesma maneira, é a memória que alimenta os estereótipos que encontramos tanto nas obras como nos seus comentários. Por esse motivo, vamos também procurar ver em que medida o estereótipo, à sua maneira, contribui para forjar solidamente as nossas expectativas de imagens.

Para explorar a questão da memória, e em particular a memória de imagens, aproximaremos o poder de condicionamento que se atribui às próprias imagens, da antiga tradição das *imagines agentes*, para comparar a respetiva força de ação; quanto aos estereótipos, formas com efeito necessariamente memorizadas por cada um de nós, veremos se eles são suportados ou partilhados, e em que medida as condições de urgência da montagem de documentos de atualidade contribuem para os ativar e fazer viver. Por último, após análise da retórica própria dos grandes *media* visuais e audiovisuais, regressaremos à questão da pedagogia da imagem e da sensibilização para a sua interpretação.

1. *Imagines agentes*, as imagens mediáticas?

Esta pergunta um pouco curiosa propõe-se apresentar algumas sugestões sobre a tão debatida questão da suposta influência da imagem sobre os nossos comportamentos.

Com efeito, afirma-se obstinadamente que a imagem influencia mais do que a linguagem verbal, pois recordaríamos mais facilmente as imagens do que os textos e mais ainda as imagens ditas «mediáticas», tais como a imagem televisiva ou a fotografia de imprensa. Notemos que se trata de uma abordagem passiva, que considera a memória das imagens como uma suposta sedimentação, consciente ou não, das representações visuais nos nossos espíritos, e suportada porque a imagem seria o meio privilegiado para tal. Ora, paradoxalmente, esta memorização passiva deixaria campo livre ao poder ativo das imagens sobre os nossos comportamentos. Se nos detivermos um pouco sobre o tema da *imagem e a memória*, podemos de facto encarar a imagem quer como suporte da memória, quer considerar as imagens da memória; por outras palavras, podemos considerar a imagem ou como configuração, ou como conteúdo da memória (1).

As artes da memória

Na realidade (2), a aproximação entre imagem e memória, bem como imagem e ação, remonta à Antiguidade; numerosos trabalhos têm já sido consagrados a esta antiga problemática (3).

---

(1) Cf. *Champs visuels*, n.º 4, «Mémoire d'images», Paris, L'Harmattan, fevereiro de 1997 ou ainda *Iris*, n.º 19, «Cinéma, souvenir, film / memory in cinema and films», Paris, Corlet, 1996.

(2) Como já recordei em «TV e memória visual», in *La Télévision, question de formes*, INA / L'Harmattan, 2001.

(3) Cf. em particular:

- Louis Marin: «Le trou de mémoire de Simonide», in *Traverses*, n.º 40, «Théâtre de la mémoire», revista do Centro de Criação Industrial do Centro Georges Pompidou, Paris, abril 1987.
- Jacques Roubaud, «La Mémoire oubliée», entretiens in *La Recherche*, n.º 267, «spécial mémoire», Paris, 1994;

Assim, nas *Artes da Memória* entre os Antigos, a utilização das imagens como instrumento eficiente de memória correspondia a uma prática ativa num dos cinco campos da retórica clássica, a *memoria,* que propunha efetivamente processos de utilização de imagens para recordar um discurso, utilizando a surpresa, a violência e a provocação do seu conteúdo.

De facto, tudo começa por uma lenda que atribui ao poeta grego Simónides de Ceos a invenção da técnica fundadora das *Artes da memória.* O poeta Simónides tinha sido contratado, por altura de um banquete organizado pelo riquíssimo Scopas, para enaltecer as qualidades do dono da casa. A um dado momento, Simónides vê-se sem ideias (esquecimento ou falta de inspiração?) e acaba a apologia de Scopas com o elogio dos deuses gémeos Castor e Pólux.

No momento de pagar ao poeta o seu trabalho, Scopas declarou que apenas pagaria metade da soma combinada; a outra metade, fosse Simónides reclamá-la junto dos próprios Castor e Pólux. Entrementes, alguém vem avisar Simónides de que dois jovens reclamam a sua presença lá fora. O poeta sai, procura em vão os seus pretensos interlocutores e, entretanto, o teto da sala do banquete desaba, esmagando todos os convivas que tinham ficado lá dentro. Foi então que, para se saber quem tinha morrido, o poeta teve a ideia de recorrer à recordação do lugar de cada um e de relacionar cada identidade, cada rosto, à sua disposição geográfica em redor da mesa.

Simónides é, assim, confrontado com a questão da memória após uma amnésia que, aliás teria provocado a catástrofe. A história de Simónides inaugura, pois, as *Artes da memória*, na medida em que propõe uma organização dos elementos a recordar, partindo de uma realidade, o banquete e os seus convivas: a pergunta «Quem eram

---

- Henri Hudrisier: «Lieux-Mémoire», in *Traverses*, n.º 36, 1986;
- Alain Montesse, *TLÖN III: le retour, Techniques d'images support de mémoire* in «Histoire des idées» 1895, 1995 e *XANADU et quelques autres (Palais de Mémoires cinématographiques)* in «Arts de la mémoire et nouvelles technologies», Universidade de Valenciennes, 1997.
- Frances Yates, *L'Art de la mémoire*, Paris, Gallimard, 1975.

eles?» transforma-se na pergunta «Onde estavam eles?», pondo em prática o princípio dos *loci* (aqui, os lugares), aos quais estão associadas as *imagines* (os rostos dos convivas).

É este princípio que os Antigos retomam na *Memoria*, processo para recordar um discurso que consiste em percorrer mentalmente, por exemplo, uma estrutura (o corpo, uma casa, os signos do zodíaco, etc.) em que cada etapa corresponde a uma etapa do discurso, enquanto, sempre mentalmente, se disporiam nestes locais imagens (imaginadas) cujo conteúdo, chocante ou violento, corresponderia assim aos argumentos a desenvolver. São estas imagens imaginárias, que eram denominadas *imagines agentes*, ou seja, imagens «ativas», ou antes imagens «atuantes» que, para obter esse resultado, se desejavam impressionantes, ou seja, o contrário da repetição e da estandardização.

Na nossa sociedade, da qual se afirma ter-se tornado uma «sociedade da imagem», estamos, quanto a nós, impregnados de imagens que nos «manipulam» e «atuam sobre nós», de uma determinada forma; é por isso que nos propomos verificar se esta opinião se justifica, comparando estas imagens, imagens de imprensa ou de televisão em particular, com o modo de funcionamento das *imagines agentes* dos Antigos, cuja função específica era precisamente agir sobre a memória do orador. Pode desde já notar-se mais uma vez a particularidade contemporânea a recear: que as imagens tenham efeito sobre nós, que atuem sobre nós, mesmo contra nossa vontade; quanto aos Antigos, utilizavam-nas de maneira a que o poder delas, se o tinham, lhes fosse de alguma utilidade.

Vejamos as particularidades das *imagines agentes:*

- as *imagines agentes*, associadas a lugares, são ao mesmo tempo ausentes e presentes: ausentes concretamente, visto que são imagens mentais e não suscetíveis de serem percebidas visualmente, e, no entanto, sempre presentes no espírito durante o tempo do discurso como ponto de referência, como farol da argumentação.
- as *imagines agentes* são imagens simultaneamente sintéticas e programadoras: sintéticas porque, para serem ativas, devem

conter elementos impressionantes, chocantes até, resumindo o seu propósito; programadoras porque cada um dos seus elementos deve conter em germe um desenvolvimento oratório.

Comparemos, pois, estas *imagines agentes* com as imagens mediáticas (destinadas a serem memorizadas?) e vejamos apenas se é imaginável encontrar imagens «ativas» ou «atuantes» da mesma maneira na memória do espectador.

Para alguns como o investigador Alain Montesse ([4]), «o cinema (e a televisão) no seu conjunto formam um sistema de memória mais do que uma simples coleção de imagens». No seu trabalho sobre as *Arts de la mémoire et (les) nouvelles technologies* afirma com efeito que «os filmes publicitários em particular apresentam-nos com grande abundância "imagens ativas" em todos os géneros. Na sua maioria, procuram criar a memória artificial de um mundo de consumo ideal».

A esta ideia podemos contrapor o ponto de vista do psicanalista Alain Brun ([5]) para quem «a memória coletiva, como toda a máquina de memória, seria uma máquina para fabricar esquecimento, na medida em que ela se oporia à memória subjetiva e que se trataria de erradicar a subjetividade, em proveito de um discurso coletivo.»

Na realidade, assistimos a algumas confusões e amálgamas: para alguns, visto que a imagem é um vestígio, ou antes, que ela propõe a perceção de um vestígio, seria o suporte privilegiado da memória, enquanto reprodução (reativação?) de um vestígio, ao passo que para outros a imagem mediática não passaria de uma «máquina para fabricar esquecimento numa temporalidade visual».

Para progredirmos um pouco no meio destas contradições, propomo-nos avançar só duas etapas, interrogando-nos:

– sobre a memória – suposta – das imagens mediáticas e o seu conteúdo;
– sobre a memória e a sua ação – suposta – sobre os nossos comportamentos.

([4]) Cf. acima.

([5]) Cf. a conferência «Mémoire et psychanalyse» seminário IMAGINES, Bordéus, 1999.

Memória e conteúdo

Como saber o que recordamos das imagens mediáticas? Pode pensar-se, sem se ir demasiado longe, que recordamos principalmente aquilo que se repete; por outras palavras, as diferentes formas, os procedimentos, a frequência das imagens e os diferentes «campos» da repetição na televisão.

Assim, a própria *programação* torna-se uma forma de repetição, de ritmo, em que o tempo funciona como um lugar, como uma estrutura, no interior da qual se dispõem as imagens. Da mesma maneira, tudo aquilo que reconhecemos no tempo de um *zapping*, o tempo que demora a pressão de um dedo sobre um botão, e que nos diz onde estamos, constitui por sua vez o conjunto das imagens mediáticas memorizadas.

Exatamente como *as imagens com legendas, o genérico, a construção de uma emissão, a alternância* entre o apresentador, o estúdio, as reportagens e as imagens inseridas nas imagens-lugares (mais uma forma de arquitetura) que se encontram no Telejornal, mas também em numerosas outras emissões ditas «novas» (*Ça se discute, La vie à l'envers, Arrêt sur images* [*]).

Por outro lado, há também uma forma de memória que é ativada no próprio coração da leitura: sabe-se que, em qualquer leitura, a compreensão de um texto joga-se entre memorização e antecipação. Pode notar-se neste tipo de memorização o *efeito género,* ou a memória das regras de género (como para o famoso «horizonte de expectativa» das obras teorizadas por H. R. Jauss), em que se encontram não *imagines* em *loci*, mas *loci* (géneros) em *loci* (programas).

(*) O primeiro é um programa de debate, com opiniões divergentes, animado por moderador. Aborda temas como a sociedade, a vida familiar, pessoal, etc. O segundo (*La vie à l'envers*) inclui reportagens sobre problemas da vida familiar: doenças, inadaptações, traumas... Por último, o terceiro consiste numa reportagem sobre temas da actualidade, analisados em profundidade, uma espécie de grande reportagem. Todos estes programas passam no canal 2 da televisão francesa (*N. R.*)

Só se reconhece efetivamente aquilo que já se conhece e que não se esqueceu. Por isso, na leitura, a memória diz respeito não só ao género mas também aos outros géneros e, portanto, à intertextualidade, tal como o estereótipo se reconstrói também ele a partir das instruções de leitura. Estas instruções podem ser de diversa ordem ([6]). Encontramos:

- instruções que resultam do dispositivo mediático, tal como o direto ou «olhos nos olhos»;
- instruções com origem na morfologia da narrativa (informativa, ficcional, séries, etc.);
- instruções do domínio dos clichés verbais, e que resultam elas próprias de campos lexicais antigos ou novos. Assim, numa referência à guerra do Kosovo ([7]), dizem-nos que «a guerra das imagens» se torna «a guerra das palavras» e as recordações de imagens, recordações de palavras. Numa retrospetiva acerca da atitude de Milosevitch, a revista *Télérama* ([8]) comenta o subtítulo: «Nunca mais sereis espancados», escrito sob um retrato-cliché (não analisado) de Milosevitch. O que importa, efetivamente, é associar visualmente a citação ao seu autor, mas sem falar necessariamente da imagem;
- instruções que exigem suprir a ausência (de imagens!), mediante a recordação de outras imagens: as das deportações por altura da Segunda Guerra Mundial, por exemplo, ausentes mas presentes (porque memorizadas) nos espíritos. O historiador Pierre Miquel, na mesma revista, declara ainda a propósito da guerra do Kosovo: «Esta guerra, que não mostra nem sangue nem atrocidades, acelerou a História. Antes, mostrava-se a batalha, depois o êxodo. Hoje, contentam-se com o êxodo, comprimindo os episódios (*sic*!) precedentes, presentes no nosso cérebro como outras tantas imagens subliminais ([9]).

([6]) Cf. Martine Joly, «Stéréotype et télévision» in *Actes du V.e colloque international de l'Association de sémiotique visuelle*, Siena, 1998.

([7]) In *Télérama*, n.º 2570, 14 de abril de 1999.

([8]) *Ibid.*

([9]) *Ibid.*

Que as imagens se relacionam umas com as outras, que umas invocam as outras num processo de alegorização, já o estudámos e mostrámos noutro lugar ([10]), incluindo o estudo do êxito ocidental de uma fotografia oriental ([11]). A alegoria: (etimologia: *allos* = outro; *agoreo* = eu falo) diz-nos: «quando falo de uma coisa, estou a falar de outra coisa», mas por meio de uma série «de atos», «de uma conjunção de símbolos» e de recapitulações de representações já conhecidas. Como escreve Umberto Eco:

> «no modo simbólico, algo aparece no texto para aí durar apenas um curto lapso de tempo, ao passo que a alegoria é sistemática e (...) realiza-se sobre uma vasta porção textual. Além disso, no seu fogo de artifício, ela põe em jogo imagens já vistas noutros lugares. Para a alegoria (...) o que funciona é a evocação imediata de códigos já conhecidos. A decisão de a interpretar nasce em geral do facto de que estes iconogramas parecem claramente ligados uns aos outros por uma lógica com a qual já estamos familiarizados, graças ao tesouro da intertextualidade. A alegoria remete para argumentos, molduras intertextuais que já conhecemos. Em contrapartida, o modo simbólico põe em jogo algo que ainda não tinha sido codificado» ([12]).

Nas fotografias de imprensa, as alegorias são abundantes, já o mostrámos, e jogam bastante com a intertextualidade. Os recentes atentados de Nova Iorque e as imagens do World Trade Center em chamas fizeram tragicamente eco das imagens de um filme como *Independance Day* [*O Dia da Independência*], do realizador americano Roland Emmerich (1996), assumindo assim toda a força das alegorias. Determinadas imagens de televisão podem ter esta função «de imagens ativas», sobretudo quando são retomadas pela imprensa escrita, fixadas e multiplicadas, como aconteceu, por exemplo, com a famosa imagem do jovem chinês enfrentando os tanques, em 1989, na praça de Tiananmen, em Pequim, a da criança palestiniana morta

---

([10]) In Martine Joly, *L'Image et les signes*, cap. 4, Paris, Nathan Cinéma / / Image, 1994 [*A Imagem e os Signos*, Lisboa, Edições 70, 2005].

([11]) Cf. acima, capítulo 2, 2: «O invisível e omnipotente contexto».

([12]) In *Sémiotique et philosophie du langage*, Paris, PUF, 1992.

no início da nova Intifada, em setembro de 2000, ou as do World Trade Center, em Nova Iorque, em 2001. Estas imagens podem, efetivamente, aproximar-se da força das suas irmãs mais velhas, as *imagines agentes*, quando são colhidas, repetidas e publicadas noutros lugares, em suportes onde podem ser contempladas, examinadas, comentadas e interpretadas.

Apercebemo-nos então de que, a menos que sejam repetidas e / ou deslocadas e portanto memorizadas, as outras imagens televisivas desaparecem dos nossos espíritos, em proveito de uma memória de *formas* mais do que de conteúdo.

A estandardização mediática opor-se-ia, então, na nossa opinião, à memorização das próprias imagens, mas em contrapartida iria favorecer uma memória do tempo, do ritmo e uma memória de formas em todas as suas variantes.

Memória e ação

Como saber então, quando esta memória existe, o que ela nos leva a fazer? A opinião comum pretende que as imagens mediáticas, e muito particularmente as imagens televisivas, influenciam os nossos comportamentos. O que nos impeliria à ação seria, necessariamente, a lembrança que guardamos destas imagens, porque se houver ação, ela é inevitavelmente diferida: a atitude «passiva» do espectador de televisão já foi muito criticada!

A suposta influência das imagens televisivas nos nossos comportamentos seria, pois:

- levar-nos a comprar (comportamento provocado pela lembrança das imagens publicitárias);
- levar-nos a votar (as emissões políticas, as campanhas eleitorais);
- modelar o nosso pensamento num pensamento «único» (o telejornal, as revistas);
- por fim, incitar, particularmente a juventude, à violência, ao roubo, ao crime ou ao deboche (as ficções, as séries).

Na realidade, ninguém pode provar um tal poder, conforme demonstram numerosos trabalhos de pesquisa feitos sobre as relações entre a vida social e a televisão ([13]).

Em contrapartida, não se pode deixar de constatar que, tal como as suas antepassadas, as *imagines agentes*, as imagens mediáticas, quando são memorizadas, são estimuladoras de discursos públicos ou privados, de discursos escritos (imprensa, até romances), ou de discursos orais (a rádio, as entrevistas, a TV). Assim, é a força desses discursos, que analisámos no nosso primeiro capítulo, que intervém como vestígio e condicionamento das nossas experiências mediáticas e estéticas.

No conjunto, porém, não se trata de discursos cuja função primeira (como era o caso das *agentes*) seria persuadir e provocar comportamentos.

Efetivamente, se repararmos nos discursos públicos, como os da imprensa ou da rádio, apercebemo-nos de que também não são verdadeiros discursos críticos, como se poderia esperar da sua parte. Mesmo que neles se comentem as emissões televisivas com mais ou menos juízos de valor, o que ali encontramos é mais uma nova forma de *ekphrasis*, arte que, na Antiguidade, consistia em transpor uma arte para outra, evocando, por exemplo, a escultura ou a pintura através da poesia ou da prosa, como a famosa evocação do escudo de Aquiles por Vergílio, ou a galeria de quadros por Filóstrato.

Na nossa época, dita da comunicação, já não se trata realmente de uma arte, mas de uma deslocação, de uma transferência de informação de um meio para outro, numa espécie de espiral em que as informações remetem umas para as outras sem por isso corresponderem à mesma coisa. Mais do que o próprio conteúdo, o que importa é o jogo da transferência, o da ativação de um substituto num contínuo, que, curiosamente, estranhamos não ser o pensamento.

Desapareceram comportamentos e discursos privados, provocados pelas recordações de imagens mediáticas: descortinam-se perfeitamente comportamentos consumistas que surgem, tais como o de

---

([13]) Cf. Lorenzo Vilches, *La télévision dans la vie quotidienne; États des savoirs, op. cit.*

rever as emissões preferidas nos momentos preferidos. O prazer provocado é assim o da repetição, do reconhecimento, do «mais uma vez».

Quanto aos discursos, vão consistir essencialmente em evocar este consumo, que pode ter como consequência um certo número de particularidades e de funções:

- discursos *hedonistas*, recordando precisamente o prazer do consumo repetitivo;
- discursos *tribais* de reconhecimento, de pertença à tribo dos «fãs» desta ou daquela emissão;
- discursos *identitários*, permitindo afirmar-se como membro deste ou daquele grupo social. O discurso identitário pode também fazer-se a partir da negação de prazer, como acontece em determinadas classes sociais como a dos «intelectuais», que em público desconsideram emissões aliciantes e «populares», mas que as veem em privado.

O inventário dos hábitos associados às recordações de imagens mediáticas poderia, sem dúvida, prosseguir de forma diferente da de procurar a sua influência (negativa), mas de acordo com o estudo de diferentes modos de integração da realidade mediática do nosso ambiente.

Podemos, pois, provisoriamente, tentar propor uma resposta à pergunta inicial: as imagens mediáticas são *imagines agentes*? Vamos responder ao mesmo tempo «sim» e «não».

«Não» no que respeita às imagens televisivas, pois guardamos delas uma recordação sem dúvida mais de formas do que de conteúdos, uma lembrança de ritmo e de duração, mais do que de motivos.

Mas podemos responder «sim» no que respeita às imagens mediáticas fixas, tais como determinadas fotografias de imprensa, captadas ou não sobre as imagens televisivas ou cinematográficas, mas que assim se tornam *agentes* da única maneira possível, ou seja, tornando-se insrumentos para elaborar o discurso, mais próximo no entanto da *ekphrasis* que da defesa: uma espécie de *ekphrasis* laica, poderíamos dizer, esvaziada da sua dimensão artística mas em proveito de uma dimensão socializante, se não mesmo social.

Podemos, pois, reconhecer à imagem mediática uma função social, não só prejudicial e desrealizante, como muitas vezes se receia, mas de reconhecimento e de integração social. É, sem dúvida, esta expectativa que determina a interpretação da imagem mediática, de que, no fim de contas, se receia que não preencha esta função.

Outra fonte de condicionamento das nossas expectativas seria, na nossa opinião, o estereótipo, a respeito do qual, porém, temos também muitas suspeitas.

2. Estereótipo e TV

A condenação geral da repetição, da citação, do cliché e do estereótipo na TV tem tendência para conferir à imagem mediática, e muito particularmente à imagem televisiva, o estatuto de «signo vazio», sem verdadeiro referente a não ser ele mesmo. Parece-nos que estes termos carecem de exatidão, quando se trata do audiovisual, e que, para os condenar, nos baseamos num implícito realmente muito vago.

É por isso que, no seguimento de determinados investigadores literários, nos propomos reconsiderar a noção de cliché e de estereótipo, não já apenas como figuras imobilizadas e modificadas, mas em primeiro lugar como modo de comunicação específico, como discurso social e individual, forçado por natureza a reativar modelos de aceitabilidade. Na nossa opinião, esta abordagem merece ser alargada ao audiovisual, mediante uma análise atenta da especificidade do estereótipo na TV.

Dizemos na TV, porque, da mesma maneira que Roland Barthes começou a sua pesquisa dos signos visuais a partir da publicidade, para comodidade e para o aspeto demonstrativo da sua iniciativa ([14]), da mesma maneira pensamos que, se existem estereótipos visuais, encontrá-los-emos em primeiro lugar na televisão, visto que se trata

([14]) Cf. adiante, capítulo 4: «Barthes e a leitura da imagem», pág. 266.

de um meio de comunicação de massas, e que, tal como na publicidade, «a imagem (nela) é franca ou pelo menos enfática», segundo a fórmula bem conhecida de Roland Barthes.

Existirão, pois, estereótipos visuais, audiovisuais ou apenas verbais? Quais são os seus modos de funcionamento e onde vamos encontrá-los em ação? Embora tenham sido denunciados como apanágio da imagem mediática, não sabemos verdadeiramente quais são as marcas de um estereótipo visual e, particularmente, mediático. Por sua vez, o estudo desta figura deveria permitir detetar as suas marcas representativas de um enunciado coletivo, menos passivo do que ativo. Entendê-lo como sintoma social informar-nos-ia assim sobre os discursos prévios, reveladores de um sentido social preexistente e aglutinador. Desta forma, estudar as formas semióticas do estereótipo televisivo poderia ajudar paradoxalmente a reconsiderar a afasia e a amnésia atribuídas, em nossa opinião demasiado rapidamente, à imagem mediática.

O estereótipo

Em primeiro lugar, é evidente a conotação ainda pejorativa dos termos «estereótipo» e «cliché». É muito antiga e vamos encontrá-la em numerosos autores, Flaubert em especial, a propósito do *Dictionnaire des idées reçues*.

Isto tem a ver com o facto de que «nós dependemos de uma ideologia filosófica e estética da originalidade». «Indivíduo *versus* sociedade, espontâneo *versus* banal, produção única *versus* produção em massa: o cliché inscreve todas estas dicotomias e não pode inscrever-se fora delas.» ([15]) O próprio Barthes, a propósito do estereótipo, opõe o «cansaço» à «frescura»: «O estereótipo é aquilo que começa a cansar-me.» Daí, o antídoto, alegado desde *O Grau Zero da Escrita: a frescura da linguagem*. (...)

([15]) Ruth Amossy e Elisheva Rosen: *Les Discours du cliché*, Paris, Sedes, 1982.

»Em *Sarrazine*, La Zambinella declara que deseja ser, para o escultor que a ama, "um amigo dedicado", desmascarando, por intermédio deste masculino, o seu verdadeiro sexo; mas o seu amante não entende: ele está obcecado *pelo estereótipo*: quantas vezes o discurso universal não utilizou esta expressão: "*um amigo dedicado*"? Seria necessário partir deste apólogo, meio gramatical, meio sexual, para conhecer os *efeitos do recalcamento* do estereótipo. Valéry falava das pessoas que morrem de acidente por não quererem largar o guarda-chuva; quantos sujeitos recalcados, desviados, obcecados pela sua própria sexualidade, por não quererem abandonar um estereótipo. O estereótipo é o lugar do discurso em que o corpo falta, em que temos a certeza que ele não está ([16]).»

Longe da «imitação criadora» dos clássicos, o estereótipo e os seus associados seriam banais, aborrecidos, vazios de sentido, vazios de corpo. À condenação do estereótipo junta-se a do cliché ou das ideias feitas, que não seriam absolutamente sinónimos: a obra *Les Discours du cliché* ([17]) associa assim a estereotipia ao domínio da *inventio* da retórica clássica, ao passo que o cliché, por seu lado, teria origem na *elocutio*. O cliché, figura de estilo imutável, como a fórmula «um amigo devotado», não só remeteria para a estereotipia do pensamento, mas também para a unidade discursiva, para o facto de estilo. Tem pois a ver com o paradoxo de um efeito de banalidade reconhecido como efeito de estilo.

Ruth Amossy recorda a definição de estereótipo na tradição das ciências sociais, de acordo com a *doxa* do início do século: «representação coletiva (...) constituída pela imagem simplificada de indivíduos, de instituições ou de grupos» ([18]) ou ainda «imagem preconcebida e imobilizada, que determina as nossas formas de pensar, de sentir e de agir» ([19]). Os clichés construiriam a imagem

---

([16]) In Roland Barthes: *Roland Barthes par Roland Barthes*, Paris, Seuil, 1975. [*Roland Barthes por Roland Barthes*, Lisboa, Edições 70, 2.ª edição, 2009].

([17]) *Op. cit.*

([18]) In Ruth Amossy e Anne Herschberg Pierrot: *Stéréotypes et clichés*, Paris, Nathan, 1997.

([19]) In Walter Lippmann (jornalista), *Pictures in our heads*, 1992.

estereotipada à maneira da «representação coletiva do soldado de 14-18», veiculada pelo texto de Romain Roland, por pouco que o leitor se dê ao trabalho de reunir os elementos do esquema fixo, disperso em: «"vós cumpris o vosso dever", "tesouros de heroísmo", "ávidos de se sacrificarem", "dedicação magnânima" e que culmina na construção da "imagem do combatente"».

«Os clichés aparecem como figuras gastas assim que fazem intervir um intertexto que o leitor interiorizou sob a forma de cultura muitas vezes difusa e cujos inúmeros vestígios o crítico pode facilmente encontrar.» Tal como a citação, o cliché «é sempre sentido como algo emprestado: ambos constituem a retoma de um discurso anterior»; o cliché, porém, não transcreve um passo preciso e identificável (como a citação, a alusão literária ou ainda a repetição): «o empréstimo, no cliché, remete para uma formação discursiva anterior, ou seja, para um modo de comunicação definido no plano social e ideológico, e não no plano individual» ([20]).

Se estereótipos e clichés conseguem, pois, impor-se é porque, à sua maneira, falam dos valores do contexto sociocultural no seio do qual se inscrevem.

Quer apresentem a marca de uma «perigosa atualidade», quer «se incorporem na generalidade de uma visão global do mundo», nem por isso deixam de ser da competência «do sistema de valores que os faz circular. O facto é bem conhecido; no entanto, é importante recordá-lo, na medida em que esta sociabilidade do cliché condiciona a sua exploração (...) É na medida em que fala de uma sociedade que o cliché é revelador ([21]) – e, de certa forma, indispensável – para todo o discurso que associa ao seu meio cultural e integra no seu

---

([20]) Cf. Amossy e Rosen, *ibid.*

([21]) Cf. os numerosos estudos que lhe têm sido dedicados nestes últimos anos: colóquio de Cerisy, *Le Stéréotype*, outubro de 1993; *Le Cliché*, colóquio de Aix-en-Provence, textos reunidos por Gilles Mathis, Sociedade Inglesa de Estilística, 1996; *Le Cliché en traduction*, colóquio do TRACT, Centro de Investigação em Tradução e Comunicação Transcultural Anglo-Francesa Franco-Inglesa, dir. de Paul Bensimon, Instituto do Mundo Anglófono, outubro de 1998; sem esquecer os trabalhos de Ruth Amossy, relativamente pioneira neste domínio.

intertexto ideológico. O mesmo é dizer que, em caso extremo, não se poderia passar sem ele» ([22]). Os estereótipos e o cliché manifestam um discurso social, na opinião do crítico social Claude Duchet, que os define como o «*se* (*) do texto e os seus boatos, o já dito de uma existência preexistente ao (romance) e que por seu intermédio se torna manifesto».

Estereótipos audiovisuais?

Copiosamente estudados em literatura, o estereótipo e o cliché são-no menos ou mesmo nada nos *media* audiovisuais (a TV), embora esta seja acusada de só propor discursos «estereotipados» e de nos inundar de clichés, cuja abundância e caráter sistemático implicariam uma perda do sentido no discurso mediático, ligada a uma imagem metastática e prolífera, condenada à autorreferência repetitiva e inflacionista ([23]).

Perda do sentido, perda do referente, sem dúvida, se se esperar da imagem televisiva que seja uma mimese do mundo; certamente que não, se dela se esperar o que ela é, ou seja, uma caixa de ressonância do discurso social interiorizado, um observatório sociocultural dos nossos modos de pensar coletivos, uma máquina de estereótipos.

Para isso, teremos de verificar se se pode falar de estereótipos e de clichés audiovisuais e / ou mediáticos.

A observação de alguns telejornais permite evidenciar um certo número de procedimentos repetitivos, em que se pode reencontrar a manifestação de estereótipos, a partir de clichés visuais correspondentes às definições sociolinguísticas que apresentámos mais acima, igualmente reveladora de determinados mecanismos de representações sociais.

([22]) In Amossy e Rosen, *ibid.*

(*) Quando utilizado como pronome indefenido, significando "alguém", um sujeito indeterminado (*N. R.*).

([23]) Cf. Jean Baudrillard.

Entre os estereótipos referenciados como «modos repetitivos e utilizados de pensamento ou de argumentação» (do domínio da *inventio*), encontramos: a narrativização das «informações», frequentemente inseridas numa estrutura, ainda que mínima, incluindo «introdução-desenvolvimento-desenlace».

Se consideramos aqui a narrativização da informação como um estereótipo, é porque a ideia de que a vida (e, por conseguinte, os «acontecimentos» que a constituem) corresponde a outras tantas «histórias», com início, meio e fim, é um estereótipo, um implícito ideológico e partilhado, da mesma ordem que os que Gérard Leblanc revela quando analisa a noção de «informação» na televisão ([24]). Este investigador demonstra, efetivamente, que «informação» nela é sinónimo de «acontecimento» como rutura acidental, espetacular e catastrófica do curso supostamente tranquilo da vida.

A representação da família como modelo social incontornável (por exemplo, na altura das eleições presidenciais, em França ou no estrangeiro). Neste caso, porém, trata-se de temas, a «família», o «casal», a que se poderiam acrescentar muitos outros que merecem ser estudados de perto, como «o trabalho», «o lazer», ou ainda, infelizmente, «a guerra». O tratamento de todos estes temas, como muitos outros, revela estereótipos, no sentido de modos de representação (mental) coletivamente partilhados, que reconhecemos e reconstruímos a partir de índices visuais e sonoros, que são assim clichés no sentido de figuras de estilo (*elocutio*) verbo-visuais. Vamos analisar alguns deles; antes, porém, gostaríamos de referir ainda dois estereótipos recorrentes a «englobar» nos telejornais: de um lado, o «mito» do direto no sentido do fantasma do contacto; e do outro, o do modelo pedagógico.

O direto e o pedagógico

O «direto», como se sabe, é a especificidade da televisão (partilhada também pela rádio, mas de forma menos emblemática). O «direto», escolho do telejornal, que nos propõe múltiplas e

([24]) In *Treize / vingt heures, le monde en suspens*, Hitzeroth, 1993.

simultâneas correspondências com os «enviados especiais» no terreno, vem, mediante um dispositivo (que aliás pode ser simulado) alimentar o grande fantasma regressivo da fusão mediática, da amálgama original, da ubiquidade omnipotente, expectativas, como vimos, todas elas ligadas ao imaginário do vestígio e da permanente ligação, do contacto ininterrupto ([25]). Negar a mediatização da informação, a relatividade do discurso mediático, a distanciação necessária do espetáculo de um mundo fragmentado, em proveito, para além da ilusão de realidade, de verdade e de saber, em proveito da ilusão de verter o Parecer no próprio Ser.

Com efeito, é conhecida a famosa análise de Eliséo Véron acerca do eixo YY ([26]). Recordemos algumas características fundamentais e em especial de que maneira, segundo Eliséo Véron, é o olhar (olhos nos olhos) que governa aqui o regime do real.

Se o apresentador fixar o olho vazio da câmara, «eu, telespectador, sinto-me observado: aí está ele, estou a vê-lo, é comigo que ele fala.» O olhar para a câmara transforma-se num operador de normalização do discurso informativo, instituindo-se simultaneamente como caução de referenciação e como operador de identificação do género. É um fator de «realização», por oposição à «desrealização» ou «irrealização», que tende a neutralizar ao máximo (no telejornal) ou a atenuar em outros contextos (campanhas eleitorais, variedades) «o estatuto de ficção, que é o estado natural de qualquer discurso» ([27]). Tudo isso se torna então, segundo Véron, «uma questão de corpo» que, encenado de uma determinada forma, propõe uma ordenação particular das três ordens fundamentais da significação definidas na semiótica de Peirce: «a palavra, ou seja, a linguagem (o símbolo); a imagem, ou seja, a ordem da analogia (o ícone); e o contacto, ou seja, a confiança (o índice)»... Por meio de uma autêntica identificação

---

([25]) Cf. acima, capítulo 2: «Imagem(ns) e verdade(s)», pág. 129.

([26]) In «Il est là, je le vois, il me parle», Communications, n.º 38, Paris, Seuil, 1983

([27]) Cf. R. Barthes in *La Chambre Claire*, Cahiers du cinéma / Gallimard, 1980 [Lisboa, Edições 70, 2.ª edição, 2006]: «A linguagem é ficcional por natureza, é necessário um enorme dispositivo», ou ainda Christian Metz: «Toda a imagem é uma imagem de ficção».

entre o significante e o referente, nega-se às imagens a função referencial, denotativa: elas transformam-se nos próprios factos, como fizemos notar mais acima.

A palavra ocupa uma posição metadiscursiva, considerada secundária: quando for necessário, e quando for suporte do conjunto, ela comentará o próprio fundamento da relação entre o Narrador e o destinatário; é este contacto que se instaura entre eles, mediante o eixo do olhar: a confiança.

A história do discurso informativo mostra que a mediatização se fez, em primeiro lugar, por intermédio da letra (a imprensa), seguida pela da imagem e pela voz (as «atualidades»), ao passo que «é só com a televisão que podemos falar verdadeiramente da mediatização do *corpo significante* na informação». Trata-se, porém, de um simulacro de corpo, que não oblitera em nada o estereótipo «em que falta o corpo». Pelo contrário, este corpo significando a mediação está alicerçado numa ausência de corpo que lhe garante o seu poder de estereótipo, aliás multiplicado até ao infinito em todos os países do mundo, a despeito de um mínimo de respeito por cada cultura específica.

Quanto ao estereótipo do modelo pedagógico, também ele está bem presente no telejornal; é recorrente com o seu arsenal de gráficos, setas, barras e percentagens, que alimentam o implícito, segundo o qual os especialistas sabem mais do que o espectador. A infantilização do telespectador faz-se por intermédio do modelo mais do que por intermédio do seu conteúdo, em geral extremamente sucinto e demasiado rápido para «ensinar» seja o que for.

Vimos que, para construir um estereótipo, o leitor de romance reúne os elementos do sema fixo, dispersos no texto; reúne as constantes de predicados que se ligam ao tema, efetuando um determinado número de operações mais ou menos complexas, da mesma maneira que o telespectador, em última análise, responde a um determinado número de instruções de leitura e de solicitações da estratégia discursiva implementada no discurso audiovisual ([28]).

([28]) Para a receção da TV, bem como do filme de ficção, cf. os trabalhos de Roger Odin e de Francesco Casetti, *D'un regard l'autre, le film et son spectateur*, Lyon, PUL, 1990.

O espectador vai, pois, regular o seu regime de receção em função da boa vontade que tiver em responder à complexidade das instruções de leitura institucionais (programação) e textuais (estilística). Podemos distinguir algumas:

- as instruções associadas ao *dispositivo*. Por exemplo, «o direto», mas também «os olhos nos olhos», comportamento que lhe está associado com as implicações estereotípicas que vimos;
- as instruções associadas à morfologia do «texto»: a forma narrativa e / ou pedagógica, e / ou dialógica da informação, aí também com os implícitos assinalados mais acima;
- as instruções associadas aos próprios clichés verbais: são extremamente numerosos para não dizer constantes, pois o telejornal é, como se sabe, um jornal falado: não contando já com as frases feitas, do género «a perenidade do sonho americano», «a América, primeira potência mundial», «os *Bonny and Clyde* da política», «o herói da classe média», para referir apenas alguns exemplos colhidos num telejornal dedicado a Clinton.

Atualmente, sabemos que se criou um «léxico» próprio para evocar a guerra na Jugoslávia, os atentados de Nova Iorque, os confrontos no Próximo Oriente... Mas o mais importante no que diz respeito à noção de estereótipos visuais ou audiovisuais são as instruções associadas à relação entre as imagens e os clichés verbais:

- quer a relação seja exequível – e a maior parte das vezes propõe-nos uma «montagem expressiva agressiva» extremamente reprodutora de estereótipos implícitos, como mais adiante desenvolveremos ([29]);
- quer a relação seja inexequível, e assistimos a discursos paralelos – um verbal, principal fornecedor das «informações»; e outro, visual, consistindo numa montagem por vezes grosseira de imagens que dizem vagamente respeito ao tema.

([29]) Cf. acima, capítulo 4.

O espectador é, assim, submetido a uma espécie de *double bind*, dupla imposição ou dupla limitação, de acordo com os investigadores de Palo Alto, visto que nos apercebemos simultaneamente de dois discursos, concomitantes mas muitas vezes separados ou contraditórios. Recordemos que a teoria da dupla limitação ([30]) explica de que maneira o recetor de uma dupla mensagem acompanhada por uma metamensagem que a exclui está impossibilitado de lhe reagir de forma adequada. No caso, vemos que o metadiscurso implícito que acompanha o discurso explícito televisivo consiste na incoerência do discurso mediático e no facto de os jornalistas não serem credíveis. Desta forma, o discurso autodestrói-se, provocando uma hostilidade necessária face à informação audiovisual.

Vemos pois que, embora a condenação e depois a reabilitação do cliché e do estereótipo digam respeito, a maior parte das vezes, a obras ditas de criação literária, podem também dizer respeito ao estudo da não ficção audiovisual, com benefícios para um melhor entendimento das representações coletivas «ativas» na nossa sociedade.

Nem afásica nem, muito menos, amnésica, pois o estereótipo utiliza e constrói uma memória coletiva, a imagem informativa mediática é talvez a manifestação de um recalcamento social também ele determinante nos nossos mecanismos interpretativos, manifestação renovada da natureza projetiva da leitura e da interpretação das mensagens visuais. Desta forma, compreende-se então de que maneira, quando há reativação dos estereótipos por intermédio de clichés visuais ou audiovisuais, estes contribuem para a construção e para a solidificação (é este o sentido etimológico de *stereós* = sólido) da identidade e de um sentimento de pertença. Em contrapartida, quando a interpretação é bloqueada por uma dupla linguagem, assiste-se então a um desinvestimento por parte dos espectadores.

Vejamos agora como esta «solidificação» das nossas representações e da sua interpretação pode ser reativada por determinada montagem, feita muitas vezes na premência do telejornal quotidiano.

([30]) Elaborada pelos investigadores Bateson, Jackson, Haley e Weakland em 1956 em «Toward a Theory of Schizophrenia», *Behavioral Science*, 1: 251--264, 1956. Cf. também P. Watzlawick, J. Helmick Beavin, Don D. Jackson, *Une logique de la communication*, Paris, «Points Seuil», 1979.

3. A montagem expressiva selvagem (do cinema à TV)

A questão da montagem, tanto no cinema como na televisão, é uma questão fulcral, porque é um princípio determinante na produção do sentido. Ponto-chave da teoria cinematográfica, a teoria da montagem é percetível um tanto modificada em certas emissões televisivas, bem como com o aparecimento das novas tecnologias e da montagem virtual. Longe de contradizer as regras mais tradicionais da montagem narrativo-representativa, a montagem «mediática» parece derivar para uma prática «selvagem» da montagem denominada «expressiva» ou intelectual pelos primeiros teóricos da montagem. Uma breve recapitulação da especificidade da montagem cinematográfica e, seguidamente, das suas aplicações aos *media*, vai ajudar-nos a entender esta mudança.

A montagem: breve recapitulação

A montagem, sobejamente conhecida de todo aquele que constrói documentos audiovisuais constituídos por imagens e sons em sequência, é, em primeiro lugar, uma atividade técnica que aparece no fim da linha de montagem de uma série de operações necessárias: argumento, guião técnico, filmagem, a seleção de cenas a usar na montagem ([31]). Embora a montagem fílmica, a montagem vídeo ou a virtual não utilizem as mesmas técnicas (cortar / colar; regravação; digitalização e utilização de um programa informático), obedecem todas aos mesmos princípios básicos:

- princípio de *seleção* entre os elementos úteis e os inúteis (as cenas filmadas não utilizadas na montagem);
- princípio de *junção* dos elementos selecionados;
- *determinação da duração* de cada segmento;
- escolha do *modo de junção* (percetível / impercetível).

([31]) Cf. os inumeros textos, tanto técnicos como teóricos, sobre a montagem. Em particular, leia-se a síntese sobre a montagem feita em *Esthétique du film*, *op. cit.* e Vincent Amiel, *Esthétique du montage*, Nathan Cinéma, 2001.

A técnica da montagem, que exige aprendizagem e instrumentos específicos, tem por objeto segmentos visuais e / ou sonoros e por formas de ação a ordenação e a duração.

A montagem da película com imagem completa-se, efetivamente, pela montagem da banda sonora que, segundo os mesmos princípios (escolha, ordem, duração), pode fazer-se quer simultaneamente, quer após a montagem da película com imagem (pós-sincronização). Contudo, como no caso dos *vídeo clips*, a montagem da imagem pode ocorrer após a montagem sonora.

De um ponto de vista técnico, parece pois que o plano foi considerado durante muito tempo como unidade básica da montagem. No entanto, esta diz respeito também a unidades mais longas ou mais curtas do que o plano.

Unidades superiores ao plano: com efeito, o significado global de um filme ou de um vídeo não se constrói plano a plano, mas por conjuntos de planos, que a maior parte das vezes são designados por «sequências». O *story board* de um filme ou de um vídeo é, com efeito, necessariamente pensado por «grandes unidades narrativas» ou «complexo de planos», como o próprio Eisenstein ensinava nos seus cursos ([32]).

A montagem diz respeito também a partes mais curtas do que o plano, no caso particular do plano-sequência (montagem na rodagem); ou no interior de um mesmo plano, quando se trabalha nas oposições preto / branco, sombra/luz, formas, reenquadramento, etc. ([33]). Este aspeto da montagem como ordenação de elementos mais pequenos do que o plano, que dele fazem parte, é recuperado de forma crucial por determinados programas informáticos de montagem virtual que, como se sabe, podem retirar de um plano seja que elemento for e modificá-lo ou transferi-lo para outro plano.

A técnica da montagem não existe por si mesma, mas sim para servir um projeto de comunicação. Se serve para ligar e organizar complexos de planos (e de sons) é com o objetivo de «dizer» qualquer

---

([32]) Cf. Jacques Aumont, *Montage Eisenstein*, Paris, Albatros, 1980.

([33]) *Ibid.*

coisa o mais eficazmente possível: contar uma história, enaltecer as qualidades de um produto, informar sobre um acontecimento ou um empreendimento, sensibilizar para um problema, formar, etc. Deste ponto de vista, as possibilidades de expressão proporcionadas pela montagem foram em primeiro lugar exploradas e teorizadas no cinema, que continua a ser uma referência indispensável para analisar a eficácia das mensagens mediáticas ou institucionais, com as transposições que se impõem.

A teoria da montagem no cinema permitiu, primeiro, distinguir duas funções principais da montagem, que opuseram duas grandes tendências ideológicas, e isto desde a década inicial do século XX. Veremos que, na realidade, estas duas grandes tendências não se excluem mutuamente e que, muitas vezes, vamos encontrá-las juntas no mesmo filme. Apesar disso, distingui-las numa primeira fase permitiu compreender melhor a finalidade desta ou daquela opção de montagem.

Embora todo o filme seja necessariamente «montado», considera-se que a montagem propriamente dita só apareceu com a «libertação» da câmara do lugar do espectador. Com efeito, até cerca de 1903, os primeiros filmes eram gravados a partir de um único lugar, o do espectador, o «quarto lugar» do cubo cénico e o trabalho do técnico de montagem consistia em colocar os planos uns a seguir aos outros por ordem cronológica da história narrada. Quando realizadores como Porter ou principalmente Griffith mudaram a câmara de lugar, variaram o corte dos planos (plano aproximado, plano médio, grande plano, etc..), e fizeram mover a câmara (*travellings* e panorâmicas), a ordem pela qual os planos deviam ser unidos tornava-se mais problemática. Tinha de significar algo mais do que a simples cronologia dos acontecimentos, como a dramatização de uma cena, a transmissão de determinado ponto de vista, etc.

É a partir desse momento que duas grandes prioridades: de um lado, aqueles para quem a montagem deve ser essencialmente submetida à narração e a uma representação mais ou menos representativa do mundo; e do outro, aqueles para quem a montagem é uma técnica absolutamente nova de produção de sentido e de afetos que permite não tanto representar o mundo, ou um pseudomundo, como produzir um discurso sobre ele. Estas duas atitudes foram estigmatizadas por uma fórmula célebre que opunha «os que acreditam na realidade» aos «que acreditam na imagem», ou ainda, de acordo com a expressão bem conhecida de Godard, «uma imagem exata» a «apenas uma imagem».

A primeira atitude, a «daqueles que acreditam na realidade», foi teorizada por críticos-teóricos como André Bazin ([34]) ou realizadores como Roberto Rossellini. Para Bazin, o real não tem sentido em si mesmo; oferece-se a nós com uma «ambiguidade imanente», solicitando o nosso livre-arbítrio e o cinema enquanto arte deve reproduzir-se, porque é mais apto do que qualquer outra arte. Para tal, deve respeitar o mais possível «a impressão de realidade», que é capaz de produzir graças ao movimento, ao som, à imagem fílmica, etc. Num célebre artigo intitulado «Montage interdit» ([35]), Bazin explica de que maneira a montagem, à qual nenhum filme pode escapar, deve fazer-se o mais discreta possível, «transparente», utilizando *raccords* ([*]) mais fluidos e menos percetíveis, de forma a disfarçar a descontinuidade necessária ao filme (arte do descontínuo por excelência: do fotograma ao plano, do plano à sequência, da sequência ao filme). Esta posição que, para Bazin, é a que mais respeita a liberdade do espectador, explica também a sua predileção pelos planos-sequências e a utilização da profundidade de campo em Orson Wells, por exemplo. Estes procedimentos são para ele outros tantos «ganhos de realismo», que explicam também a sua predileção pelo «neorrealismo» italiano e por um realizador como Rossellini que pôde dizer: «o real está aí, para quê manipulá-lo?». O cinema é uma «janela aberta sobre o mundo», uma imagem «centrífuga», que completa o seu campo visual com um fora-de-campo imaginário e ilimitado. Na realidade, esta atitude é a de todo o cinema «clássico» e ainda dominante, aquele que nos é mais familiar e cuja figura mais representativa é o *raccord*, ou seja, a figura em que a mudança de plano é apagada enquanto tal.

([34]) Cf. *Qu'est-ce que le cinéma?* Paris, Cerf, 1970.

([35]) In *op. cit.*

([*]) Termo por vezes traduzido, ainda que raramente, por «continuidade» (*N. R.*).

A segunda atitude, a «*dos que acreditam na imagem*», está representada por Eisenstein em particular, mas também por toda a escola russa da década de 1920 (Kulechov, Alexandrov, Pudovkine, Vertov, etc.) que teorizou abundantemente sobre a montagem, inspirando toda uma corrente de realizadores até aos dias de hoje. Para Eisenstein, ao contrário de Bazin, não há um suposto «real» que se trataria de restituir. Visto que o real só tem o sentido que lhe damos, o cinema é um instrumento que permite manter um discurso sobre ele, graças à «montagem-rainha», cujo poder expressivo teria sido demonstrado «cientificamente» pela experiência de Kulechov ([36]). Kulechov descobrira e demonstrara, demonstração essa que se tornou lendária, que quando se justapõem dois planos, ou se introduz um plano entre outros dois, faz-se nascer uma ideia ou exprime-se algo que não estava contido em nenhum dos planos tomados separadamente. O resultado semântico é, assim, um produto (e não uma soma) incluído entre a alucinação e a abstração.

Fascinado por esta descoberta, Eisenstein não deixará de explorar e de teorizar os recursos expressivos da montagem, considerando o filme como um discurso articulado, que se pode elaborar minuciosamente a fim de convencer e de conquistar os espíritos. A unidade desta linguagem é, para Eisenstein, o «fragmento, que não é necessariamente igual ao plano, mas que é um elemento da encadeamento fílmico, decomponível como imagem em toda a espécie de outros elementos (luminosidade, matéria, grão, cor, tamanho do enquadramento, contrastes, etc.), cuja articulação deve ser cuidadosamente elaborada para produzir um sentido exato. Assim, a imagem torna-se um «corte» sobre o real e não uma «janela aberta sobre» o real, um fragmento «centrípeto» e não já «centrífugo», cujo ambiente é um «fora-de-enquadramento» concreto e não já um «fora-de-campo» imaginário. O sentido do filme nasce assim do «conflito» produtivo dos fragmentos e dos complexos de fragmentos entre si. Exprimir ideias por si mesmo, graças ao choque de imagens, é essa a função

---

([36]) Cf. «L'effet Koulechov / the Kuleshov Effect», *IRIS*, Volume 4, n.º 1, Paris, Corlet, 1986.

do cinema e da montagem «expressiva», «produtiva» ([37]) segundo a terminologia de Belà Balàzs, ou ainda «criativa», mais do que ser um instrumento narrativo, «naturalista» ou «realista» que Eisenstein, por seu lado, tinha em grande desprezo. Para ele, a imagem deve ser «unívoca» e «fulminar» qualquer ambiguidade. Inventa então e experimenta também aquilo a que se chamou a montagem intelectual e a montagem das atrações, de que podemos encontrar exemplos em toda a sua obra e as primeiras experiências de uma escrita conceptual e atrativa em *A Greve* (1924).

Bem entendido, os cuidados dispensados à montagem da película com imagem devem ser tão intensos quantos os dispensados à relação imagem-som. Também aqui Eisenstein será um pioneiro, aperfeiçoando e teorizando o contraponto audiovisual, por exemplo, segundo o qual a montagem de um filme devia ser não apenas horizontal (o encadeamento visual e sonoro), mas também «vertical», pois, tal como uma partitura musical, põe em relação simultânea e significativa todas as espécies de elementos visuais e sonoros.

Estas duas grandes orientações na escolha da montagem, pelo facto de terem sido colocadas em oposição pelos teóricos, não se excluem necessariamente uma à outra; e muitas vezes encontram-se até combinadas no mesmo filme, que fará então alternar expressão e narração. Um bom exemplo disso é *Citizen Kane* [*O Mundo a seus Pés*] (1941), do qual Bazin tanto enalteceu a transparência da montagem, mas sobre o qual se verificou também que toda a sua abertura, em particular, era mais «expressiva» do que «narrativo-representativa». No entanto, compreende-se que estas duas orientações correspondam a duas opções éticas – tanto ao desejo de provocar a ilusão de assistir ao espetáculo de um mundo «possível» e extremamente mimético do nosso, como ao desejo de fazer nascer e de partilhar ideias, fazendo parecer que a imagem, apesar do seu aspeto mimético, não é o mundo, mas uma representação interpretativa de uma realidade ela própria já interpretativa do real e que pode ajudar-nos a refletir sobre o mundo e sobre a nossa experiência.

([37]) Cf. *L'Esprit du cinéma*, Paris, Payot, 1977.

A montagem e os **media**

O que resta desta teoria da montagem na TV e nos novos *media*?

Grande colonizadora do campo mediático, a publicidade opta a maior parte das vezes por curtíssimas montagens narrativas; ela é também, contudo, uma grande utilizadora da montagem expressiva ou «produtiva». Com efeito, não é raro verem-se montagens destinadas a produzir um conceito (feminilidade, selvajaria, liberdade, etc.), associado a um produto, mais do que à narração de uma história demonstrativa. Tal como para Eisenstein, estas montagens devem ser persuasivas, procurando influenciar o comportamento dos espectadores: para uns, o homem impressionado pela mensagem fílmica deveria tornar-se um homem novo, revolucionário e militante; para outros, o espectador deve tornar-se um consumidor ativo, um comprador. Em ambos os casos, uma escrita mais expressiva do que narrativa procura convencer o espectador e, por acréscimo, espera agir como um «sinal» no sentido semiótico do termo ([38]), ou seja, provocar, neste caso artificialmente, uma resposta comportamental automática.

Vemos por este exemplo que a montagem expressiva é muito mais familiar do que se pensa à primeira vista, embora neste caso se trate de montagem expressiva deliberada, pensada tendo como pano de fundo a ideia de que o discurso audiovisual pode influenciar e infletir as opções comportamentais do espectador.

Observemos agora mais de perto um outro tipo de discurso televisivo, que durante muito tempo foi considerado, juntamente com o discurso publicitário, como o seu emblema: o telejornal. Vejamos qual o tipo de montagem nele utilizado. Os princípios da montagem cinematográfica (que continua a ser, já o dissemos, o grande antepassado e o grande modelo), serão totalmente postos de lado ou, pelo contrário, serão retomados? A «informação televisiva» escapará ou não aos grandes princípios de produção de sentido pela montagem que acabámos de evocar?

([38]) Cf. Th. Sebeok, «Six espèces de signes: propositions et critiques» in *Degrés*, n.º 1, Bruxelas, 1974.

É claro que o projeto do telejornal é muito diferente do projeto cinematográfico clássico: não se trata, como no cinema, de nos propor mundos de ficção, mundos «possíveis», mas de nos apresentar um mundo «comprovado». Não se narra, não se julga, «informa-se». Mas informa-se mediante imagens e sons, como no cinema, e podemos pois perguntar-nos se, tendo em conta a especificidade do projeto e do contrato de comunicação estabelecido implicitamente com os espectadores, os princípios da montagem deverão alterar-se.

Assistimos, em primeiro lugar, como já por diversas vezes foi mostrado e evocado ([39]), à encenação de um dispositivo destinado a credibilizar a informação: o estúdio e a cenografia, o apresentador face a face, os «olhos nos olhos» ([40]), o direto, os enviados especiais, os «temas». Embora a televisão seja aquilo que se designa por meio de comunicação de fluxo, ou seja, debita um contínuo ininterrupto de imagens, pode facilmente perceber-se a segmentação em grandes conjuntos e, depois, em subconjuntos: as emissões e os seus diferentes momentos, os genéricos, as «páginas» de publicidade, etc. Assim, o jornal, entendido como um todo coerente, não escapa à segmentação em diferentes conjuntos de planos e, tal como o filme, não tem o plano como única unidade de montagem. Apercebemo-nos regularmente de vários segmentos articulados entre si: em primeiro lugar, o segmento do genérico, e depois aquele que, apesar de fragmentado, assegura a coerência do jornal: o segmento do estúdio. Neste segmento vão inserir-se outros segmentos lançados pelo apresentador, correspondendo aos diferentes «temas» tratados pelo jornal. Aqui, inúmeros subsegmentos podem então compor o «tema» global e constituir um todo: reportagens, entrevistas, convidados, etc.

A questão consiste em ver se existe uma montagem diferente ou comum à do cinema, e qual é o objetivo que se pretende, visto que os materiais utilizados são os mesmos. O objetivo fundamental consiste evidentemente em se demarcar da ficção, seja ela representativa

---

([39]) Por exemplo, in *Le JT: mise en scène de l'actualité à la télévision*, (dir. B. Miège), Paris, Documentação francesa-INA, 1986.

([40]) Cf. Francesco Casetti, *D'un regard l'autre, le film et son spectateur*, *op. cit.*

ou expressiva, para alimentar a ideia de que as imagens são a própria realidade. O «direto» apoia, obviamente, esta ilusão, como já vimos, sendo «direto» quase um sinónimo de «verdadeiro», e solicitando na realidade uma crença «cega» por parte do espectador, associada tanto ao dispositivo como à especificidade indiciária do suporte. A imagem-vestígio do mundo (colhida nele diretamente) confunde-se facilmente com o próprio mundo. Com efeito, trata-se de confirmar no espectador a tendência bem partilhada para amalgamar o visível / real/realidade com a verdade, como já vimos. Mas como a tarefa não é fácil, não é tanto a imagem que vai encarregar-se disso quanto o texto, ou mais exatamente, o comentário verbal. Comentário que de comentário só tem o nome, pois, com algumas exceções, o discurso das imagens e o das palavras são a maior parte das vezes desarticulados. As «informações» são fornecidas essencialmente pelas palavras e têm com as imagens uma relação extremamente lábil, o que leva o espectador atento a acompanhar apenas um destes dois discursos coexistentes. A incoerência esquizofrénica dos dois discursos convida, de facto, mais a relaxar a atenção do que a aplicar as regras da leitura cinematográfica que articulam o discurso sonoro e o discurso visual.

No entanto, observando mais de perto, apresentam-se-nos mesmo assim interações de tipo «produtivo» e expressivo, que podemos assimilar de forma mais ou menos consciente, habituados como estamos a este género de leitura. Estas interações podem pelo menos oferecer-se-nos de maneira repetitiva, insistente e estereotipada, se é que não orientar necessariamente a nossa interpretação das coisas.

Vamos referir dois exemplos, colhidos num qualquer telejornal: simultaneamente com a referência (verbal) de dificuldades económicas entre os Estados Unidos e a Rússia (após a queda do comunismo), vemos dois planos de tanques desfilando na Praça Vermelha (estereótipo: a guerra fria continua viva); ou ainda, sobre a alusão (verbal) de problemas com os «estrangeiros», vemos dois ou três planos mostrando negros nos arredores de uma grande cidade americana (estereótipo: os negros americanos são «estrangeiros»).

Assim, a montagem de uma peça sobre «estrangeiros» acaba com imagens de negros; um tema sobre a economia da Rússia propõe a visão de tanques desfilando na Praça Vermelha; ou ainda, no verão, as imagens de arquivo de guerra acompanham um comentário sobre a guerra no Kosovo, em pleno inverno, etc. Semelhantes aproximações banalizam, através do estereótipo, a representação de negros, apontados como estrangeiros, a guerra fria continuando ativa ou a intemporalidade e a permanência da guerra no terreno. Todos estes efeitos, voluntários ou não, resultam do poder expressivo da montagem, a que, na realidade, nenhum documento audiovisual escapa, seja ele qual for. Queira-se ou não, as aproximações texto-imagem, as justaposições imagem-imagem, interagem umas sobre as outras, *produzindo um sentido que não aparece em nenhum dos elementos tomados separadamente*, exatamente como nos ensinaram os teóricos russos da montagem.

Pode pois dizer-se que a função expressiva da montagem cinematográfica é a que surge como a mais abstrata, que é na realidade a mais ativa, a mais frequente e que transita para os outros *media*, como a televisão ou o multimédia. A montagem narrativo-representativa, que nos parece a mais «natural» e constitutiva da linguagem cinematográfica, exige na realidade uma elaboração bastante complexa que o jornalista, o repórter ou o técnico de montagem quase não utilizam na informação, mesmo se lhes acontece retirar dela determinados traços: construção circular do conjunto do jornal, narrativização de uma notícia, etc.

A montagem mais corrente é a que se faz na premência da preparação do telejornal e que depende das imagens que houver à disposição: duas soluções se apresentam então, a saber: ou não há imagens «frescas», referentes ao tema a tratar, e então vai-se beber nos recursos documentários da estação, e esta atitude enfeuda a argumentação à lógica da classificação dos arquivos: no exemplo referido, Rússia = tanques; ou então, há imagens colhidas no terreno, que serão montadas com duas prioridades absolutas: primeiro, autenticar a informação, segundo, respeitar a duração padrão da reportagem (um ou dois minutos, talvez apenas alguns segundos). Estamos assim muito longe das preocupações de Vertov, elevando a montagem dos fragmentos colhidos no real ao nível de discurso desmistificador sobre o mundo. Para Vertov, recordamos, a câmara permite lançar «uma ofensiva contra o mundo visível», «contestar a representação visual do mundo dada pelo olho e propor o seu próprio "eu vejo"» ([41]). A preocupação em autenticar a informação através do visual confere pelo contrário à montagem uma função de cópia da visão que, apesar de não seguir em caso algum as perspetivas do *kino-pravda* [cinema-verdade] vertoviano, nem por isso deixa de utilizar os mesmos procedimentos de uma montagem expressiva, cujo sentido é construído e produzido pela simples junção de planos.

No entanto, ainda que a maior parte das vezes resulte expressiva, a montagem televisiva de informações nem sempre constrói um sentido conscientemente elaborado; pelo contrário, reconduz à urgência característica do quotidiano estereótipos-chave que tem «em mão». É esta repetição quase automática do já-visto, já-dito, já-pensado, que, na nossa opinião, pertence ao domínio da montagem expressiva mediática, que designaremos por *selvagem*. «Selvagem» entendido no sentido figurado de «violenta, fruste, grosseira, inculta, rude» ([42]).

No que respeita à montagem, verificamos, pois, que *não se pode deixar de estar no registo expressivo*, ao passo que pode não se estar no narrativo. Assim, é esta espécie de «selvajaria» que nos parece a mais bem partilhada, a mais contagiante e que menos resiste à porosidade contemporânea dos géneros e dos *media*. Deste modo, também no plano do ecrã denominado «multimédia» se desenvolve uma nova forma de montagem expressiva selvagem, já não utilizando apenas a horizontalidade e a verticalidade da montagem cinematográfica, mas também a multidimensionalidade do digital e do virtual: obliquidade, profundidade, inserções, sobreposições variadas, temporalidade, etc.

A montagem narrativo-representativa, tida como a montagem mais constitutiva ou a mais «natural» do cinema, revela-se assim, em determinados domínios do audiovisual ou do multimédia, como mais sofisticada e reclamando opções obrigatoriamente conscientes, ao passo que a montagem expressiva, sentida muitas vezes como uma montagem «intelectual», pode fazer-se «sozinho», como um

---

([41]) In *Vertov, Articles, Projets, Journaux*, Paris, UGE, 1972.

([42]) In *Le Robert*.

selvagem. Este tipo de montagem, ligado à premência do telejornal, indica que as imagens «de arquivo», tal como certas imagens rodadas no terreno, correspondem a uma recolha de *topoi*, que seria útil estudar para vermos a maneira como eles constituem já «pré-discursos», como uma retórica dos *topoi*, em si mesma uma reserva de estereótipos. Tratar-se-ia assim do estudo de uma retórica particular, inscrita na retórica mais vasta da televisão.

4. A imagem mediática e a retórica do paradoxo.

O estudo de uma retórica específica da televisão é, de facto, relativamente recente, ainda que numerosos investigadores tivessem pressentido que os resultados já abundantes da teoria do cinema não poderiam aplicar-se sem mais à televisão ([43]). Em contrapartida, o tema «retórica e televisão» permite-nos alargar ao domínio da TV o trabalho já efetuado sobre a fotografia de imprensa ([44]), pois os dois tipos de imagens (imprensa e televisão) têm origem na mesma categoria de imagem: *a imagem mediática.*

Vejamos, pois, se algumas das conclusões respeitantes à retórica da fotografia de imprensa não serão extensivas à imagem televisiva ou se, pelo contrário, surgirão diferenças e quais. A hipótese é que a televisão, tal como a fotografia de imprensa, utiliza uma retórica do paradoxo para convencer. Para isso, temos de nos interrogar previamente acerca das relações entre retórica e argumentação, argumentação e manipulação, paradoxo e sedução.

Retórica e argumentação

A história da retórica, desde a Antiguidade até aos nossos dias, mostra que, entre os cinco campos da retórica clássica (*inventio*

([43]) Cf. especialmente o colóquio «Rhétorique et télévision», LESI, Aix-en-Provence, 1999.

([44]) In Martine Joly, *L'Image et les signes*, capítulo 4, Paris, Nathan Cinéma / Image, 1994 [*A Imagem e os Signos*, Lisboa, Edições 70, 2005].

[argumentação], *dispositio* [disposição], *elocutio* [estilo], *memoria e actio* [pronunciação]), a *elocutio* tem sido privilegiada na educação em relação às outras, sob o nome de tropologia (ciência dos tropos ou figuras). No entanto, o regresso contemporâneo à retórica sob a influência de Roman Jakobson ([45]) privilegia determinadas figuras (a metáfora e a metonímia) mas também as reinsere numa conceção mais geral da retórica, entendida como «a arte de persuadir», «arte» sendo aqui entendida como técnica e abrangendo, evidentemente, o domínio do estilo (a *elocutio*) mas também o da argumentação (a *inventio*).

Entre os Antigos como entre os Modernos, a finalidade declarada da retórica consiste, portanto, em dominar as técnicas de persuasão, para as quais são essenciais a ideia de argumento e a de auditório. O discurso retórico deve levar à adesão, pelo que a nova retórica se concentrou numa teoria da argumentação que surge especialmente com o *Traité de l'Argumentation* ou *Nouvelle rhétorique* de Perelman, publicado em 1958. Esta corrente de pensamento vai também ao encontro da linguística moderna, segundo a qual o estilo não é um ornamento formal de um fundo preexistente, mas o criador específico de um sentido particular. Esta corrente de pensamento foi esboçada, a partir de 1902, por Benedetto Croce na sua *Estetica*: «O sentido nasce espontaneamente com a representação que a exprime». Esta doutrina vai ao encontro da de Hjelmslev, de Wittgenstein, de Austin, opondo-se à de Saussure. Defende a ideia de arte como forma dada a uma matéria e não a um conteúdo.

O segundo ponto forte para nós de alguma utilidade é a ideia de que a retórica, incluindo naquilo que se relaciona com a argumentação, diz antes de mais respeito à linguagem, obviamente, e à linguagem literária em particular, mas como *modelo* e não de forma exclusiva: assim, as «figuras» de retórica, também elas, não estão limitadas ao modo de comunicação linguística. De facto, há muito que os pintores e os críticos de arte falam de metáfora plástica, não tanto como analogia superficial, mas como resultado de operações

---

([45]) E da tradução dos seus *Essais de linguistique génerale*, por Nicolas Ruwet, na década de 60.

fundamentais (substituição, deslocação, condensação) e também como utilização de categorias «translinguísticas», tais como as formas narrativas ou os modos de narração.

Consideraremos, pois, que a *argumentação* está incluída na *retórica*. É o que, aliás, já tinha sido proposto por Roland Barthes, na sua «Rhétorique de l'image» ([46]), que muitas vezes tem sido tida como uma proposta para procurar e encontrar na imagem apenas figuras da retórica clássica. Na realidade, compreendendo aquilo que era relativamente novo na época, o ensaio de Barthes ([47]) termina com a ideia de que a retórica da imagem (ou retórica visual) se caracteriza pela conotação, modo derivado, secundário, de produção de sentido. Termina, pois, com considerações respeitantes à retórica argumentativa e não apenas estilística. Para o nosso objetivo precisamos agora de definir com maior exatidão a argumentação no seio da retórica.

Se a retórica conjuga a *inventio*, a *dispositio* e a *elocutio*, ou seja, aquilo que torna um discurso persuasivo, dependendo quer da afetividade (*ethos* e *pathos*), quer da construção (*dispositio*), teremos de admitir que a *argumentação* corresponde à definição que dela dá Perelman, que utilizámos no nosso trabalho sobre a fotografia de imprensa e que pode estender-se sem dificuldade à argumentação televisiva:

- dirige-se a um auditório (*pathos*, *ethos*, *logos*) e / ou a espectadores;
- exprime-se em língua natural (a maior parte das vezes oral, mas não só, no que diz respeito ao audiovisual). No caso da fotografia de imprensa e da televisão, combina a língua natural e a linguagem visual que, para ser compreendida, é mentalmente «verbalizada»;
- as suas premissas são apenas verosímeis (e não «verdadeiras»), ou seja, correspondem a tudo aquilo em que se presume confiança. Para a fotografia de imprensa, o pressuposto é que ela dá conta da realidade, para a televisão isso depende da emissão, seja ela «informativa», seja «de ficção»;

([46]) Cf. *Communications*, n.º 4, Paris, Seuil, 1964.

([47]) Cf. adiante, capitulo 4: «Barthes e a leitura da imagem», pág. 266.

– a sua progressão não tem necessidade lógica *stricto sensu*;
– as suas conclusões não são constrangedoras (ou seja, de ordem racional ou emotiva) e o espectador continua livre de a aceitar ou de a recusar. Para a fotografia de imprensa, como para certas emissões de televisão, a argumentação ganha em força de convicção graças à imagem indiciária, vestígio do real.

Manipulação e paradoxo

Se podemos, portanto, dizer que toda a argumentação é retórica, porque ela «se dirige ao homem total, ao homem que pensa, que age e que sente», poderemos por isso afirmar que ela é manipuladora? Por omissão, por confusão ou por sedução? É o que correntemente se ouve dizer dela, quando diz respeito ao domínio da linguagem visual e audiovisual. Para esclarecer um pouco o assunto é preciso regressar às definições.

Manipulação?

Temos de voltar à questão da manipulação, pois está intimamente ligada à da argumentação e à do paradoxo.

«Como explicar a ação intencional que é a manipulação?». É esta a questão colocada por Herman Parret ([48]) e à qual responde da seguinte forma: «O problema central diz respeito à *não confessabilidade* do ato manipulatório. De facto, o ato discursivo de manipulação é um ato discursivo mutilado: nele a intencionalidade está necessariamente encoberta e não é confessável. A estrutura *ser / parecer* da manipulação só pode ser explicada situando muito precisamente a intenção de manipular em relação à intenção de *comunicar*. Dir-se-á que a manipulação é uma intenção de comunicação parcialmente neutralizada. Esta intencionalidade manipulatória pode concretizar-se

---

([48]) «Les arguments du séducteur» in *L 'Argumentation*, *op. cit.* e in *Le Sublime du quotidien*, Hadés-Benjamins, 1988.

sob a forma de um percurso ou programa narrativo: é a ação de um agente sobre outros agentes, visando fazer-lhes executar um dado programa. Desta maneira, a manipulação volta a pôr em causa a contratualidade da intenção de comunicação. Procede como se fosse necessário passar contratualmente do *pólemos* à pacificação (contrato de argumentação), mas em vez de uma troca o que ela estabelece é um querer obrigar a fazer dirigido a um poder fazer.»

Para escapar à manipulação, são necessários dois critérios, segundo Olivier Reboul ([49]): a transparência e a reciprocidade. É necessário que o auditório tenha plena consciência dos meios pelos quais se modifica a sua crença inicial – é a transparência – e que haja reciprocidade, ou seja, que a relação entre o auditório e o orador não seja assimétrica, mas que o auditório tenha voz ativa na argumentação racional capaz de o persuadir. É nestas duas condições que a retórica, e no seu seio a argumentação, podem pretender escapar à acusação de manipulação.

O paradoxo

Interessemo-nos agora pela noção de *paradoxo*. O paradoxo dirá respeito à argumentação?

O facto de se dizer para-doxo, implica uma *doxa*. *Para* = contra, contrário à *doxa* = a opinião comum, a lei geral, o senso comum.

Assim, um paradoxo é uma opinião ou um facto que se opõe ao uso ou à opinião comum.

A *doxa* é a opinião comum, uma forma de saber bastante superficial mas «consensual», que a filosofia antiga opõe a *episteme*, o conhecimento científico, considerado, esse, uma forma de conhecimento aprofundado e metódico.

Um paradoxo, utilizado na argumentação retórica, corresponderia pois à arte de inverter uma opinião corrente. Entre os Antigos, o paradoxo correspondia efetivamente a uma técnica argumentativa

---

([49]) In «Peut-il y avoir une argumentation non rhétorique?» in *L'Argumentation*, colóquio de Cerisy, Mardaga, 1987.

um pouco chocante, desestabilizadora até, destinada a obter a adesão dos ouvintes. No mundo moderno, há tendência a considerar a utilização do paradoxo como uma espécie de manha, de desvio desonesto de um raciocínio esperado, que lhe oporia o seu contrário.

Do nosso ponto de vista, quando propusemos considerar a retórica da fotografia de imprensa como uma retórica do paradoxo, considerávamos que o paradoxo tinha a ver com uma argumentação retomada em sentido contrário, de certa forma a contrapelo e também, sem dúvida, de uma forma algo oculta, mais implícita do que explícita na linguagem visual, o que não significa por isso manipulatória.

A opinião comum (*doxa*) dos profissionais, como do público, sobre a fotografia de imprensa é a seguinte:

- a função da fotografia de imprensa é informar (*sic*). Procurámos demonstrar ([50]) que, no entanto, ela é mais argumentativa do que informativa;
- uma «boa» fotografia de imprensa é, em primeiro lugar, um *scoop* [furo, notícia em primeira mão], um exclusivo ou seja, algo único e inesperado, roubado até, algo «nunca visto»; pudemos assim constatar, com o apoio de alguns exemplos, que os furos são imagens extremamente repetitivas no seu conteúdo («massacres», *people*). Todas elas são fotografias de conteúdo quase similar e obedecendo ao princípio de desafio, descrito por Barthes em *A Câmara Clara*;
- por último, acima de tudo, a ideia absolutamente contraditória de que uma fotografia publicável é uma «bela» fotografia, bem composta, visualmente equilibrada, escolhida pela sua comodidade visual, pela sua correspondência com os nossos grandes critérios e as nossas grandes regras de representação visual, herdadas da pintura, respeitadas ou contornadas, mas presentes nas imagens que supostamente dão conta da realidade, e mesmo dos seus aspetos mais duros, uma realidade que, no entanto, não está nem centrada, nem enquadrada, nem composta. Assim, a própria duração da vida vê-se aniquilada,

---

([50]) Cf. *L'Image et les signes, op. cit.*

paradoxalmente, por uma pesquisa estética cuja função é precisamente, na opinião de Freud ([51]), aliviar as asperezas da existência.

Mostrar que a informação é necessariamente argumentativa parece útil, numa época em que se espera da comunicação mediática que nos proponha uma *verdade de correspondência*, em que as imagens e os discursos verbais não passariam do relato fiel e neutro da realidade. Ora a retórica ensina-nos, desde a Antiguidade, precisamente mediante a oposição entre «verdadeiro» e «verosímil», que todo o discurso destinado a convencer um auditório, propõe-lhe de preferência o «verosímil», ou seja, aquilo que o auditório já sabe e que pode aceitar, mais do que o «verdadeiro» que, esse, corresponde à pesquisa do filósofo e / ou do cientista, cujas afirmações são os próprios protótipos do discurso argumentativo, por oposição ao discurso narrativo, do *logos* por oposição ao *muthos* ([*]).

Na oposição clássica entre o filosófico e o mitológico, o argumentativo e o narrativo, o argumentativo (*logos*) diz respeito a um discurso verificável, ao passo que o narrativo (*muthos*) diz respeito a um discurso não verificável e opõe a ficção à não ficção. Se analisarmos o discurso mediático de acordo com esta abordagem, só podemos colocar a informação (incluindo a visual, como as fotografias de imprensa ou o telejornal) do lado do *logos* e do argumentativo, e não do lado do narrativo. No entanto, teremos de argumentar para convencer que o próprio informativo resulta do argumentativo e pode então utilizar todos os argumentos possíveis, incluindo o paradoxo.

Argumentação e TV

Vejamos agora o que se passa com a televisão, e com a televisão pública em particular.

([51]) In *Malaise dans la civilisation*, Paris, PUF, 1976.

([*]) A autora utiliza o termo grego, e não aquele mais usual, «*mythos*», derivado do baixo latim e com origem, precisamente, no «*muthos*» que a autora refere (*N. R.*).

Vamos analisar, em primeiro lugar, três dos seus aspetos principais e definidores: a sua missão, novamente o dispositivo dos «olhos nos olhos» e o seu signo distintivo: o «direto».

As suas missões: sabemos que as funções esperadas do serviço público de televisão são: «informar, instruir, distrair». Como vemos, estas instruções abrangem os dois tipos de discurso: informar e instruir como *logos*, distrair como *muthos*.

Apercebemo-nos assim que, para além do próprio conteúdo das suas emissões, a televisão pública está sujeita a uma obrigação (dupla?), visto que tem de ser ao mesmo tempo lugar de argumentação e lugar de narração.

A argumentação é-lhe negada, como no caso da fotografia de imprensa, em proveito de uma pretensa objetividade da informação como da instrução. Procedendo desta forma, a desconfiança em relação à informação televisiva, o medo que temos de ser «manipulados», vem do facto de sentirmos não poder escapar a uma argumentação e que esta é necessariamente orientada. O *logos* exprime necessariamente uma opinião, se não um pensamento, tendo por objetivo fazê-lo partilhar, e, portanto, utilizar os recursos da retórica. O próprio medo denuncia, na realidade, um reconhecimento implícito da dimensão argumentativa do discurso televisivo não-ficcional, mas significa também que ele é sentido (ou receado) como sendo uma manipulação.

Este receio, porém, pode ser incitado pela própria instituição, pois já se percebe que, ao próprio nível das missões atribuídas ao serviço público, situamo-nos em pleno paradoxo: a missão fundamental (informar, instruir) resulta do «argumentar», ao passo que a interpretação fundamental e dominante é a da expectativa da *doxa* e não de conhecimento científico nem filosófico. Temos pois a sensação de que, se há argumentação, só pode estar disfarçada, sendo pois manipulatória; ora recordamo-nos que, na opinião de Olivier Reboul, os dois critérios que permitem escapar à manipulação são a *transparência* e a *reciprocidade*. A transparência, ou seja, a clareza dos instrumentos utilizados para convencer, e a reciprocidade, ou seja, o livre-arbítrio do destinatário, em relação às propostas argumentativas.

É então que as coisas se complicam, tornando-se verdadeiramente paradoxais aos nossos olhos: a semelhança da imagem com aquilo que ela representa, a impressão de realidade que produz sobre o espectador, em particular mediante a analogia percetiva (a visão e a audição são solicitadas, como na realidade) atribuída à analogia figurativa, confundem-se com a transparência do próprio significante, sem consideração pelas suas próprias dimensões relativas e culturais. Se considerarmos a imagem o «espelho do mundo», pensaremos que ela só pode devolver o próprio mundo. O espectador deveria então sentir-se tão livre para interpretar as imagens do mundo, como quando interpreta o próprio mundo. Mas, na realidade, é esta crença que destrói a impressão de reciprocidade, pelo menos por duas razões:

– com efeito, numa primeira fase o espectador não se coloca numa postura de reciprocidade discursiva, visto que o mundo não é um discurso, não pode ser senão ele mesmo. E, no entanto, a impressão existe, contraditória, paradoxal, que não é exatamente o mundo que nos é mostrado mas que as imagens são escolhidas e dispostas de maneira tal que o nosso juízo sobre ele deixará de ser livre: será determinado por aquilo que nos foi mostrado e pela maneira como nos foi mostrado;
– assim, a transparência, visto ser confundida com a do significante e não com as suas formas de utilização (a sua retórica), relega esta para o nível da manipulação, ainda que seja totalmente percetível e compreensível. Para mais, a transferência do significante impede que o espectador situe espontaneamente o discurso televisivo como um discurso relativo entre os restantes discursos mediáticos; pelo contrário, confere-lhe uma espécie de primazia, mais uma vez paradoxal – ao mesmo tempo incontestável e contestada – sobre os outros *media*, tais como a imprensa escrita ou a rádio.

Enfim, a reciprocidade parece impossível, sob o pretexto de que «não se responde a imagens através de imagens», enquanto podemos sempre julgar, compreender, relativizar e responder a qualquer discurso (mesmo audiovisual) com os mesmos procedimentos *retóricos*.

O segundo grande paradoxo a propósito das missões da televisão pública é que, se duas das missões atribuídas à televisão são informar e instruir, é por intermédio da terceira (distrair) e do discurso mitológico (de ficção e lúdico) que lhe está associado, que atrai grande parte da audiência. As concorrências de programação para o famoso *prime time* [horário nobre] é a prova disso. Também aí, o que está em contradição com o discurso emissor é a receção, a interpretação inferida, os hábitos.

O dispositivo e o direto

Se à força significante do vestígio (índice) fotográfico ou videográfico acrescentarmos a simultaneidade do «direto», veremos como este dispositivo, próprio da televisão e só dela, a inscreve diretamente numa retórica paradoxal. Efetivamente, como sublinham Jean-Pierre Meunier e Daniel Peraya (52): «O facto de se dirigir ao espectador tem algo de absolutamente paradoxal. Aquele que se dirige ao espectador estabelece um contacto de facto impossível entre o mundo "imaginário" (donde se dirige ao espectador) e o mundo real onde este se encontra; e é deste contacto que surge a evidência da sua separação».

A instância de enunciação pretende, assim, pertencer simultaneamente a dois mundos: ao mundo das imagens e ao mundo real do espectador, que são na realidade dois mundos separados. Todavia, este dispositivo propõe também posições intermédias mas não menos paradoxais.

A sensação de realidade da informação televisiva (com apresentador e reportagens) e da sua ligação connosco, na medida em que também resulta inelutavelmente um tanto ou quanto da ficção, pode a qualquer momento oscilar completamente para a ficção, sendo então as imagens de informação percebidas como imagens de ficção e o apresentador como uma personagem, desempenhando melhor ou pior

---

(52) *Introduction aux théories de la communication*, Bruxelas, De Boeck Université, 1993.

o seu papel: «Em caso extremo, a imagem retoma os seus direitos, assimilando o que contradiz a sua autonomia, fazendo do dispositivo de enunciação um espetáculo como qualquer outro: o telejornal torna-se a narrativa do telejornal».

Por outro lado, este dispositivo põe em cena narradores aparentes de diferentes mensagens, distintos, contudo, dos verdadeiros autores. É a separação entre os dois espaços, artificialmente reunidos pelo olhar correspondente de outros sistemas de separação mais ou menos disfarçados, que torna ambíguo todo o dispositivo e que permitiu a alguns pensarem que a televisão «é alguém» ([53]).

Finalmente, a dualidade criada pelo dispositivo entre representação imaginária e mundo real, apesar disso, e mesmo implicitamente, levanta a questão da relação entre esta representação e este mundo. É então realizado todo um trabalho de ajustamento (que alguns linguistas se propõem reexaminar em termos de constantivo *versus* performativo) que conduz o espectador a reavaliar esta relação; e é exatamente esta tentativa de reavaliação que vemos aparecer no próprio receio de manipulação.

Terá o dispositivo da informação na TV origem neste esquema? Poderemos dizer que o eixo Y-Y neutraliza a intenção de comunicação e de argumentação, em benefício de um programa de ação oculto?

Não no que diz respeito ao telejornal, e também não no que diz respeito ao discurso eleitoral e à publicidade, que, não obstante, são os discursos a maior parte das vezes rotulados como manipuladores. Com efeito, em nenhum dos dois casos os objetivos estão dissimulados: qualquer telespectador sabe que o político pretende convencê-lo a votar nele e que o anunciante pretende levá-lo a comprar o seu artigo. Não é pelo facto de estes discursos serem trabalhados e proferidos da forma considerada o mais convincente possível que podemos afirmar que existe manipulação. Nem toda a retórica é manipuladora.

Em contrapartida, pode dizer-se que existe, de facto, algo inconfessado, mais do que não confessável, que implica um derradeiro paradoxo, pois este não confessado é bem conhecido de todos. Com

---

([53]) Serge Daney.

efeito, toda a gente sabe que no contacto visual com o espectador ninguém se olha olhos nos olhos, mas ninguém o diz. Trata-se de uma espécie de segredo (os dois mundos estão separados) que, no entanto, aparece sob a forma de um simulacro (o olhar nos olhos) ou de disfarce (o corpo significativo).

Sedução e TV

Ora, é ainda Herman Parret que nos explica e que demonstra ([54]) que este tipo de segredo, inconfessado, mas não inconfessável, não constitui um argumento do manipulador mas um argumento do sedutor.

No sedutor, o segredo não é inconfessável (como no manipulador) mas inconfessado, pois é simultaneamente escondido e revelado sem vontade intencional. Não existe um sujeito que atue como na manipulação. Na realidade, ninguém atua, pois a sedução dessubjectiviza, ao contrário da manipulação ou da mentira. Todos os sedutores (de Don Juan a Cristo), explica Herman Parret, recorrem ao mesmo *paradoxo*, a mesma aliança com o segredo, a mesma lógica de objetivação. Assim, o sedutor não é um mentiroso, nem um manipulador, nem uma infelicidade.

Existe uma retórica da sedução? Para Herman Parret, a sedução não está ausente da retórica, embora esta tenha sido reservada, em parte, à persuasão. Aristóteles, por seu lado ([55]), reconhece que «o espetáculo e o canto são de natureza a seduzir, mas não são próprios da poética», ou seja, apesar de participarem na persuasão, não o fazem recorrendo à racionalidade argumentativa. Na sua opinião o canto, bem como a narrativa, resultam de um outro tipo de racionalidade: sem força de persuasão nem argumentos, a sedução, tal como o canto das sereias, apodera-se das almas (*psychagogein*), forçando-as a ouvir, sem ter em conta toda a dialética e de toda a retórica, e desta forma é devastadora, porque arrasta à adesão no plano emocional e já não apenas no plano racional.

([54]) In *op. cit.*

([55]) In *La Poétique.*

No fim de contas, podemos também nós pensar que toda a televisão, por necessidade, obedece mais a uma *lógica de sedução do que de razão* ou de *manipulação*. Face à concorrência exigida por toda a lógica comercial, é esta a resposta da televisão privada, mas também da televisão pública, numa preocupação de equilíbrio.

Todo este trajeto nos conduz a uma nova consideração do problema da manipulação nos *media*, e nos *media* visuais e audiovisuais, em particular. Com efeito, se o paradoxo está bem presente em diferentes níveis do dispositivo, bem como da função da comunicação mediática em geral e televisiva em particular, nem por isso é a especificidade nem a caução de uma dimensão manipulatória.

Sempre argumentativo, o discurso televisivo no seu conjunto parece, apesar de tudo, provir mais do plano *mítico* do que do plano *lógico* e, desta maneira, responder a uma lógica de sedução instigada pela do mercado. Poderíamos então dizer, parodiando Herman Parret, que a televisão não é mentirosa, nem manipuladora, mas simplesmente *devastadora* porque sedutora.

É por isso que a pedagogia, num regresso à obra que complementa o estudo da sua periferia sociocultural, como vimos, deve empenhar-se em «purificar» a imagem das paixões que suscita e dos desvarios interpretativos a que conduz.

5. Análise da imagem, interpretação e regresso à obra

Nesta última parte, gostaríamos de regressar à questão da análise da imagem e aos seus métodos. Só ela, com efeito, pode contrabalançar o peso considerável dos comentários que melhor exprimem as expectativas, os receios, ou os desejos que temos relativamente à imagem, seja ela qual for. Confrontar os textos acerca de ou em torno das imagens com o seu conteúdo estrito pode, sem dúvida, ajudar-nos a canalizar os desvios imaginários ligados a este meio de comunicação, bem como ensinar a sua abordagem e as suas formas de interpretação.

No entanto, sabemos até que ponto as análises de imagem são muitas vezes consideradas tanto uma redução inevitável do pensamento e do prazer visuais ao logocentrismo, por um lado, como, por outro, um mal necessário para a pedagogia da imagem; sabemos, porém, que em caso algum conseguiriam dar conta nem da riqueza nem da complexidade da experiência visual, seja ela estética ou mediática ([56]).

É evidente que a análise da imagem e a necessária verbalização em que culmina não podem restituir a experiência visual na sua globalidade; ser logocentrista é precisamente esperar tal resultado. É por esse motivo que gostaríamos de mostrar que, depois de termos examinado um determinado número de resistências levantadas pela análise, se modificarmos as expectativas que dela temos, esta pode ter uma função muito mais importante do que a de um exercício pedagógico redutor, a saber, a função de contribuir para o remate da obra numa receção perfeita e ativa.

Começaremos por um preâmbulo acerca dos «métodos» de análise. Em primeiro lugar, verificamos que não existe um método universal: ao lado das análises «científicas» de quadros, existem as análises matemática, histórica, estética ou ainda semiótica das imagens. Podemos também pensar nas análises de obras já apresentadas como tais por Kandinsky ou Johanes Itten, na Bauhaus, e que são bem diferentes das «análises» de um Van Gogh na sua correspondência ou da análise crítica de um Bazin, no que diz respeito ao cinema. Poderíamos multiplicar os exemplos. No que nos diz respeito, propusemos exemplos de metodologia de análise semiótica de imagens ([57]) ou seja, estudo dos processos de produção de sentido operados em imagens, esclarecendo que, inclusive no domínio da abordagem semiótica, os métodos poderão variar de acordo com o objetivo que se fixar.

O investigador Pierre Fresnault-Deruelle, ao estudar a organização forma / cor no cartaz, ou seja, a eficácia da imagem «entrevista»,

---

([56]) Este subcapítulo retoma as grandes linhas de «L'Analyse d'image: résistances et fonctions» in *Peut-on apprendre à voir?*, L'Image, ENSBA, 1999.

([57]) Martine Joly, *Introdução à Análise da Imagem*, Lisboa, Edições 70, 2.ª edição, 2007.

não utilizará o mesmo método que o desenhador Plantu quando «analisou» a evolução dos traços (no sentido físico do termo) que no desenho de imprensa permitem distinguir um «bom» de um «mau».

No entanto, apesar de não existir um método universal de análise da imagem, existem algumas constantes

- na sua execução;
- na forma como a encaramos;
- nas suas funções.

Gostaríamos de nos deter brevemente nestas constantes.

A execução da análise

A análise é um modo de receção particular, que se distingue antes de mais da receção espontânea das obras ou dos «produtos» visuais ou audiovisuais porque é um *trabalho* de observação orientada e porque esta destrói, aniquila, executa a visão espontânea.

Se se admite a contemplação da imagem fixa, entendida até como elemento vital da obra, a sua racionalização e formalização analítica e, por conseguinte, verbal são-no muito menos e condicionam a desconfiança que rodeia a análise como trabalho: a contemplação está associada à ideia de prazer, de júbilo até, ao passo que o trabalho está associado à ideia de pesar, se não mesmo de tortura, como nos revela a sua etimologia. Quanto à análise fílmica ou de imagem animada, sabemos que destrói implacavelmente o seu objeto.

Consideramos pois que, enquanto «trabalho», a análise diz respeito ao especialista e eventualmente ao pedagogo, mas em caso algum ao espectador vulgar nem ao amador, que mantêm a seu respeito um determinado número de resistências subordinadas à ideia de trabalho, como vimos, mas também alimentadas por alguns *a priori*, por vezes paradoxais.

Estas reticências são alimentadas por outras, também elas ligadas a séries de oposições extremamente ideológicas e decorrentes também da ideia de trabalho que a análise implica: são as oposições «lazer» *versus* «trabalho», e «sentir» *versus* «entender».

«Lazer» *versus* «trabalho»: trata-se de uma oposição bem conhecida, que preside à organização das nossas sociedades capitalistas ocidentais, filhas da industrialização: a imagem (de bom grado oposta, por sua vez, ao livro) é logo associada ao capítulo dos lazeres e, portanto, do prazer (suspeito), da facilidade, do ver, que não seriam nem o aprender nem o compreender. E embora a televisão pública tenha por missão original «informar, distrair e educar», este último item sempre se tem revelado difícil de cumprir, num meio de comunicação de massas. Quando é cumprido, a maior parte das vezes de uma forma um tanto ou quanto estupidificante e simplista, de forma a suavizar a ideia de aprendizagem, retirando-lhe os traços de trabalho e, portanto, de sofrimento. No entanto, este implícito mediático respeitante à aprendizagem não só é desastroso como falso, visto que a criança vai crescer aprendendo e gostando de aprender, a menos que, evidentemente, a levem a desgostar dessa atividade.

Quanto à oposição «sentir» *versus* «entender», é alimentada pela «imagem do artista», tal como as nossas sociedades ocidentais a têm cultivado desde a Antiguidade ([58]) e desde o aparecimento das primeiras obras assinadas. Esta oposição contribui, também ela, para rejeitar a análise das obras visuais como um atentado à arte «intocável» ([59]), de essência divina ou furiosa, conforme as épocas. A exaltação do «sentir», oposta ao «entender», encontra-se ainda em palavras de ordem relativamente contemporâneas, tais como as da fotógrafa Suzan Sontag ou da artista gráfica April Greiman: «*Do not think, if thinking think nothing*» [Não penses, se pensares pensa em nada] ou ainda: «a interpretação é a vingança do intelecto sobre o mundo. Interpretar é empobrecer, é reduzir o mundo para erguer um mundo fantasma de significações», ao passo que a imagem teria a ver com «a água, o mistério, a emoção, o irracional e o inexplicado» ([60]).

([58]) Cf. Kris e Kurtz: *L'Image de l'artiste dans la société occidentale*, Marselha, Rivages, 1987.

([59]) Cf. autores como Hubert Damish ou Louis Marin, que muitas vezes denunciaram este tipo de atitudes.

([60]) Cf. Capítulo 4, e «Image et discours», in *L'Image et les signes, op. cit.*

Analisar e, também, interpretar seria assim atividades que se oporiam ao próprio princípio do prazer estético, receio aliás frequentemente manifestado pelos estudantes quando se aborda a análise da imagem.

Resistências e funções da análise

Além disso, a análise da imagem seria tão inútil quanto arriscada. Inútil, em primeiro lugar, pois a imagem é naturalmente considerada uma linguagem universal.

Com efeito, a aparente «naturalidade» da «leitura» das imagens, pelo menos as figurativas, leva a pensar que a sua análise ou o seu estudo são supérfluos, tanto mais que as imagens figurativas produzidas parecem reconhecíveis por todos, em todo o mundo. Há nesta afirmação uma parcela de verdade, mas não a verdade absoluta:

- as pessoas que nunca as aprenderam ou observaram desde a infância, não reconhecem as transformações necessárias à representação visual (redução, a toda a largura, ausência de volume ou de cor, etc.).
- por outro lado, «reconhecer» não quer dizer «entender»: é preciso passar do reconhecimento das formas à interpretação, que é uma etapa suplementar na compreensão e exige que se conheçam (mesmo implicitamente) as condições de produção e de difusão, os símbolos de uma dada sociedade, em suma, o contexto cultural da representação e da comunicação visual, para passar do icónico ao simbólico, da denotação à conotação.

Assim, pode considerar-se que «aprender a ver» seria aprender a considerar o «ver» como atualizador de sentido, e, portanto, invisível ([61]), pois aquilo que se compreende nunca está concreta e totalmente na imagem, mas sim deduzido, associado, imaginado a partir do conteúdo estético (no sentido lato do termo) da imagem.

([61]) Cf. acima, capítulo 2.

Encontramo-nos assim face a um primeiro paradoxo, que é o da desconfiança a respeito da imagem, particularmente da imagem mediática. De facto, considera-se geralmente que ela seja capaz de nos manipular, ou seja, de fabricar mensagens suficientemente poderosas para que não nos apercebamos delas (e então a «naturalidade» da imagem?); apesar disso, condicionam os nossos comportamentos (os piores, evidentemente: violência, consumismo cego, seguidismo político).

Um segundo paradoxo é produzido por um outro tipo de preconceito, já evocado: analisar e interpretar seria arriscar a pensar ou a sentir alguma coisa que «o autor» não teria necessariamente querido ou desejado. Isto significa a existência de uma certa liberdade na interpretação da imagem (e o condicionamento cego?) mas uma liberdade suspeita: vemos assim que o desejado respeito pelas intenções do autor se transforma num novo travão à análise, travão que, na realidade, revela uma resistência ideológica, ligada ao nosso sistema educativo, por um lado, mas por outro, oposto à ideia da pretensa naturalidade e universalidade da comunicação visual.

Funções da análise

Todavia, se nos reportarmos ao modo como a experiência estética tem sido encarada segundo as épocas, apercebemo-nos de que este «regresso ao inefável», retomando uma expressão de Umberto Eco ([62]), continua a assentar na separação entre o prazer e o trabalho, ao passo que para outros, como Shiller ([63]), esta separação equivale à perda de uma totalidade, representada pelo helenismo. Para ele, teríamos obrigação de restaurar esta totalidade perdida; só o estado estético implicaria uma disposição de espírito capaz de suprimir todas as barreiras na totalidade da natureza humana, a fim de tender para um estado, ainda utópico, em que o trabalho não fosse uma alienação.

([62]) In *Sémiotique et philosophie du langage*, trad. franc., Paris, PUF, 1992.

([63]) Citado por Hans Robert Jauss in «La jouissance esthétique», *Poétique*, n.º 39, Paris, Seuil, 1979.

Detenhamo-nos brevemente na crítica exacerbada de um Adorno acerca do prazer com a arte como reação burguesa à sublimação da arte: «o burguês deseja que a arte seja voluptuosa e a vida ascética; o contrário seria melhor». Mais moderadamente, se, à maneira de Barthes (64), desejarmos que a experiência estética – e mediática – não seja de forma nenhuma oposta, pelo contrário, ao agir (como trabalho), então podemos imaginar que a análise consiga preencher um determinado número de funções evidentes e necessárias a uma receção e a uma interpretação completas:

- satisfação do gosto;
- função didática;
- função crítica (avaliação);
- função cognitiva.

Desta maneira, a análise poderia servir como utensílio de síntese, reconciliando a *aesthesis*, a *catharsis* e a *poiesis*, as três categorias fundamentais da experiência estética – e mediática – como conjunto de funções autónomas que completam a obra (65).

Deixar por um momento a *aesthesis* da contemplação, moderar a emoção da *catharsis* para elaborar um juízo (através da análise), permitem completar a *poiesis*, ou seja, participar no acabamento da obra.

Parafraseando Goethe, já citado, poderíamos dizer que «há três espécies de espectadores de imagens»: «a primeira, frui sem julgar; a terceira julga sem fruir e a do meio julga fruindo e frui julgando; esta última é a que, em rigor, recria a obra (de arte)».

A nossa proposta é, pois, não só subscrever esta constatação como apelar, com todas as nossas forças, para este «justo meio», indispensável à receção e à interpretação das obras visuais e audiovisuais.

Compreende-se desde logo de que maneira a análise, ainda que mínima, pode contribuir para simultaneamente limitar e enriquecer

(64) In *Le Plaisir du texte*, Paris, Seuil, 1973 [*O Prazer do Texto*, Edições 70, 2.ª edição, 2009].

(65) Cf. Jauss, *ibid.*

a interpretação das imagens: limitá-la, confrontando as suas conclusões com o conteúdo e com a própria organização da obra, mediante uma interpretação intrínseca; e enriquecê-la, alimentando-a não só com elementos colhidos no seu seio, no texto, no corpo da obra, mas também no seu contexto de aparição e de decifração, mediante uma interpretação extrínseca.

Enriquecida pela análise, a interpretação das imagens, situada, como vimos, entre a memória, o estereótipo e a sedução, talvez ganhasse então em lucidez e eficácia.

6. Retrospetiva e conclusão

No entanto, há a tendência para considerar como limitada a análise da imagem, bem como a semiologia surgida na década de 1960 que a inspirou, e para a fazer resultar de uma ambição positivista demasiado estrita.

Por isso, parece-nos interessante terminar esta reflexão acerca da interpretação das imagens e do seu condicionamento com as «expectativas do espectador», também elas muito determinadas, regressando a Roland Barthes e aos seus trabalhos. Talvez não seja descabido, efetivamente, recordar aqui o percurso deste pioneiro e mostrar, contrariamente aos preconceitos, a abertura das suas propostas que anunciavam já – sem dúvida que o lemos, analisámos e até esquecemos – os desenvolvimentos atuais sobre a leitura e a interpretação das imagens.

Barthes e a «leitura da imagem» (66)

Esta retrospetiva será apresentada sucintamente, sob forma um tanto ou quanto «fragmentária».

---

(66) Este subcapítulo retoma em parte uma comunicação apresentada em abril de 2001, em Potsdam, por ocasião de um colóquio franco-alemão sobre «Comunications, médias et sociétés».

Roland Barthes

Balanço: «Uma vida: estudos, doenças, nomeações. E o resto? Os encontros, as amizades, os amores, as viagens, as leituras, os prazeres, os medos, as crenças, o regozijo, as venturas, as indignações, os infortúnios: numa só palavra: as repercussões? – no texto – mas não na obra» ([67]).

É assim que Barthes evoca a sua própria vida, em 1975, cinco anos antes da sua morte. Muito rapidamente, passemos em revista a sua obra; mesmo assim, a evocação de alguns elementos biográficos poderá ajudar-nos a compreender a personalidade e os trabalhos deste investigador e pioneiro.

Nascido em 1915, segue uma formação literária; professor do liceu Bayonne e em Paris, em 1939, obtém o Diploma de Estudos Superiores, com uma tese sobre a tragédia grega, mas logo surgem os primeiros sintomas de tuberculose, que vai exigir muitos anos de cuidados e de estadias no sanatório.

Mais tarde, em 1952, Roland Barthes é leitor em Bucareste e em Alexandria, depois encarregado das relações culturais; de regresso a França, é investigador estagiário no CNRS, em lexicologia (1952-1954); em seguida, após um ano de trabalho no setor editorial, ocupa o lugar de adido de investigação no CNRS, e depois o de chefe de trabalhos e diretor de investigação (1962) na EHESS, em «Sociologia dos signos, símbolos e representações». Em 1978, é eleito professor de Semiologia da Literatura no Colégio de França.

Morre num acidente em Paris, em 1980.

Quando Roland Barthes desapareceu, Umberto Eco ([68]) definiu-o como um ser incompreensível e inimitável, que proíbe que se seja «barthesiano», da mesma forma que não se pode ser «picassiano».

([67]) Cf. *Roland Barthes par Roland Barthes*, col. «Écrivains de toujours», Paris, Seuil, 1975 [*Roland Barthes por Roland* Barthes, Lisboa, Edições 70, 2.ª edição, 2009].

([68]) In *La Reppublica*, 26 de março de 1980.

Para o filósofo Emílio Garroni ([69]):

> «Era um "corruptor" para os que já estavam "corrompidos", aqueles que, privados da inteligência e da sensibilidade cultural e literária de Barthes, amavam e seguiam principalmente a sua desenvoltura. Não resta qualquer dúvida de que os elementos de semiologia de Barthes fizeram mais mal do que bem à nossa cultura não especialista e esfomeada de "métodos científicos", mas reticente em enfrentar os "sacrifícios" que o "método científico" comporta. Mas também é verdade que, nesta área específica, Barthes se destaca, com um mérito indiscutível. Por exemplo: a famosa inversão entre semiologia e linguística, segundo a qual a primeira, de forma paradoxal, se tornava parte da segunda – contra todas as opiniões correntes – e que Barthes fazia depender, com uma dupla legitimidade, do próprio Saussure».

Para estes dois homens, portanto, Barthes era um crítico, um ensaísta, um teórico, um semiólogo, um escritor, mas acima de tudo, um ser livre, indo de um cargo para uma descoberta e de uma descoberta para um cargo, avançando ao ritmo dos seus interesses, dos seus gostos e do seu prazer.

Os primeiros textos

Os primeiros textos, publicados entre 1953 e 1954 (Roland Barthes tem na altura cerca de 30 anos), são *Le Degré Zéro de l'écriture, Michelet par lui-même, Mythologies*, depois, entre 1963 e 1967 (à volta dos 40 anos), aparecem *Sur Racine, Essais critiques, Eléments de sémiologie, Rhétorique de l'image, Critique et vérité, Le système de la mode*. De 1970 a 1975 são publicados *S / Z, L'Empire des signes, Sade, Fourier, Loyola, La Rhétorique classique, Nouveaux essais critiques, Le Plaisir du texte, Barthes par lui-même*. Em 1977 e 1978 veem a luz do dia *Fragments d'un discours amoureux, Leçon*. Enfim, em 1980 aparece *La Chambre Claire* (*).

([69]) In «L'intelligence de Barthes», *Paese Sera*, 26 de março de 1980.

(*) Estão publicadas por Edições 70 as seguintes obras: *O Grau Zero da Escrita; Mitologias; Ensaios Críticos; Elementos de Semiologia; O Sistema da*

Em cerca de trinta anos de carreira, os textos de referência sobre a imagem são *Rhétorique de l'image,* em 1964, e, 16 anos mais tarde, em 1980, *A Câmara Clara,* embora entretanto apareçam os escritos reunidos posteriormente com o título «L'Écriture du visible» ([70]), retomando *Rhétorique de l'image, Le message photographique, Le troisième sens* e também artigos sobre Masson, Massin, Arcimboldo, Cy Twombly e depois sobre a escuta, o grão da voz.

Estes ensaios, afinal pouco numerosos, estão disseminados num imenso trabalho essencialmente sobre literatura (Michelet, Racine, Balzac, Sollers), semiologia e comunicação de massa (*Mitologias, Sistema da Moda).*

Para Roland Barthes, *a semiologia* é a «análise das significações». Barthes retoma a definição de Saussure, e em seguida acrescenta:

> «Prospectivamente, visto não estar ainda constituída, a semiologia tem pois como objeto todo o sistema de signos, qualquer que seja a sua substância, quaisquer que sejam os seus limites: **as imagens**, os textos, os sons melódicos, os objetos, etc. que constituem se não linguagens pelo menos sistemas de significações. É certo que o desenvolvimento das comunicações de massa confere hoje uma enorme atualidade a este imenso campo de significação (ainda que não se deva confundir comunicação com significação). Há hoje uma solicitação semiológica resultante não da fantasia de alguns investigadores, mas da própria história do mundo moderno» ([71]).

Semiologia (ou semiótica): sabemos que esta «ciência humana», segundo o investigador Joseph Courtès ([72]), «trata dos "signos", da "significação, da "comunicação" intersubjetiva e social., etc., em

---

Moda; S / Z; Sade, Fourier, Loiola; O Prazer do Texto; Roland Barthes por Roland Barthes; Fragmentos de um Discurso Amoroso; A Lição; A Câmara Clara (*N. E.*).

([70]) In *L'obvie et l'obtus, Essais critiques III*, Paris, Seuil, 1982 [*O Óbvio e o Obtuso*, Lisboa, Edições 70, 2.ª edição, 2009].

([71]) Cf. «Elements de semiologie», in *L'obvie et l'obtus, Essais critiques III, op. cit.*

([72]) In *Du lisible au visible*, Bruxelas, De Boeck Université, 1995.

suma, de todas as linguagens possíveis, das suas estruturas internas e do seu funcionamento social», em numerosos domínios (como a literatura, a imprensa, a publicidade, a imagem, a fotografia, a gestualidade, o cinema, o teatro, a arquitetura, a música, etc.).

Em trinta anos, a conceção da «disciplina» evoluiu essencialmente devido à preocupação de «cientificidade» e de método, obedecendo ao critério da reproductibilidade por um qualquer sujeito; ora, esta atitude está precisamente no pólo oposto a Roland Barthes, que «se valia do seu próprio génio, na verdade inimitável: ele não é de forma nenhuma um verdadeiro "bartesiano"» ([73]).

Com efeito, Barthes começou por rever a relação entre semiologia e linguística: historicamente, Ferdinand de Saussure tinha encarado a linguística como parte constituinte da semiologia ([74]). É esta a tese invertida por Barthes na sua *Présentation* do quarto número da revista *Communications*:

> «Qualquer sistema semiológico está imbuído de linguagem. A substância visual, por exemplo, confirma estas significações, fazendo-se duplicar por uma mensagem linguística (é o caso do cinema, da publicidade, da banda desenhada, da fotografia de imprensa, etc.), de maneira que, pelo menos uma parte da mensagem icónica se encontra numa relação estrutural de redundância ou de substituição com o sistema da língua; quanto aos conjuntos de objetos (vestuário, alimentação), só acedem ao estatuto de sistemas passando pela etapa da língua, que lhe divide os significantes (sob forma de nomenclatura) e lhe nomeia os significados sob a forma de usos ou de razões: somos, muito mais do que antigamente e a despeito da invasão das imagens, uma civilização da escrita (...); perceber o que uma substância significa é fatalmente recorrer à divisão da língua: não há sentido a não ser o nomeado, e o mundo dos significados não é outro senão o da linguagem. (...) Todavia, essa linguagem já não é absolutamente a dos linguistas: é uma segunda linguagem, cujas unidades já não são os monemas ou os morfemas, mas fragmentos mais alargados do discurso, remetendo para objetos ou episódios que têm significado com a linguagem, nunca sem ela (...).

([73]) Umberto Eco, art. cit.

([74]) Cf. a introdução ao *Cours de linguistique générale*, Paris, Payot, 1974.

Em suma, é necessário admitir desde logo a possibilidade de inverter um dia a afirmação de Saussure: a linguística não é uma parte, mesmo privilegiada, da ciência geral dos signos, a semiologia é que é uma parte da linguística: precisamente a parte que se encarrega das grandes unidades de significação do discurso.»

Esta inversão é saudada por alguns, como o filósofo italiano Emilio Garroni ([75]), como a única proposta teórica de peso avançada por Barthes, no que é contrariado por outros, como o linguista francês J. A. Greimas, que retoma a tese saussuriana fundando, em 1967, a Escola de Semiótica de Paris.

Ainda hoje os «greimassianos» pensam que dar prioridade, no plano teórico, à linguística apenas utiliza uma única categoria de signos abrangendo a linearidade e a temporalidade, bem como o par anterioridade *versus* posterioridade, que, no entanto, não existem tal e qual no universo visual, por exemplo, que muitas vezes faz apelo à concomitância e à simultaneidade. Esta tese é, aliás, também a de Rudolf Arnheim em *La Pensée visuelle*; vamos ainda encontrar confirmações no desenvolvimento contemporâneo das ciências cognitivas.

Podemos, todavia, continuar a pensar que a proposta de Roland Barthes tem o mérito de insistir no aspeto discursivo (e portanto argumentativo) das mensagens visuais ([76]) mais do que no aspeto globalmente percetivo-cognitivo.

O signo

Barthes parte de Saussure e da sua definição diádica do signo linguístico Ste / Sdo [significante / significado]; mas em textos mais tardios integrará o referente, passando então a uma definição triádica do signo. Assim, escreverá: «Um signo é aquilo que se repete. Sem

---

([75]) Cf. o art. cit. mais acima.

([76]) Cf. o nosso artigo «Information and argument in Press Photographs» in *Visual Sociology*, 8 (1), Tampa, Florida, 1993.

repetição, não há signo, pois não se poderia reconhecê-lo, e o reconhecimento é que fundamenta o signo» ([77]).

Nesta época, denominada da «primeira semiologia» (a década de 1960), procurava-se, com efeito, estabelecer uma tipologia incontestada e universal dos «signos» (que se reportasse a Peirce, Saussure, Hjelmslev); depois, a segunda semiologia, como a «semiótica» (na década de 1970), procurou essencialmente saber o que se passa «sob os signos» ou «entre os signos», o que está na base das suas mútuas relações donde brota o sentido, com todas as suas cambiantes, todas as ínfimas variações que o acompanham.

Assim, a Escola de Paris irá lançar-se no estudo destas inter-relações na linguagem poética ou visual, que jogam com os planos conjugados do significante e do significado. A semiótica greimassiana reivindicará, com efeito, o estudo mais amplo da significação (denotação, conotação, mas também enunciação ou «pragmática»), pondo em jogo as condições de produção do sentido, as relações com o contexto, os interlocutores, etc.

No entanto, os trabalhos de «semiólogos» como Christian Metz, Roger Odin e já os do próprio Roland Barthes evoluem da mesma maneira. Estuda-se a «*semiosis* ilimitada» e o elo entre os signos, não unicamente a sua remissão para a «realidade» mas a referentes variáveis, remetendo eles mesmos cada vez para uma situação de comunicação, de um dado enunciado.

A importância das relações intersubjetivas e sociais é cada vez mais tida em conta numa semiótica denominada «da ação» e também uma semiótica da «indecisão», estudando um sentido que é sempre «instável».

Da análise textual, derivada dos trabalhos de Propp, de Lévi-Strauss ou de Barthes, passou-se à análise contextual e à tomada em consideração dos públicos.

Após o interesse dedicado à organização interna dos textos (sejam eles verbais, visuais, mistos, ou outros), e posteriormente à enunciação e a tudo o que é do domínio da pragmática, assiste-se atualmente à tentativa de associar a uma análise de tipo mais objetivo (análise

---

([77]) In *Barthes par Barthes, op. cit.*

das estruturas narrativas e semânticas do enunciado) uma abordagem de caráter mais «subjetivo», apelando às duas instâncias individual e / ou social que são «o narrador» e o «narratário».

Todavia, como sublinha ainda J. Courtès ([78]), mesmo se se instituírem regras ou leis de funcionamento, não existe uma interpretação unívoca e «a semiótica continua a resultar do provisório».

A imagem

Barthes definia a imagem a partir de uma etimologia «antiga», segundo a qual o termo *imago* deveria relacionar-se com a raiz de *imitari*. O âmago do problema é pois o da «representação analógica» e dos seus eventuais códigos «analógicos», distintos dos códigos «digitais» da língua.

Reencontramos aqui as propostas de Peirce e a de uma classe dos signos «icónicos» que não implica exclusivamente o visual, mas sim o analógico, não sendo o analógico sinónimo de visual figurativo, mas de signos imitativos.

A questão da natureza do signo visual como da especificidade da «linguagem visual» será desenvolvida por investigadores como Fernande Saint Martin ([79]) e sintetizada mais tarde pelo grupo Mu ([80]).

«Como é que o sentido chega até à imagem?» pergunta então Barthes

Para tentar responder a esta pergunta que coloca a si próprio, Barthes opta por estudar a imagem publicitária, por apresentar uma facilidade «considerável»:

([78]) Joseph Courtès, *Du lisible au visible*, Bruxelas, de Boeck Université.

([79]) In *Sémiologie du langage visuel*, Quebeque, Tipografias da Universidade do Quebeque, 1987.

([80]) In *Traité du signe visuel*, Paris, Seuil, 1992.

> «em publicidade, a significação da imagem é sem dúvida intencional. Se a imagem contém signos, em publicidade temos a certeza de que estes signos são plenos, formados com vista à melhor leitura: a imagem publicitária é franca ou pelo menos enfática» ([81]).

A imagem de publicidade, a cujos mecanismos por vezes se reduz «a imagem» de uma forma geral, denunciando pelo contrário a sua duplicidade, serve muitas vezes de modelo à imagem mediática (se não a todas as imagens).

Desde a década de 1960, a publicidade foi um grande campo para estudos e também grande consumidora de teorias «que lhe permitiram analisar e compreender o indivíduo nas suas relações com os seus desejos e motivações, nas suas interações com os outros indivíduos da sociedade, na sua perceção dos meios de comunicação e das suas representações» ([82]). Ciências sociais, psicologia aplicada, inquéritos sociológicos comportamentais (behaviorismo), psicanálise, sociologia, antropologia, em suma, é toda uma investigação que é estimulada pelo mundo publicitário, ele mesmo em busca de eficácia comercial. Em semiologia, institui-se um sistema de consultores, entre os universitários e não só, tais como Jean-Marie Floch ([83]) saído da Escola dita «de Paris», herdeira direta de Greimas, seu fundador.

Por conseguinte, para Barthes, a semiologia da imagem publicitária diz respeito em primeiro lugar à análise da «representação analógica (a cópia)»: «posta de lado a mensagem linguística, resta a imagem pura (...) que liberta imediatamente uma série de signos descontínuos, cuja ordem é indiferente, pois esses signos não são lineares».

Numa análise exemplar e muito conhecida, (anúncio para as massas *Panzani*), Barthes parte dos significados para culminar nos significantes e encontrar signos plenos. Anota quatro:

([81]) In «Rhétorique de l'image», art. cit.

([82]) Cf. Jacques Guyot in *L'Écran publicitaire*, Paris, L'Harmattan, 1992, capítulo 6, «La recherche publicitaire».

([83]) Cf. *Sémiotique et marketing; sous les signes des stratégies*, Paris, PUF, 1990 ou ainda *L'Identité visuelle*, Paris, PUF, 1995.

- regresso do mercado (St [significante], o saco de rede entreaberto) como interpretação ligada ao conhecimento dos costumes;
- a italianidade, cujos significantes seriam as cores e os legumes redundantes com a sonoridade do nome próprio *Panzani*;
- toda a prática de cozinha, com a enumeração dos produtos frescos, «concentrados»;
- a «natureza morta» ou *still living*, cujo significante seria a composição;
- mais um quinto significado, «publicidade», produzido pela localização do anúncio na revista, a insistência dos rótulos, etc.

Quatro signos, «dos quais se presumirá formarem um conjunto coerente, visto serem todos descontínuos» e sucedendo à mensagem *linguística* para constituir uma segunda mensagem de natureza *icónica*.

A estas duas mensagens convém acrescentar os significados de uma terceira, a *mensagem fotográfica* formada pelos objetos reais da cena e em que a relação entre o significante e o significado é quase «tautológica», diz Roland Barthes. Com efeito, ainda que a fotografia implique um determinado arranjo (enquadramento, ângulo de tomada de vistas, iluminação, etc.), este não implicaria uma transformação da mesma natureza que o desenho. Na opinião de Barthes, teríamos então na fotografia a perda do princípio de equivalência (própria da codificação) em proveito de uma quase identidade, que constitui uma mensagem «literal» oposta à mensagem precedente, denominada «simbólica».

A primeira conclusão é, pois, que a imagem abarca três mensagens: uma mensagem linguística, uma mensagem icónica codificada (simbólica) e uma mensagem icónica não codificada (a fotografia).

Barthes voltará então à especificidade de cada tipo de mensagem, para «compreender a estrutura da imagem no seu conjunto», ou seja, a relação final das três mensagens entre si.

É assim que Barthes chegará à ideia de uma «retórica da imagem», articulando o denotado e o conotado e fazendo mesmo da conotação a especificidade da retórica visual: «A estes significantes chamaremos conotadores e ao conjunto dos conotadores chamaremos uma retórica: a retórica surge assim como rosto significante da ideologia, "a mensagem denotada" naturalizando a mensagem conotada».

Nesta primeira análise vemos que Barthes lança as bases de uma semiologia extremamente ampla, que permite passar da análise textual à interpretação, mas que foi muitas vezes reduzida apenas à sua primeira etapa, a da análise textual:

– efetivamente, considera já como significantes visuais tanto os signos «plásticos», tais como as cores e a composição, como os signos ditos «icónicos», como os motivos figurativos, categorias que entram em relação com a «linguística», da qual Barthes determina duas grandes funções principais em relação com o visual: a fixação e a etapa.
  Pressente-se, pois, aqui que a futura passagem da noção de «imagem» à de «mensagem visual», enaltecida mais tarde pelo grupo Mu ([84]), assim como a reivindicação da tomada em conta (relativamente recente) dos instrumentos plásticos como signos em toda a sua totalidade e não como simples matéria de expressão do signo icónico; também se vê já aqui, ao ter em conta a manifestação da publicidade como tal, a preocupação de um esboço de reflexão pragmática, mais tarde desenvolvida com a tomada em linha de conta da discursividade da imagem ([85]).
– A retórica é neste caso pensada como retórica geral, de forma resolutamente pioneira ([86]), mesmo se a conclusão que dela se pode tirar, e que Barthes contradiz por imaturidade, seja precisamente que a conotação não é exclusiva da imagem, mas de todo o tipo de discurso; tal como a polissemia, evocada

---

([84]) Cf. *Traité du signe visuel, op. cit.*

([85]) Cf. Eliséo Véron «Discursivité de l'image» in *L'image fixe*, Paris, Documentação francesa, 1938 e «De l'image sémiologique aux discursivités, Le temps d'une photo» in *Hermès*, n.º 13, Paris, 1994.

([86]) Pressentida por Peirce, esta ideia será mais tarde trabalhada e demonstrada por Jakobson, Lacan, o Grupo Mu, etc.

neste ponto como característica da imagem, não lhe está reservada em exclusividade, longe disso;

- Quanto à especificidade da fotografia, é em *A Câmara Clara* que Barthes vai finalmente enunciá-la, voltando precisamente a estas primeiras afirmações e daí tirando as consequências que se sabe:

> «Os realistas, e eu sou um deles e já era quando afirmava que a Fotografia é uma imagem sem código – ainda que, como é evidente, alguns códigos tenham vindo influenciar a sua leitura – não tomam de maneira nenhuma a fotografia por uma «cópia» do real – mas por uma emanação do real passado: uma magia, não uma arte. Perguntar se a fotografia é analógica ou codificada não é uma boa via de análise. O importante é que a fotografia possua uma força constantiva e que o constantivo da fotografia incida não sobre o objeto, mas sobre o tempo».

Esta última obra permite, aliás, refutar várias críticas feitas a Barthes acerca dos limites da semiologia das imagens, tal como ele a instituiu.

Assim, um investigador como Jacques Fontanille ([87]) intitula o primeiro capítulo da sua *Sémiotique du visible*: «Como o sentido chega à luz do dia». Aqui não se trata de uma pergunta, como em Roland Barthes, mas de uma afirmação em que «nos interrogamos sobre o visível e não sobre o que ele nos dá a ver», contrariamente à semiótica visual, na sua opinião «limitada à semiótica das imagens, pelo que esta é de certa forma "pré-galileana", ou seja, exclusivamente preocupada com aquilo que o sujeito concretamente vê, e é bem verdade que num discurso verbal a questão da luz não se põe assim». A esta declaração pode, porém, opor-se outra, introdutória precisamente de *A Câmara Clara*: «Embora permita ver, e seja qual for a maneira como mostra, uma fotografia é sempre invisível: não é ela que nós vemos».

Da mesma forma, Fontanille nota que, na década de 70, os investigadores próximos de Greimas (como Floch) «levaram a cabo

([87]) In *Sémiotique du visible. Des mondes de lumière*, Paris, PUF, 1995.

análises plásticas (do domínio, portanto, do visível) dessolidarizando a análise da imagem da dimensão icónica lexicalizável. Tais trabalhos permitiram sem dúvida ao grupo Mu teorizar a semiotização dos signos plásticos, mas, como já fizemos notar, não eram os únicos e os seus trabalhos estavam já anunciados em Roland Barthes: assim, «a italianidade», como vimos, é bem analisada como significado provocado conjuntamente pelo linguístico, o plástico e o icónico.

Vemos que já em Barthes, em *Rhétorique de l'image*, mas mais ainda em *A Câmara Clara* se leva em conta a «configuração semiótica da luz» e o facto de «ela se apresentar como uma construção». O texto sobre «o grão da voz», no domínio do som, é também uma abordagem da matéria fónica comparável à do visível e da luz, proposta por Fontanille.

A Câmara Clara

Neste texto póstumo, Roland Barthes resolve um determinado número de contradições e rejeita determinados limites da «primeira semiologia», muitas vezes denunciados mais tarde; lê-se nesta obra, com efeito, uma espécie de realização que integra e anuncia toda a espécie de reflexões, de considerações teóricas e metodológicas respeitantes à fotografia, mas também outros tipos de imagens.

Assim, o facto de tomar em linha de conta o corpo e a corporeidade, extremamente inovador, no uso da fotografia, que se pode «fazer», «contemplar» ou «suportar», conforme se é *operator*, *spectator* ou *spectrum*.

– As implicações do «contemplar» encontram-se no cerne do livro de Barthes e anunciam os trabalhos ulteriores acerca da interpretação e as expectativas particulares da imagem ([88]). O êxito de uma fotografia de imprensa como a da «Pietà argelina», como vimos, pelo seu próprio título antinómico mostra até que ponto, se o sentido produzido é provocado por um

---

([88]) Cf. acima, capítulo 2.

determinado número de elementos imanentes da imagem, que ele se altera em função do contexto de produção, difusão e receção.

– Quanto às implicações do «fazer», foram particularmente estudadas por Philippe Dubois ([89]) sob os seus aspetos históricos, teóricos e também mitológicos.
– O «suportar» recorda, por seu lado, os trabalhos de Benjamin sobre a imagem de aura, anunciando os trabalhos de Philippe Dubois, já evocados, ou ainda os de François Jost sobre as «imagens transcendentais» ([90]).
– A utilização das noções de *studium* e de *punctum*, bem como a forma de abordar a questão da semelhança, em termos de «é precisamente isso» (a *animula*) (e já não de uma conformidade qualquer com uma realidade exterior) introduz o problema da subjetividade e mais genericamente o dos públicos ([91]). Aliás, toda uma corrente de trabalhos se tem dedicado desde então à história e à sociologia das imagens e do contexto em que surge ([92]).
– Quanto à subjetividade, tem sido abordada sobretudo de um ponto de vista psicanalítico e antropológico, por investigadores como Pierre Legendre ([93]), mas também filosófico pelo investigador Georges Didi-Huberman ([94]).
– A introdução capital da famosa noção do «*aconteceu*», como fundamento da força do «índice», dá prioridade a qualquer

---

([89]) In *L'Acte photographique*, Paris, Nathan Université, 1983.

([90]) Cf. «Images et croyances» in *Le Temps d'un regard, Du spectateur aux images,* Paris, Méridiens Klincksieck, 1998.

([91]) Cf. os trabalhos de Roger Odin acerca da semio-pragmática e a tomada em conta dos públicos.

([92]) Estamos a pensar, por exemplo, nos trabalhos de Alain Besançon em *L'Image interdite, une histoire intellectuelle de l'iconoclasme*, Paris, Fayard, 1994 ou de Marie-José Monzdain acerca do ícone.

([93]) Em *Dieu au miroir*, por exemplo, ou Serge Tisseron, os canadianos Hainaut e Roy, mais recentemente a francesa Françoise Minot.

([94]) In *Ce que nous voyons et ce qui nous regarde*, Paris, Minuit, 1992 e *Devant l'image*, Paris, Minuit, 1994.

reflexão acerca do suporte e das suas implicações, retomada mais tarde sob a designação de mediologia ([95]), mas também necessariamente já presente nas abordagens mais classicamente «semiológicas».

- A relação com o tempo e com a luz vamos encontrá-la também nos trabalhos de um Jean-Claude Magny ([96]) ou de François Soulages ([97]), que se inscrevem igualmente na esfera de influência de abordagens mais estéticas, tais como as de Jacques Aumont ([98]) ou de Pierre Fresnault-Deruelle, que trabalham tanto sobre a imagem mediática, por exemplo o cartaz, como sobre a pintura ([99]).

Este percurso panorâmico pretende mostrar de forma sucinta que no trabalho de Roland Barthes, injustamente reduzido ao pensamento estático da «primeira semiologia», havia já em esboço numerosas pistas de reflexão e de trabalho, respeitantes a este ou àquele aspeto da questão da interpretação das imagens.

Verifica-se em primeiro lugar que Roland Barthes escreveu relativamente pouco sobre a imagem, mas que, apesar disso, pressentiu grande parte das interrogações que esta poderia colocar como meio de comunicação específico. O que é lamentável é que se reduza o contributo de Roland Barthes à análise textual ou imanente da mensagem visual e apenas à conceção do signo «icónico». O que é tanto mais injusto quanto, a partir de 1969, num artigo intitulado «Será a

---

([95]) Cf. Régis Debray in *Vie et mort de l'image, une histoire du regard en occident,* Paris, Gallimard, 1992; Daniel Bougnoux também, in «L'efficacité iconique», *Destins de l'image*, revista de psicanálise, n.º 44, Paris, Gallimard, 1992.

([96]) Cf. *L'Ombre et le temps*, Paris, Nathan Cinéma / Image, 1992.

([97]) *Esthétique de la photographie, La perte et le reste,* Paris, Nathan Cinéma / Image, 1998.

([98]) *L'Image*, Paris, Nathan Cinéma / Image, 1990.

([99]) Cf. *L'Éloquence des images*, Paris, PUF, 1993, *L'Image placardée*, Paris, Nathan Cinéma / Image, 1997 ou *La Peinture au péril de la parole,* Marselha, Muntaner, 1995.

pintura uma linguagem?», o próprio Barthes critica as suas primeiras afirmações (feitas havia apenas cinco anos), nestes termos:

> «A imagem não é a expressão de um código, é a variação de um trabalho de codificação: não é o depósito de um sistema, mas geração de sistemas (...) A incidência ideológica está à vista: todo o esforço da semiótica clássica (*sic*) tendia a constituir ou a postular, perante obras tão heteróclitas (quadros, mitos, narrativas), um Modelo, em relação ao qual cada produto era definido em termos de afastamentos. Com Shefer (...), a semiologia sai ainda um pouco mais da era do Modelo, da Norma, do Código, da Lei – ou, se se preferir, da teologia».

Mesmo assim, não se vê que outras teologias procurem, para se instaurarem, denunciar os precedentes, mesmo imaginários. Este regresso ao trabalho de Roland Barthes permite, pelo contrário, reativar um exemplo de liberdade e de elegância, que, longe das palavras de ordem, soube juntar, inteligentemente, a novidade e o futuro de uma reflexão sobre o significado e a interpretação da imagem nas nossas sociedades.

A interpretação

Podemos agora, sem dúvida, reinserir esta recapitulação e o conjunto do nosso trabalho numa mais vasta retrospetiva do estudo da interpretação das obras, para avaliar a sua especificidade e a sua eventual pertinência.

A teoria da interpretação dos textos é a *hermenêutica*. Historicamente nascida da tarefa de estabelecer os textos antigos, a *hermenêutica filológica* fixa o sentido dos textos, na medida em que esse sentido depende da situação histórica em que os textos em causa foram produzidos. Distingue-se da *hermenêutica filosófica*, independente da linguística, que, por seu lado, procura determinar as condições transcendentais de qualquer interpretação.

Quanto à interpretação propriamente dita, consiste em atribuir um sentido a um passo ou a um texto.

Tais são as definições básicas que podemos encontrar no glossário do livro de François Rastier, regressando às *Arts et sciences du texte* ([100]), desde a hermenêutica clássica até à semiótica mais contemporânea. No entanto, embora esta obra exponha as principais teorias e metodologias do estudo da interpretação, estas apenas dizem respeito aos textos linguísticos e não aos textos visuais nem audiovisuais.

Apesar disso, demonstra-nos que a questão da interpretação ultrapassa largamente a linguística e que com ela partilha um determinado número de mecanismos destinados a interpretar textos não linguísticos.

Assim, nasce a ideia de que depois de Aristóteles «duas problemáticas partilham a história das ideias (linguísticas)» definindo «dois preconceitos da linguagem como meio de representação ou de comunicação e remetendo respetivamente para a lógica ou para a retórica. (...) Em suma, a primeira define o sentido como relação entre o sujeito e o objeto; a segunda como uma relação entre sujeitos».

Esta partilha parece-nos particularmente operatória para percorrer determinados aspetos da história da interpretação das obras, sejam elas quais forem, assim como para determinados aspetos das nossas afirmações.

Com efeito, damo-nos conta de que todos os trabalhos que incidem prioritariamente sobre a intenção da obra pertencem mais à primeira categoria, a lógica, ao passo que os outros trabalhos que incidem sobre o autor e o leitor-espectador são antes do domínio da segunda categoria, a da retórica e da relação entre sujeitos, mais do que entre sujeito e objeto.

No domínio artístico, é notável que seja na década de 60 que os estudos incidem prioritariamente na obra como texto, com a abordagem iconológica revista por Erwin Panowski, em *L'Oeuvre d'art et ses significations, Essais sur les arts visuels* ([101]), datando de 1955-1960, anunciando já o estruturalismo, ou a abordagem de Iuri Lotman,

---

([100]) Paris, PUF, 2001.

([101]) Paris, Gallimard, 1980.

publicando em 1970 *La Structure du texte artistique* ([102]) e a da «primeira semiologia» da imagem e do cinema, de que já falámos mais acima.

Na década de 70, esta tendência desloca-se para uma consideração dominante do recetor, como vimos com Umberto Eco mas principalmente com Hans Robert Jauss e a introdução da noção tão produtiva «de horizonte de expectativas», reinserindo a interpretação num contexto mais geral de produção e de receção e recolocando o leitor num ambiente social um tanto esquecido. A semio-pragmática dos anos 80 completa esta tomada em consideração dos antecedentes da obra, relacionando-os com o aval da receção e reconsiderando a questão dos públicos.

Atualmente, a pesquisa sobre a interpretação das obras esforça-se por articular a noção de sujeito da interpretação com a de sujeito psicanalítico e por levar em conta as inter-relações entre as diferentes obras, os diferentes contextos de emissão como de receção. Depois de uma interpretação linear das obras, passou-se a uma interpretação estrutural e textual, para culminar numa interpretação que põe em rede não só o autor, a obra e o público, mas também os seus contextos psicossocio-culturais.

Esta recapitulação evoca estudos essencialmente teóricos sobre a interpretação, que renovam ou vão mais além do que outras posições teóricas anteriores ou contemporâneas. Não foi o que desejámos fazer neste livro. Mesmo assim, é neste último domínio, o da rede, que se situa o nosso trabalho.

Com efeito, quisemos examinar ora os textos «profanos» em torno das obras, textos jornalísticos, literários, preparatórios, comentadores, textos mais «vulgares» do que teóricos, devido àquilo que nos dizem acerca das imagens e, muitas vezes implicitamente, o que nos dizem acerca das nossas expectativas e das nossas frustrações; ora considerámos as próprias obras devido ao que elas próprias nos dizem das induções interpretativas que põem em jogo; ora são as interferências entre estes diferentes textos (obras ou comentários), e o que eles nos revelam acerca da intertextualidade e da solidariedade,

---

([102]) Paris, Gallimard, 1975.

de que nós, os leitores-espectadores, somos os autores e os garantes, apesar de tudo garantes cheios de expectativas, de receios, de recordações e de preconceitos.

No decurso das nossas deambulações por entre os textos que falam das obras e as próprias obras, constatámos algo que nos pareceu relativamente inesperado: assim, parece que a crítica, as recordações ou as evocações de imagens dizem respeito mais à sua condição de fabrico ou de receção (os dispositivos, a sua forma) e à especificidade do seu suporte (filme cinematográfico ou televisivo, imagens vestígios ou fabricadas, materialidade ou imaterialidade do suporte) do que ao seu conteúdo. Como se aquilo que mais nos influencia na interpretação da imagem (e aqui, passamos do plural para o singular) dissesse respeito prioritariamente às formas da sua mediação, a saber, a mediatização e as suas «operações, que têm a ver com a guionização dos conteúdos e com as operações de transposição semiótica para outros registos», «sem esquecer a mediação da relação que se instaura entre o emissor e o destinatário», como sublinha o investigador Daniel Peraya ([103]).

De uma coisa nos apercebemos em definitivo, é que a interpretação da imagem (o facto de conferir um sentido à imagem) não se reduz à decifração do seu conteúdo, mas que é fortemente condicionada pela relação do sujeito com o objeto, pelos preconceitos que esta relação implica e pelo potencial de encanto do dispositivo ([104]) de acesso à própria imagem.

([103]) In «médiation et médiatisation: le campus virtuel» in *Le Dispositif, entre usage et concept, Hermès*, n.º 25, Paris, edições do CNRS, 1999.

([104]) Cf. André Berten: «Dispositif, médiation, créativité: petite généalogie», *ibid*.

CONCLUSÃO GERAL

No final deste percurso, poderemos dizer que sabemos um pouco mais acerca dos mecanismos interpretativos das imagens? Sem dúvida, embora esta obra tenha abordado apenas determinados aspetos e determinadas manifestações da interpretação.

Para aprofundar a questão, optámos por alternar análises pormenorizadas e aprofundadas de discursos sobre obras ou imagens com análises de obras e de considerações mais gerais, como se utilizássemos uma sonda para nos darmos conta com maior fidelidade da natureza de um terreno. Este método, no fim de contas, reservou-nos algumas surpresas.

Com efeito, numa primeira fase, a observação de alguns escritos, críticos ou literários, sobre as imagens, e particularmente sobre o cinema, revelou-nos, na sua própria incompletude, que o que presidia à interpretação dos filmes e que retinha a sua recordação, não era em primeiro lugar o seu conteúdo, mas a sua forma e as condições da receção, como a disposição da sala de cinema, por exemplo. Os discursos que examinámos «acerca do» cinema privilegiavam também determinadas formas da linguagem cinematográfica, tais como a cintilação luminosa, a montagem ou o tratamento do tempo, ou seja, mais as condições físicas e específicas da receção do filme, do que o teor do seu conteúdo. A receção do filme era aí então evocada essencialmente como experiência estética específica, enfeudando em primeiro lugar a interpretação das obras à de um encontro físico particular, de uma relação de um sujeito com um objeto num lugar específico e de acordo com as formas da linguagem, elas mesmas específicas.

Após a análise das expectativas do espectador, tal como podemos deduzi-las a partir das críticas que regularmente se fazem à imagem, assim como dos receios que suscita, pudemos entender o peso da sua história na interpretação. Efetivamente, quer esteja presente ou ausente, gravada ou «virtual», colhida ou fabricada, vemos que a imagem não consegue responder sobretudo à expectativa de verdade que temos dela.

A verdade esperada transforma-se, como vimos, numa série de variantes que resultam da transcendência dos traços, da correspondência do testemunho ou da lógica dos géneros. De igual modo, vimos que, quando se reduz a abordagem semiológica da imagem às etapas iniciais desta disciplina, que no entanto posteriormente se desenvolveu de modo notável, atribuem-se-lhe novamente defeitos que na realidade não passam do reflexo de uma expectativa imprópria de produção de sentido. A interpretação que então se faz das mensagens visuais vê-se de novo submetida a uma inevitável sensação de frustração.

Neste desejo absoluto de confiança que se manifesta aqui e ali, surge então uma relação com a imagem que é uma relação submetida tanto a um regime de crença como de credibilidade. Quer estes regimes de adesão sejam gerais, quer se adotem por necessidade, conforme nos encontramos face a discursos informativos ou lendários, de ficção ou documentários, receamos sempre, parece, que a imagem influencie a nossa credulidade, pois de certa forma estaria predisposta a tal. Também neste caso se verifica que a interpretação raramente é serena, mas submetida a uma desconfiança, uma suspeita até, que precede a própria compreensão de uma mensagem específica. As mensagens visuais seriam «por natureza» suspeitas e a sua interpretação revela-se subordinada a um condicionamento não só ligado à sua história mas também à das interrogações que levanta: é essa com efeito a própria questão colocada pela imagem: a do simbólico e da sua aceitação. A imagem está ligada ao fenómeno da linguagem, e, tal como esta, não conseguimos estudá-la sem distinguir perceção e representação. Ora, só há representação porque há linguagem, «o véu das palavras que nos separa das coisas», segundo a expressão de Pierre Legendre ([1]). A imagem, tal como a linguagem,

([1]) Cf. Pierre Legendre in «L'Image ou la division sacré / profane», entrevista em *Les Cahiers du cinéma*, n.º 508, 1994.

vem encarnar essa separação. Eis o que parece difícil de aceitar e que explica talvez que, numa espécie de deslocação, o que prioritariamente evocamos das imagens seja apesar disso a sua particularidade percetiva.

Observamos, por outro lado, que existe uma diferença de memorização entre as imagens fixas e as imagens em sequência, as imagens que desfilam. Numa espécie de deslocação imediata, atribuímos então às imagens «que desfilam» a força das imagens fixas, contempladas ou comentadas, tanto mais que estas são muitas vezes retomadas, como citações, no desfile mediático ou cinematográfico. Nesse desfile, vimos que só as imagens repetidas, tais como as da imagem legendada, dos genéricos, da publicidade ou das montagens repetitivas (2) só essas resistem ao esquecimento, ou antes, ao encobrimento das imagens umas pelas outras.

Memorizadas ou esquecidas, as imagens fazem contudo parte da nossa experiência do mundo, que nós integramos, evidentemente, cada um à sua maneira em função da nossa história e do seu condicionamento. A forma como articulamos então a história pessoal e a história coletiva pertence-nos sem dúvida, mas participa também ativamente na própria vitalidade das imagens.

Desta forma, temos de tomar consciência de que somos nós que coconstruímos o sentido do mundo em que evoluímos, assim como parte das representações que nele circulam, visuais ou não. Esta obra espera contribuir para a tomada de consciência desta participação, apontando a responsabilidade do espectador na própria interpretação das mensagens visuais e audiovisuais.

Com efeito, ao fazer alternar o estudo de escritos sobre as imagens com análises de obras e considerações mais gerais sobre os processos interpretativos, julgamos ter contribuído para ilustrar a ideia recordada mais acima e lançada por Brunetta, segundo a qual a receção das imagens tem já uma longa história: «uma história já escrita e bem visível aos olhos de todos – exatamente como em *A Carta Roubada*, de Poe – que só é necessário recompor com paciência, atenção e

(2) Fenómeno que, infelizmente, ainda se verifica com as imagens repetitivas do atentado de Nova Iorque, em 11 de setembro de 2001.

respeito» ([3]). Foi nesta recomposição, conduzida um pouco como quem revela uma tinta invisível, que esta obra procurou trabalhar, verificando também as afirmações de H. R. Jauss. Para ele, efetivamente, a receção e a interpretação das obras só podem ser entendidas tirando conscientemente as consequências da *tensão* que intervém entre o horizonte do presente e o horizonte do passado, o que Jauss designa por «a fusão dos horizontes», pois «o horizonte do presente está em formação perpétua, na medida em que é necessário perpetuamente pôr à prova os nossos preconceitos. É de uma tal prova que resulta também o encontro com o passado e a compreensão da tradição que nos forma» ([4]). Mostrámos como tal programa se realiza na encruzilhada das intenções respetivas do autor e da obra, que estimulam a imaginação, a reflexão e a intenção do espectador, ele mesmo historicamente situado.

No fim de contas, o nosso estudo reativa a problemática da retórica, postulando o sentido como uma relação entre sujeitos, empenhando a responsabilidade do espectador no próprio processo de mediatização, até à autocomplacência que tende a qualificar de manipulação o que é mais do domínio da sedução. Reencontrando as intenções preexistentes sobre determinado fundo de expectativas, nem por isso a interpretação do espectador decorre automaticamente, mas implica-o profundamente, até nas suas renúncias.

Esperamos assim ter contribuído para que o espectador não considere que está a ser alvo de propostas mentirosas e manipuladoras, que lhe seriam estranhas, mas, pelo contrário, que assuma o facto de participar na sua elaboração, reivindicando sem receio opções interpretativas não neutras.

([3]) *Una storia gia scritta e ben visibile alli ochi di tutti – proprio come nella* Lettera Rubata, *di Poe – che va soltanto ricomposta con pazienza, attenzione, rispetto e, perchè non dirlo, con passione.*

([4]) Cf. H. R. Jauss, *op. cit.*

BIBLIOGRAFIA

Em volta das imagens

AMOSSY, Ruth e ROSEN, Elisheva, *Les Discours du cliché*, Paris, SEDES, 1982.

AUMONT, Jacques, *L'Image*, Paris, Nathan Cinéma / Image, 1990.

AAVV (dir. GERVEREAU, Laurent), *Peut-on apprendre à voir?,* L'Image, Paris, ENSBA, 1999.

BARTHES, Roland, *La Chambre Claire*, Paris, Gallimard, 1980 [*A Câmara Clara*, Lisboa, Edições 70, 2.ª edição, 2006].

BEZANÇON, *L'Image interdite. Une histoire intelectuelle de l'iconoclasme*, Paris, Fayard, 1994.

DIDI-HUBERMAN, Georges, *Devant l'image*, Paris, Minuit, 1992.

DUBOIS, Philippe, *L'Acte photographique*, Paris, Nathan Université, 1993.

FLOCH, Jean-Marie, *L'identité visuelle*, Paris, PUF, 1994.

FRESNAULT-DERUELLE, Pierre, *L'Eloquence des images*, Paris, PUF, 1993.

——, *L'image placardée,* Nathan Cinéma / Image, 1997.

——, *Petite iconologie des images peintes*, Paris, L'Harmattan, 2000.

GAUTHIER, Guy, *Vingt leçons sur le sens et l'image*, Paris, Médiathèque, Edilig, 1982.

GOMBRICH, Ernst, *L'Art et L'Illusion*, Paris, Gallimard, 1971.

JOLY, Martine, *Introduction à l'analyse de l'image,* Paris, Nathan, 1994 [*Introdução à Análise da Imagem*, Lisboa, Edições 70, 2.ª edição, 2007].

——, *L'Image et les signes*, Paris, col. Nathan Cinéma / Image, 1994 [*A Imagem e os Signos*, Lisboa, Edições 70, 2005].

KANDINSKY, Wassily, *Point et ligne sur plan*, Paris, Gallimard, 1996 [*Ponto, Linha, Plano*, Lisboa, Edições 70, 2.ª edição, 2006].

LEGENDRE, Pierre, *Leçons III, Dieu au miroir. Étude sur l'institution des images*, Paris, Fayard, 1994.

MONDZAIN, Marie José, *Image, icône, économie, les sources byzantines de l'imaginaire contemporain*, Paris, Seuil, 1996.

SAOUTER, Catherine, *Le Langage visual*, XYZ, Montréal, 1998.

... Dos filmes e do audiovisual

AUMONT, J., BERGALA, A., MARIE, M., VERNET. M., *Esthétique du film*, Nathan Cinéma, 1983, 2.ª ed., 1994.
AUMONT, J., MARIE, M., *L'Analyse de film*, Paris, Nathan Cinéma, 1988.
AAVV, *Les Formalistes russes et le cinema, Poétique du film,* Paris, Nathan Cinéma, 1996.
BAZIN, André, *Qu'est-ce que le cinéma?*, Paris, Cerf, 1970.
BELLOUR, Raymond, *L'Analyse du film*, Paris, Albatros, 1980.
CHION, Michel, *L'Audio-vision*, Paris, Nathan Cinéma, 1991.
DE MOURGUES, Nicole, *Le Générique de film*, Paris, Klincksieck, 1994.
EISENSTEIN, Sergeï M., *Le film, sa forme, son sens*, Paris, Christian Bourgois, 1970.
GAUTHIER, Guy, *Le Documentaire, un autre cinema*, Paris, Nathan Cinémna, 1995.
GUYNN, William, *Un cinema de non-fiction*, Aix-en-Provence, PUP, 2001.
LEBLANC, Gérard, *13 / 20 heures, le monde en suspens*, Marburgo, Hitzeroth, 1987.
— —, *Scénarios du reel*, Tomos 1 e 2, Paris, L'Harmattan, 1997.
LEUTRAT, Jean-Louis, *Kaléïdoscope*, PUL, «Regards et écoutes», 1988.
LOCHARD, Guy e SOULAGES, Jean-Claude, *La Communication télévisuelle*, Paris, Armand Colin, 1998.
VANOYE, Francis, *Récit écrit, récit filmique*, Paris, Nathan Cinéma, 1989.
— —, GOLIOT LETÉ, Anne, *Précis d'analyse filmique*, Paris, Nathan, 1993.

... Da interpretação

ANZIEU, Didier, *Le Corps de l'oeuvre*, Paris, Gallimard, 1988.
AULAGIER, Piera, *La Violence de l'interprétation, du pictogramme à l'énoncé*, Paris, PUF, 1975.
BARTHES, Roland, *L'Obvie et l'obtus. Essais critiques III*, Paris, Seuil, 1982 [*O Óbvio e o Obtuso*, Lisboa, Edições 70, 2.ª edição, 2009].
— —, *«Sur la lecture», Le Français aujourd'hui*, n.º 32, Paris, AFEF, 1976.
BRUNETTA, Gian Carlo, *Buio in sala*, Veneza, Marsilio Editori, 1989.
CASETTI, Francesco, *D'un regard l'autre, Le film et son spectateur*, Lião, PUL, 1990.
Cerisy, Colloque de, *L'Argumentation*, Liège, Mardaga, 1987.
Cerisy, Colloque de, *Le Stéréotype,* Caen, PUC, 1994.
COURTÈS, Joseph, *Du lisible au visible*, Bruxelas, DeBoeck Université.

DAYAN, Daniel, «Les mystères de la reception», *Le Débat*, n.º 71, Paris, Gallimard, 1992.

——, «À la recherche du public-Réception-télévion-médias» *Hermès*, n.º 11-12, Paris, CNRS Éditions, 1993.

DEBORD, Guy, *La Société du spectacle*, Paris, Gallimard, 1992.

DIDI-HUBERMAN, Georges, *Ce que nous voyons, Ce que nous regarde,* Paris, Minuit, 1992.

DURAND, Gilbert, *Les structures anthropologiques de l'imaginaire*, Paris, Dunod, 1969.

ECO, Umberto, *Lector in fabula, la cooperazione interpretative nei testi narrativi*, Milão, Bompiani, 1979.

——, *L'Oeuvre ouverte*, Paris, Seuil, «Points», 1993.

——, *Les Limites de L'interprétation*, Paris, Grasset, 1992.

ENGEL, Pascal, *La Norme du vrai*, Paris, Gallimard, 1989.

ESQUENAZI, Jean-Pierre (org.), *La Télévision et ses spectateurs*, Paris, L'Harmattan, 1995.

FONTANILLE, Jacques, *Sémiotique du visible, Des mondes de lumière*, Paris, PUF, 1995.

FREUD, Sigmund, *L'Interprétation des rêves*, Paris, PUF, 1926.

HÉBERT, Louis, *Introduction à la sémantique des textes*, Paris, Honoré Champion, 2001.

HOEK, Leo H., *Titres, toiles et critique d'art, Déterminants institutionnels du dicours sur l'art aux XIXe siècle en France*, Amesterdão-Atlanta, Rodopi, 2001.

ISER, Wolfgang, *L'Acte de lecture, théorie de l'effet esthétique,* Londres, Henley, 1978.

JAUSS, Hans Robert, *Pour une esthétique de la réception*, Paris, Gallimard, 1978.

JOST, François, *Une monde à notre image, Énonciation, Cinéma, Télévision*, Paris, Méridiens Klincksieck, 1992.

——, *Le Temps d'un regard, Du spectateur aux images*, Paris, Méridiens Klincksieck, 1998.

——, *La Télévision du quotidian. Entre réalité et fiction,* Bruxelas, INA / DeBoeck, 2001.

KANT, Immanuel, *La Critique de la raison pure,* Paris, PUF, 1944.

KRIS, Ernst, *Psychanalyse de l'art*, Paris, PUF, 1978.

MARIN, Louis, *Des pouvoirs de l'images*, Gloses, Paris, Seuil, 1993.

MERLEAU-PONTY, Maurice, *Le Visible et l'invisible*, Paris, Gallimard, 1964.

——, *Phénoménologie de la perception*, Paris, Gallimard, 1976.

METZ, Christian, *Essais sur la signification au cinéma*, Tomos I e II, Paris, Klincksieck, 1976.

——, *Le Signifiant imaginaire, Psychanalyse et cinema*, Paris, UGE, 1977.

MORIN, Edgar, *Le Cinéma ou l'homme imaginaire. Essai d'anthoropologie*, Paris, Minuit, 1956.

MOSCATO, Alfonso, *Lettura del film,* Roma, Paoline, 1982.

ODIN, Roger, «Film documentaire, lecture documentarisante», *Cinémas et réalités,* Saint-Étienne, CIEREC, 1984.

——, *Cinéma et production de sens*, Paris, Armand Colin, 1990.

——, «La question des publics», in «Cinéma et reception», *Réseaux*, n.º 99, Paris, CNET / Hermès Sciences pub., 2000.

——, *De la fiction*, Bruxelas, DeBoeck Université, 2000.

PANOFSKY, Erwin, *L'Oeuvre d'art et ses significations, Essai sur les arts visuels,* Paris, Gallimard, 1955.

PARRET, Herman, *Le Sublime du quotidian*, Paris, Amesterdão, Filadélfia, Éd. Hadès-Benjamins, 1988.

PONTALIS, J.-B., *Perdre de vue*, Paris, Gallimard, 1988.

PRIEUR, Jérôme, *Le Spectateur nocturne, Les écrivains au cinema. Une anthologie*, Paris, Cahiers du cinema, 1993.

PUTMAN, Hilary, *Représentation et réalité*, Paris, Gallimard, 1990.

QUEAU, Philippe, *Le Virtuel*, Seyssel, Champ Vallon, 1993.

RASTIER, François, *Sémantique interpretative*, Paris, PUF, 1996.

——, *Arts et sciences du texte*, Paris, PUF, 2001.

TISSERON, Serge, *Psychanalyse de l'image, De l'imago aux images virtuelles*, Paris, Dunod, 1995.

VAILLANT, Pascal, *Sémiotique des langages d'icônes*, Paris, Honoré Champion, 2000.

VERNANT, Denis, *Du discours à l'action*, Paris, PUF, 1997.

WHITE, Hayden, *The Content of the Form*, Baltimore, John Hopkins University Press, 1987.

YATES, Frances A., *L'Art de la mémoire*, Paris, Gallimard, 1994.

ÍNDICE

ARTE E COMUNICAÇÃO

1. *Design e Comunicação Visual*, Bruno Munari
2. *A Realização Cinematográfica*, Terence Marner
3. *Modos de Ver*, John Berger
4. *Projecto de Semiótica*, Emilio Garroni
5. *Arte e Técnica*, Lewis Mumford
6. *Novos Ritos, Novos Mitos*, Gillo Dorfles
7. *História da Arte e Movimentos Sociais*, Nicos Hadjinicolau
8. *Os Meios Audiovisuais*, Marcello Giacomantonio
9. *Para uma Crítica da Economia Política do Signo*, Jean Baudrillard
10. *A Comunicação Social*, Olivier Burgelin
11. *A Dimensão Estética*, Herbert Marcuse
12. *A Câmara Clara*, Roland Barthes
13. *A Definição da Arte*, Umberto Eco
14. *A Teoria Estética*, Theodor W. Adorno
15. *A Imagem da Cidade*, Kevin Lynch
16. *Das Coisas Nascem Coisas*, Bruno Munari
17. *Convite à Música*, Roland de Candé
18. *Educação Pela Arte*, Herbert Read
19. *Depois da Arquitetura Moderna*, Paolo Portoghesi
20. *Teorias Sobre a Cidade*, Marcella delle Donne
21. *Arte e Conhecimento*, Jacob Bronowski
22. *A Música*, Roland de Candé
23. *A Cidade e o Arquiteto*, Leonardo Benevolo
24. *História da Crítica de Arte*, Lionello Venturi
25. *A Ideia de Arquitetura*, Renato de Fusco
26. *Os Músicos*, Roland de Candé
27. *Teorias do Cinema*, Andrew Tudor
28. *O Último Capítulo da Arquitetura Moderna*, Leonardo Benevolo
29. *O Poder da Imagem*, René Huyghe
30. *A Arquitetura Moderna*, Gillo Dorfles
31. *Sentido e Destino da Arte I*, René Huyghe
32. *Sentido e Destino da Arte II*, René Huygue
33. *A Arte Abstrata*, Dora Vallier
34. *Ponto, Linha, Plano*, Wassily Kandinsky
35. *O Cinema Espetáculo*, Eduardo Geada
36. *Curso da Bauhaus*, Wassily Kandinsky
37. *Imagem, Visão e Imaginação*, Pierre Francastel
38. *A Vida das Formas*, Henri Focillon
39. *Elogio da Desarmonia*, Gillo Dorfles
40. *A Moda da Moda*, Gillo Dorfles
41. *O Impressionismo*, Pierre Francastel
42. *A Idade Neobarroca*, Omar Calabrese
43. *A Arte do Cinema*, Rudolf Arnheim
44. *Enfeitada de Sonhos*, Elizabeth Wilson
45. *A Coquetterie, ou a Paixão do Pormenor*, Catherine N'Diaye
46. *Uma Teoria da Paródia*, Linda Hutcheon
47. *Emotion Pictures*, Wim Wenders
48. *O Boxe*, Joyce Carol Oates
49. *Introdução ao Desenho Industrial*, Gillo Dorfles
50. *A Lógica das Imagens*, Wim Wenders
51. *O Novo Mundo das Imagens Eletrónicas*, Guido e Teresa Aristarco
52. *O Poder do Centro*, Rudolf Arnheim
53. *Scorsese por Scorsese*, David Thompson e Ian Christie
54. *A Sociedade de Consumo*, Jean Baudrillard
55. *Introdução à Arquitetura*, Leonardo Benevolo
56. *A Arte Gótica*, Wilhelm Worringer
57. *A Perspetiva como Forma Simbólica*, Erwin Panofsky
58. *Do Belo Musical*, Eduard Hanslick
59. *A Palavra*, Georges Gusdorf
60. *Modos & Modas*, Gillo Dorfles
61. *A Troca Simbólica e a Morte – I*, Jean Baudrillard
62. *A Estética*, Denis Huisman
63. *A Troca Simbólica e a Morte – II*, Jean Baudrillard
64. *Como se lê uma Obra de Arte*, Omar Calabrese
65. *Ética do Construir*, Mário Botta
66. *Gramática da Criação*, Wassily Kandisnky
67. *O Futuro da Pintura*, Wassily Kandinsky

68. *Introdução à Análise da Imagem*, Martine Joly
69. *Design Industrial*, Tomas Maldonado
70. *O Museu Imaginário*, André Malraux
71. *A Alegoria do Património*, Françoise Choay
72. *A Fotografia*, Gabriel Bauret
73. *Os Filmes na Gaveta*, Antonioni
74. *A Antropologia da Arte*, Robert Layton
75. *Filosofia das Artes*, Gordon Graham
76. *História da Fotografia*, Pierre-Jean Amar
77. *Minima Moralia*, Theodor W. Adorno
78. *Uma Introdução à Estética*, Dabney Townsend
79. *História da Arte*, Xavier Barral I Altet
80. *A Imagem e a sua Interpretação*, Martine Joly
81. *Experiência e Criação Artística*, Theodor W. Adorno
82. *As Origens da Arquitetura*, L. Benevolo e B. Albrecht
83. *Artista e Designer*, Bruno Munari
84. *Semiótica da Publicidade*, Ugo Volli
85. *Vocabulário de Cinema*, Marie-Thérèse Journot
86. *As Origens da Pós-Modernidade*, Perry Anderson
87. *A Imagem e os Signos*, Martine Joly
88. *A Invenção da Moda*, Massimo Baldini
89. *Ver, Compreender e Analisar as Imagens*, Laurent Gervereau
90. *Fantasia*, Bruno Munari
91. *História da Linguagem*, Júlia Kristeva
92. *Breviário de Estética*, Benedetto Croce
93. *A invenção da Paisagem*, Anne Cauquelin
94. *História do Teatro*, Cesare Molinari
95. *O Ecrã Global*, Gilles Lipovetsky e Jean Serroy
96. *As Questões do Património*, Françoise Choay
97. *Literacia Visual – Estudos Sobre a Inquietude das Imagens*, Isabel Capeloa Gil
98. *Património Cultural Imaterial. Convenção da Unesco e seus Contextos*, Clara Bertrand Cabral
99. *Homo Aestheticus – A Invenção do Gosto na Era Democrática*, Luc Ferry
100. *O culto Moderno dos Monumentos*, Alois Riegl
101. *O Cinema Português através dos seus Filmes*, Carolin Overhoff Ferreira (org.)
102. *Manoel de Oliveira. Análise Estética de uma Matriz Cinematográfica*, Nelson Araújo (org.)
103. *A Forma na Arquitetura*, Óscar Niemeyer
104. *Cinema Português. Interseções Estéticas nas décadas de 60 a 80 do século* XX, Nelson Araújo
105. *Literatura e Cinema. Vergílio Ferreira e o Espaço do Indizível*, Luís Miguel Cardoso
106. *Estética e Política entre as Artes*, J. P. Cachopo, E. Marques, F. Pinto e E. P. Almeida (orgs.)